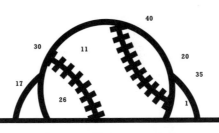

# 大數據逆轉力

數據狂人、棒球老教練和他不起眼的球員們

特拉維斯・索奇克——著
史丹丹——譯　陳成業——總校閱

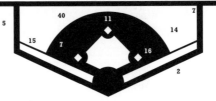

# BIG DATA BASEBALL

Math, Miracles, and the End of a 20-Year Losing Streak

TRAVIS SAWCHIK

五南圖書出版公司 印行

## 推薦序・陳成業

# 一起見證大數據在運動領域的影響力。

隨著資訊科技的快速發展，大數據的應用已經在許多領域獲得實踐。或許你無法想像大數據與棒球運動之間有何關聯？但是，它的確已經對美國職棒大聯盟（MLB）造成深遠的影響，並且正持續進行著！

在《魔球》一書中，奧克蘭運動家隊（Oakland A）是如何運用數據科學，將這支長期戰績墊底的球隊，以相對低的球隊薪資在大聯盟中贏得好成績的故事，相信大家仍然記憶猶新。運動家隊主要是利用球員進攻端的觀點—以上壘率（on-base percentage）的數據挑選球員。此舉成功提升球隊戰績，並成爲棒球界佳話。

本書的主角匹茲堡海盜隊（Pirates），在連續二十個球季沒有打進季後賽的窘境下，索性抱著「把死馬當活馬醫」的態度，以大數據的思維爲基礎擬定戰術，成功的以相對低的球隊薪資終止球隊長年戰績不佳的軟弱形象。乍聽之下，這樣的故事與《魔球》所敘述的並無不同，但進一步仔細窺探，海盜隊所做的努力，遠超過在球員卡背後就可蒐集到的上壘率數據，而是有系統的建構資料庫蒐集並分析大量的數據資料，並轉換為有效的戰術。

本書主要是探討防守端的觀點，描述海盜隊如何以移位防守（shift of defense alignment）等策略，成功扭轉二十個連敗球季慘況的故事。此外，以大數據的思維終止二十個球季的連敗紀錄，固然不是一件容易的事。然而，更具挑戰的應該是數據分析師、球員、教練團與球隊管理階層之間的衝突與對立。因此，建立彼此互信與充分溝通的組織文化即成為海盜隊極需面對的挑戰。

本書內容生動有趣，是一本兼具知識性、趣味性與啓發性的好書。本書所列舉的例子，讓讀者快速瞭解大數據如何改變棒球戰術以及影響大聯盟球隊的思維。筆者很樂見此書的中譯本問世，讓更多對大數據或棒球運動有興趣的人能透過這本好書，一起見證大數據在運動領域的影響力。

筆者同時具備美國北科羅拉多大學運動管理與應用統計雙博士學位，加上多年運動領域學術研究心得，深知運動與數據科學相輔相成之重要性。因此，筆者強烈推薦本書，相信本書能帶領讀者進入另一個不同的思考境界！

國立體育大學管理學院院長
陳成業

## 序言・王建文

# 世上沒有突然而來的飛躍

這本書從某種意義上講，就是《魔球》（Moneyball）[1]的續集和升級版，不過這個棒球故事，發生在奧克蘭運動家隊的故事十餘年之後，主角換成了另一支美國職業棒球大聯盟 MLB 的窮隊——匹茲堡海盜隊。

故事幾乎用一段話就能說清楚：一位名校畢業、棒球愛好者出身的大聯盟球隊總經理，請來了少年成名但一直不得志的總教練，加上兩位名校畢業、有數學和電腦天賦的棒球迷做資料分析師及系統架構師，收購了數名走下坡但別有所長的大聯盟球員，組成了一個團隊，透過棒球大數據的蒐集和應用，使得在美國職業棒球大聯盟墊底二十年的窮隊——匹茲堡海盜隊鹹魚翻身的故事。

這麼一個故事，有什麼可看的呢？會比《魔球》更精采嗎？我心中有些疑惑，仍然饒有興趣的用兩天看完了這本書。

## 問題一：十年間，大數據棒球發生了怎樣的演變？

說到棒球大數據，首先無法回避一個人——比爾．詹姆斯（Bill James），這位原被稱爲「當今資料分析學革命之父」，創造了賽伯計量學（Sabermetrics，又稱棒球資料統計學）的統計學家兼棒球愛好者，其實是《魔球》一書的眞正幕後主角。早在二十世紀七〇年代，畢業於堪薩斯大學，在堪薩斯勞倫斯城（Lawrence）一家豬肉豆類罐頭廠做巡夜保安的比爾．詹姆斯就開始研究棒球資料了。一九七七年，他自費出版了第一本《比爾．詹姆斯棒球摘要》[2]。自一九七七年至一九八八年，每年出一期《比爾．詹姆斯棒球摘要》，從而奠定了賽伯計量學這門統計學的基礎。

要知道，到一九七五年，在美國才誕生了第一台個人計算機的雛形 Altair 8800電腦；一九七八年，Intel 公司的十六位微處理器8086才出現；一九八二年，英特爾公司在8086的基礎上，研製出了80286微處理器，就是我們當年所說的286電腦；一九八九年，網頁的雛形，全球資訊網（World Wide Web）才剛被發明。

在美國棒球界開始進行資料分析革命時，金融等商業領域尚未普遍使用資料分析，只是在這之後，資料分析才逐漸廣泛應用到金融、證券乃至政治解析等各領域，而今美國不少金融和政治資料分析師都是棒球統計員出身。二〇一一年，比爾．詹姆斯甚至寫了一本書《熱門罪案》（*Popular Crime*），將資料分析應用到了連環殺手身上。

一九八四年，面對各大聯盟球隊不願對外公開球隊資料的情況，比爾．詹姆斯在其當年出版的《比爾．詹姆斯棒球摘要》中，倡議發起一場名爲「記錄紙專案」（Project Scoresheet，也稱爲「記分表計畫」）的草根活動，號召遍布大城小鎮的廣大球迷詳細爲每場球賽記錄，然後把記錄的資訊輸入一個電腦資料庫，而這個記錄紙，至今仍在棒球賽事計分時被廣泛使用。

與比爾．詹姆斯同期的另一位棒球資料統計分析學愛好者，製藥公司研究員出身的迪克．克萊摩爾（Dick Cramer）於二十世紀八〇年代設立了一家名爲 STATS 的公司[3]，從事棒球資料蒐集及分析。比爾．詹姆斯投資 STATS 公司，並出任創意部總監。該公司的資料產品，被ESPN[4]和《今日美國》報等採用，直到一九九九年該公司被默多克的新聞集團所屬福克斯廣播公司以四千五百萬美元的價格收購以前，一直是業界領先的棒球數據供應商。

《魔球》一書中，奧克蘭運動家隊的故事只記錄到了二〇〇三年，其所採用的資料分析系統，也主要是 STATS 公司的資料分析產品；而本書中匹茲堡海盜隊的故事則一直記述到了二〇一四年，那麼在這十年間，棒球資料統計分析學又發生了什麼重大變化呢？我們可以看看本書提到的和筆者所知的幾個重要資料應用系統和重大事件。

## 一、PITCHf/x 系統

二○○七年，位於芝加哥的運動大觀公司（Sportvision，於二○一六年被 SMT 併購）開發推出了 PITCHf/x 系統。PITCHf/x 系統問世以前，棒球運動並沒有一個眞正的大數據工具。由於 PITCHf/x 系統問世，職業棒球行業隨之產生了一個前所未有的工作部門——資料學部門。

PITCHf/x 是在壘包內置攝影鏡頭的運動追蹤系統，研發的目的本是改進 ESPN 的一款叫作K區的產品（K-Zone product），這個產品用於測定投手的投球是否落在好球帶內。PITCHf/x 每年自動生成將近兩千萬個可用的資料點，差不多相當於二十世紀記錄的資料總量。

二○○七年，投球自動辨識系統 PITCHf/x 開始在各個大聯盟球場運行，蒐集即時投球資料，至二○○八年已遍及每個大聯盟球場。當年賽季，每個賽場都裝上了六十赫茲的攝影鏡頭，攝影鏡頭和物體識別軟體會拍下球脫離投手的手至穿越本壘板爲止這段時間的運行情況。

PITCHf/x 會依據所拍照片，即時把球的速度、軌跡、三維位置計算出來，速度誤差小於每小時一英里，位置誤差小於一英寸。此外，PITCHf/x 也會即時標記投球的類型。有史以來，投手的準確投球速度和各種投球類型所占的準確比例，終於得以爲人掌握。投球的速度、類型、運動和位置也終於有了一套標準，並可輕易在 FanGraphs.com、BrooksBaseball.net 等網站上查到。

伊利諾大學教授艾倫・M・南森（Alan M. Nathan）在二〇一二年一篇論物理與棒球的論文中寫道：「（PITCHf/x）記錄投球速度、球與本壘板相對位置等物理量之精確，前所未有。然而，更爲重要的是，以前未加度量的物理量現在也有了度量標準。」

## 二、TrackMan 投球追蹤系統

丹麥 TrackMan 公司是運動大觀公司一個強有力的競爭對手，其以利用雷達追蹤高爾夫球飛行和滾動軌跡而名聲大噪。二〇〇九年，TrackMan 公司開始利用雷達追蹤技術，進行投出和擊出的棒球研究，同時該公司在三個大聯盟球場開始測試自己的技術。

TrackMan 的主要目的是整理資料，給球隊提供一些基礎性的資訊，其中最引人矚目的是有效速率。其讀數與 PITCHf/x 的基本一樣，但 TrackMan 所測的是球在空中運行的整

個軌跡，而不是以五十英尺間隔距離爲準，在球行軌跡上選取二十個不同的點來測，而且TrackMan 還測投手的伸展長度。

能測出投手的伸展長度是球隊對 TrackMan 產品感興趣的一大主要原因。另外兩大原因是該產品能追蹤球被打擊時的初速度和場內球的末速度。PITCHf/x 能夠告訴球隊投手的垂直釋球點，但不能告訴球隊投手的水平釋球點，因而也就不能顯示投手球出手時球離本壘板的距離。這一點很重要，因爲如果球出手時球離本壘板更近，則投手的有效速率會更大。舉個例子，甲、乙兩個快速球初始時速同爲九十三英里，甲行進五十三英尺，乙行進五十五英尺，則甲的整體速度比乙的大。

## 三、MLBAM 公司設立

在二〇〇〇年互聯網泡沫破裂時，美國職業棒球大聯盟的三十個俱樂部，各家每年出資一百萬美元，逆勢成立了子公司MLBAM（MLB Advanced Media，美國職業棒球大聯盟高級媒體公司），利用互聯網改善棒球比賽播放體驗。MLBAM 成立後，爲職棒大聯盟和下屬的三十個俱樂部建立了官方網站。

二〇〇二年，MLBAM 開始將業務延伸到串流媒體，在網站上提供比賽影片播放。

二〇〇三年後，MLBAM便已經開始盈利，並在二〇〇六年將早期投資還給了俱樂部。二〇〇五年，MLBAM以六千萬美元的價格買下了售票網站Tickets.com。二〇〇五年，花旗銀行、高盛、瑞士信貸、摩根大通等投資銀行曾試圖勸說MLBAM上市，當時只有線上影音業務的MLBAM估計市值已經達到二十到二十五億美元。二〇一四年，MLBAM已經有5%的棒球賽門票透過手機應用程式銷售。MLBAM的MLB Ballpark允許已經購票入場的用戶在場內直接在手機上付費升級看台座位。

## 四、Statcast球員追蹤系統

二〇一四年三月，MLBAM開發的Statcast球員追蹤系統面世。Statcast從不同的系統接收資料，然後將資料整合在一起：Statcast利用TrackMan的SABR40棒球雷達將軍隊追蹤飛機和導彈的3D都卜勒雷達用於追蹤棒球的飛行軌跡。雷達每秒掃描兩千次場地，根據返回電波的變化判斷棒球的運動。它的高精度掃描不光能獲得棒球的飛行速度和軌跡，還能知曉對於比賽有影響的旋轉角度。

同時利用兩組美國蔡潤合古公司（ChyronHego）的雙套攝影機列陣追蹤賽場上的球

員，由於攝影機爲立體布局，每個列陣由兩個倒掛著的方塊構成，每個方塊相隔十五米，因而具備三維追蹤能力，它們就像人的雙眼一樣透過不同角度「看到」的畫面獲得立體影像，據此判斷運動員的運動速度。這些攝影機追蹤賽場上每位球員的運動，並與 TrackMan 的都卜勒雷達讀數同步，然後，球員和球的運動由 Statcast 系統的軟體轉化成具體資料。PITCHf/x 能夠追蹤所投之球的運動、位置、速度，Statcast 則能追蹤賽場上的一切運動。原先只能憑肉眼主觀判斷的東西終於可以量化了。

Statcast 系統可追蹤量化球員的最高時速、加速度、起點至攔截點距離、路程、路徑效率等即時資料，同時還可即時追蹤球速、角度、行進距離和滯空時間等，是 PITCHf/x 的超強版。其問世後，防守範圍、準確度、路徑效率和手臂力量等均得以準確量化。

僅僅這兩個系統，每場比賽就會生成7TB的資料，一個賽季兩千四百三十場比賽就是17PB。球場獲得資料後會即時將數據上傳到亞馬遜AWS平台上，由 MLBAM 開發的軟體進行加工，繪製成普通人能看得懂的圖形表現。

1TB=1,024GB，1PB=1,024TB。17PB資料形象化的表述一下，就是1TB（1024GB）容量的電腦硬碟，能夠裝滿一萬七千塊！

Statcast 系統目前的問題是，可以即時追蹤並分享資料，卻沒法即時生成圖表。原因是每場比賽產生的資料極多，別說即時處理，即使傳輸也很費時。但 Statcast 系統確實爲未來的大數據棒球留下了巨大的想像空間。

做爲一名學歷史文物專業、律師出身的文科生，我如此費勁的整理出上述幾個資料應用系統和企業的介紹，主要是實在很難用語言描述本書中匹茲堡海盜隊與《魔球》一書中奧克蘭運動家隊所處時代的差別，只好用資料說話。

上述的系統和事件說明，在這十年間，隨著科技迅猛的發展，彼時的奧克蘭運動家隊尚處在大量資料時代，而此時的匹茲堡海盜隊則已進入眞正的大數據時代，在數據的容量（Volume）、速度（Velocity）、多樣性（Variety）和眞實性（Veracity）等方面，已經不可同日而語，因此，兩書中有關資料分析師及系統架構師在棒球資料分析、應用上的細節描述，也迥然不同。

## 問題二：爲什麼是這幾個人組成的團隊，能夠借助大數據讓球隊鹹魚翻身？

不少人認爲，美國是現代電腦和互聯網的發源地，世界第一科技強國，同時又是現代棒球的發源地，兩者有機會結合似乎順理成章。但事實上，棒球在美國一直是個封閉行業，只有打過棒球的人才可進入，甚至到二十一世紀初期仍大致如此，絕大多數球員出身的總經理、總教練和球探一直左右著球隊，大數據分析逐步被接受經歷了一個漫長的過程。

具體而言，匹茲堡海盜隊僅僅是因爲其負責人及核心成員開明、容易接受新事物，就使海盜隊較早的接受了用大數據指導棒球比賽和球員選拔嗎？不完全是，我們看看其幾位核心成員的幾段特殊經歷就知道了。

尼爾．亨廷頓（Neal Huntington），球隊總經理，爲人精明，非職業選手出身。曾就讀麻塞諸塞州安默斯特學院[5]，學習成績優異，一直熱中棒球。一九九二年在蒙特利爾博覽會隊實習並成爲全職職員，一九九四年任該隊的影像高級球探，隨後晉升爲球員發展副主管；一九九八年加盟克利夫蘭印第安人隊任小聯盟營運副主管，這期間他有一段特殊的經歷：

克利夫蘭印第安人隊總經理約翰．哈特（John Hart）受經濟條件所限，啓動了一個「實驗性專案」，即雇用了一批年輕而富有工作激情的高學歷、低薪水的精英大學畢業生，研究剛剛開始出現的棒球資料學，用以完善原本挑選球員的方法，這其中就有亨廷頓。他的這批分析員同事中，陸續被其他球隊挖角，第一個被挖走的保羅．德波戴斯塔（Paul

DePodesta），就是被《魔球》中男主角奧克蘭運動家隊總經理比利·比恩（Billy Beane）挖去做助理經理，並成爲了那個故事中的一個主角。這批同事後來多成爲了大聯盟球隊的高階管理人員[6]。

同時，哈特還做了一件很厲害的事，即開發了「鑽石眼」（DiamondView）。這是克里夫蘭印第安人隊研發的最早而又最全面的棒球專有資料庫之一，第一個版本於二〇〇〇年問世，早於奧克蘭運動家隊的魔球理論，是已知最早的綜合型棒球運動資料庫。鑽石眼可檢索到數以千計的職業球員資料，包括統計出的趨勢和預測結果、情蒐報告、表現指標、傷病歷史、契約狀態、薪酬資料等，可以迅速處理大量資料，找出趨勢並預測球隊表現，同時每天輸入新的資料。

上述經歷，使得亨廷頓成爲棒球界精通資料的早期人物之一。二〇〇七年他到任海盜隊總經理後，從零開始建設數據分析部門。

柯林特·赫德爾（Clint Hurdle），球隊總教練，是個老派正統的職業棒球人，從小熱愛棒球，年少成名，一九七六年獲中西部聯盟（Midwest League）最具希望候選球員；一九七七年參加AAA級比賽，獲評爲聯盟一九七七年度最佳新人和最有價值球員（MVP）；一九七八年登上著名運動雜誌《體育畫報》封面，但此後命途多舛、一直不得志，一步步從

A、AA、AAA級比賽到小聯盟、大聯盟任打擊教練和總教練。在他的經歷中，有兩段值得提及：

其一是其父老柯林特．赫德爾（Clint Hurdle Sr.）曾是菲瑞斯州立大學（Ferris State University）的棒球游擊手，但後來進入了甘迺迪航太中心，直至擔任電腦營運與維護主任；其二是二〇〇九年，在落磯隊任總教練，因當年賽季慘澹被解雇，下半個賽季，他到美國職業棒球大聯盟電視網（Major League Baseball Network）做了半年評論員，從此開始了賽伯計量學啟蒙，並體會到了大數據分析的精妙。

丹．福克斯（Dan Fox），球隊分析部門創建人兼主管、資料分析師與系統架構師，一九六八年出生，愛荷華州立大學電腦科學專業畢業，是一位標準的電腦迷兼棒球迷。其經歷中有兩段很有意思：

一是早在二十世紀八〇年代，在銀行高層工作的父親就給他購買了一台奧斯本（Osborne）牌的電腦，這是早期的筆記型電腦，重約10.4公斤，大小與手提箱相近。在那台電腦上，福克斯和哥哥學會了如何撰寫電腦編碼，不久便開始利用電腦編碼分析 Strat-O-Matic 棒球遊戲的紙牌。

二是他很早就受到了比爾．詹姆斯的文章和 STATS 公司 CEO 約翰．迪萬（John

Dewan）的影響，二〇〇六年，他在精良而頗具影響力的棒球資料統計分析學網站BaseballProspectus.com 有償開了一個專欄，取名「薛丁格的球棒」（Schrödinger's Bat），向物理學家埃爾溫·薛丁格（Erwin Schrödinger）之「薛丁格的貓」（Schrödinger's Cat）的思想實驗致敬，從而征服了一批智慧過人的超級棒球迷。

邁克·菲茨傑拉德（Mike Fitzgerald），丹·福克斯的助手兼資料分析師，一九八九年出生，麻省理工學院化學工程學系畢業，具備數學天賦，早早讀過《魔球》一書，還是NBA波士頓塞爾提克隊的狂熱粉絲。他的特殊經歷是：在讀書時，曾在丹麥 TrackMan 公司帶薪實習。二〇一一至二〇一二年非賽季期，丹·福克斯向 TrackMan 公司的幾位高層詢問有無全職助理分析師推薦時，幾位高層推薦了他。

從前述幾位核心成員的幾段特殊經歷可以看出，他們除了與棒球結緣外，都在某個時期，較深入的接觸到了電腦及棒球大數據。這就像比爾·蓋茲，當人們驚詫於蓋茲爲何能在大學二年級從哈佛大學退學去創辦自己的軟體公司時，人們並不知道：蓋茲於一九六八年在湖濱中學讀七年級時，就有機會長時間接觸電腦並開始執行程式設計了；此後，又到電腦中心公司（C-Cubed）、資訊科學有限公司（ISI）以測試軟體、編寫工資單程式換取了大量的自由上機時間；甚至還長期凌晨偷偷到華盛頓大學免費蹭用上機時間；到中學高年級時，居然有機會到華盛頓州南部的博納維爾電站幫助編寫電腦系統程式。因此，當蓋茲創業時，他已不間斷的編寫了七年程式，有了上萬小時的程式設計經驗，對軟體發展領域有了非同常人的理解。當時世界上多少個年輕人和蓋茲有相同的經歷？按蓋茲的話說，「假如在世界上能找出五十個都會把我驚倒」。

凡事有因方有果，沒有突然而來的飛躍。

## 問題三：大數據大規模產業化的應用，需要什麼樣的社會背景？

我們常說，成就一件事需要天時、地利、人和，那麼大數據分析應用於匹茲堡海盜隊，乃至應用於棒球大聯盟的背景如何呢？

### 一、先說天時

一九七七年，當比爾．詹姆斯出版第一本《比爾．詹姆斯棒球摘要》時，大聯盟球隊球員的平均年薪是十五萬美元；到了二〇一四年，邁阿密馬林魚隊向二十五歲的吉安卡羅．斯坦頓（Giancarlo Stanton）簽下一份爲期十三年的合約時，合約總價爲3.25億美元（平均年薪兩千五百萬美元），斯坦頓也因此成爲全球職業體壇首個拿到三億美元合約的球員。

你說斯坦頓是個特例，那麼我們看看美國職棒大聯盟自由球員的合格報價。按美國職棒大聯盟規則，每年年底是自由球員選擇是否接受原球隊所開出的合格報價期限，合格報價規定爲一年合約，年薪爲美國大聯盟該季薪資前一百二十五名球員的平均。二〇一二年合格報價薪資爲一千三百三十萬美元，二〇一三年合格報價薪資爲一千四百一十萬美元，二〇一四年合格報價薪資漲到一千五百三十萬美元。

再看看《富比士》（*Forbes*）統計的二〇一三年至二〇一四年兩年「全球收入最高球員TOP100」排行榜，表0-1和表0-2是對這前一百名球員所屬項目的分類統計，棒球球員一直高居榜首。

**表0-1 二〇一三年全球收入最高球員TOP100**

| 項目 | 人數 |
|---|---|
| 棒球 | 27 |
| 籃球 | 21 |
| 足球 | 14 |
| 美式足球 | 13 |
| 賽車 | 7 |
| 網球 | 6 |
| 高爾夫球 | 5 |
| 拳擊 | 3 |
| 板球 | 2 |
| 摩托車 | 1 |
| 田徑 | 1 |
| 合計 | 100 |

表0-2 二〇一四年全球收入最高球員TOP100

| 項目 | 人數 |
|---|---|
| 棒球 | 27 |
| 籃球 | 18 |
| 美式足球 | 17 |
| 足球 | 15 |
| 賽車 | 6 |
| 網球 | 6 |
| 高爾夫球 | 5 |
| 拳擊 | 4 |
| 板球 | 1 |
| 田徑 | 1 |
| 合計 | 100 |

基於投資者的量化要求，棒球大數據分析應用中，催生出一項高級統計資料——勝利貢獻值（WAR），用以統一衡量一名球員的總價值。二〇一二年至二〇一三年的自由球員市場上，購買一分勝利貢獻值，一支球隊須花費五百萬美元。以本書中海盜隊核心球員羅素·馬丁（Russell Martin）爲例，其以偷好球技術精湛，善於叫球著稱，他的加盟使海盜隊各投手的表現大有長進。二〇一四年賽季，他的上壘率是0.402，如果他以打者身分出場的次數達到標準，則其上壘率可名列第四；勝利貢獻值爲5.3，爲其入行以來最高，排名第二十一。有必要一提的是，勝利貢獻值爲累加資料，排在馬丁前面的二十位球員至少比馬丁多打二十九場比賽。效力海盜隊兩年，馬丁貢獻的勝利貢獻值爲9.4，其價值相當於四千七百萬美元，然而海盜隊給馬丁開的薪資兩年只有一千七百萬美元。所以，海盜隊在資金極其緊張時，透過資料分析系統招募來的馬丁，不是在「銷金」，而是在「造金」。二〇一四年賽季之後，馬丁恢復自由身，以八千兩百萬美元的高價和多倫多藍鳥隊簽下合約。

當球員的年薪只有十五萬美元時，球隊老闆們就迫切的想知道這些球員的眞實水準——能在球場上待多久？能打出多少好球？當球員的薪資上漲到一千五百萬美元且大數據分析技術已經日臻完善時，投資者有什麼理由拒絕這樣的大數據技術應用？

## 二、再說地利

美國職業體育四大聯盟共計一百二十二支球隊（美式足球NFL32、棒球MLB30、籃球NBA30、冰球NHL30），分布於美國及加拿大四十六個大城市區（見表0-3）。如果我們進一步對這四十六個大城市區進行分析，以擁有職業球隊數量排名第二十位的匹茲堡（人口數量在北美排第二十四位）做爲一條劃分線，就可以發現，排名前二十位的大城市區擁有了四大聯盟八十六支球隊，占總數的71%，超過三分之二，如圖0-1所示。

**表0-3　四大聯盟球隊分布表**

| 大城市區 | 人口數量排名（美國&加拿大） | 四大聯盟球隊數量 |
|---|---|---|
| 紐約 | 1 | 9 |
| 洛杉磯 | 2 | 6 |
| 巴爾的摩—華盛頓 | 4 | 6 |
| 舊金山港灣區 | 6 | 6 |

| 大城市區 | 人口數量排名（美國&加拿大） | 四大聯盟球隊數量 |
|---|---|---|
| 芝加哥 | 3 | 5 |
| 波士頓 | 5 | 4 |
| 達拉斯 | 7 | 4 |
| 費城 | 8 | 4 |
| 亞特蘭大 | 10 | 4 |
| 邁阿密 | 11 | 4 |
| 底特律 | 12 | 4 |
| 鳳凰城 | 14 | 4 |
| 明尼阿波利斯 | 17 | 4 |
| 丹佛 | 18 | 4 |
| 休士頓 | 9 | 3 |

| 大城市區 | 人口數量排名（美國&加拿大） | 四大聯盟球隊數量 |
| --- | --- | --- |
| 多倫多 | 13 | 3 |
| 克利夫蘭 | 20 | 3 |
| 聖路易斯 | 21 | 3 |
| 坦帕灣 | 22 | 3 |
| 匹茲堡 | 24 | 3 |
| 聖地牙哥 | 19 | 2 |
| 西雅圖 | 15 | 2 |
| 夏洛特 | 26 | 2 |
| 辛辛那提 | 27 | 2 |
| 堪薩斯城 | 30 | 2 |
| 印第安納波利斯 | 31 | 2 |

| 大城市區 | 人口數量排名（美國&加拿大） | 四大聯盟球隊數量 |
|---|---|---|
| 密爾瓦基 | 35 | 2 |
| 納許維爾 | 39 | 2 |
| 水牛城 | 50 | 2 |
| 紐奧良 | 56 | 2 |
| 蒙特婁 | 16 | 1 |
| 奧蘭多 | 23 | 1 |
| 沙加緬度 | 25 | 1 |
| 波特蘭 | 28 | 1 |
| 溫哥華 | 29 | 1 |
| 聖安東尼奧 | 32 | 1 |
| 哥倫布 | 33 | 1 |

| 大城市區 | 人口數量排名（美國&加拿大） | 四大聯盟球隊數量 |
| --- | --- | --- |
| 鹽湖城 | 36 | 1 |
| 羅里 | 38 | 1 |
| 傑克遜維爾 | 44 | 1 |
| 奧克拉荷馬 | 45 | 1 |
| 曼非斯 | 46 | 1 |
| 渥太華 | 53 | 1 |
| 卡加利 | 55 | 1 |
| 艾德蒙頓 | 59 | 1 |
| 格林灣 | 147 | 1 |

我們再看看 MLB 美國職棒大聯盟三十支球隊的分布情況，如圖0-2所示。

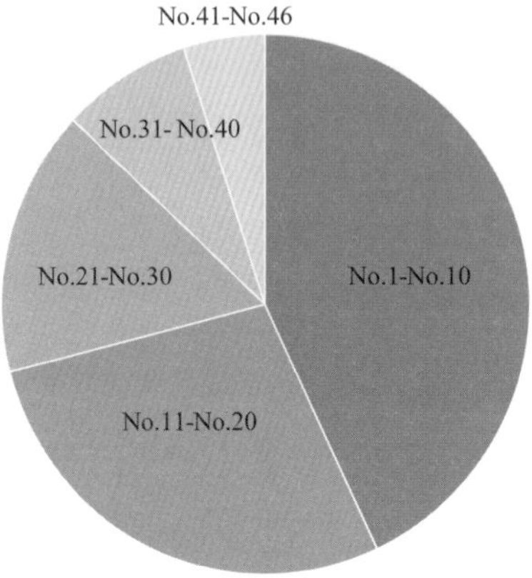


**圖0-1　球隊占比情況**

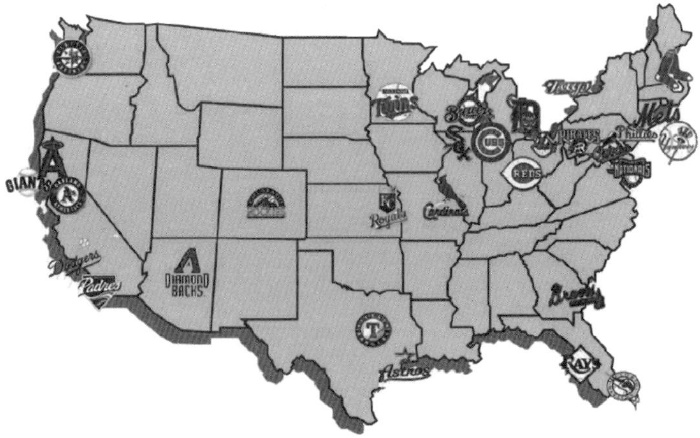


**圖0-2　MLB美國職棒大聯盟三十支球隊分布示意圖**

儘管美國的都市化程度很高，但 MLB 的球隊仍然主要分布在東西海岸及發達城市區。綜合上述圖表，我們可以發現，愈是人口密集、經濟發達、消費能力強的城市區，就愈容易聚集職業體育球隊，愈可能留住這些職業球隊。

具體而言，匹茲堡是一個典型的體育之城，擁有美式足球、冰球、棒球三支非常有名的職業球隊，被人們暱稱爲冠軍之城（City of Champions）。美式足球方面，匹茲堡鋼人隊（Pittsburgh Steelers）二〇〇九年獲得國家美式足球聯盟（NFL）「超級盃」冠軍，成爲美國歷史上第一支獲得六次「超級盃」冠軍的球隊。在冰球方面，匹茲堡企鵝隊（Pittsburgh Penguins）分別於一九九一年、一九九二年、二〇〇九年和二〇一六年四次獲得北美職業冰球聯賽（NHL）「史丹利盃」冠軍；到目前爲止，在同一年中獲得美式足球和冰球兩大職業賽冠軍的城市，只有匹茲堡一個。在棒球方面，匹茲堡海盜隊曾五次捧得 MLB 的桂冠（當然到二〇一二年，均已歷史久遠）。雖然匹茲堡沒有籃球隊，但是匹茲堡大學的男籃是美國大學籃球的一支勁旅。

了解了這些，你就能理解爲什麼在本書中，當亨廷頓接手自一九九二年後再沒打進過季後賽，且到二〇一二年已持續二十年沒出風頭的海盜隊時，匹茲堡人會在T恤上印上「匹茲堡：冠軍和海盜隊的家鄉」的原因了（揶揄海盜隊二十年與冠軍無緣）。

但是，當二○一三年海盜隊一舉打入季後賽時，海盜隊四萬多名球迷又整齊劃一的穿上黑衣（海盜隊的球衣是黑色）跑到主場 PNC 球場去吶喊助威。

有這樣的地利，哪支球隊不想在家鄉奮力一搏？

## 三、最後說人和

我們知道，體育是一個產業鏈條很長的現代產業，其中最重要的是現代服務業，而現代服務業的核心就是能夠提供服務的人。

匹茲堡位於美國東海岸賓夕法尼亞州西南部，爲賓夕法尼亞州第二大城市。匹茲堡曾是美國著名的鋼鐵工業城市，有「世界鋼都」之稱。二十世紀八○年代後，隨著美國工業等實體經濟委靡，匹茲堡日益沒落。進入二十一世紀，匹茲堡轉型爲以生物技術、電腦技術、機器人製造、醫療健康、金融、教育而聞名的繁榮工商業城市，美國前五百大企業總部設立數量全美排名第八。德國拜耳公司等一百多家外國企業的美國總部設在匹茲堡，成爲美國城市經濟成功轉型的典範。

匹茲堡除保留了仍具備競爭力的傳統企業，如美國鋼鐵公司（生產鋼鐵和運輸設備）、美國鋁業公司（鋁產品）、WESCO（西科電氣公司，電氣設備）、H. J. Heinz（亨氏公司，食品）、Allegheny Technologies（阿勒格尼技術公司，世界最大特鋼生產商之一）、康壽能源（美國煤炭巨頭）、Kennametal（肯納金屬，北美硬質合金刀具最大生產商）外，還吸引了如PNC（金融服務集團）、BNY Mellon（紐約梅隆銀行）、PPG（必丕志工業集團，世界領先的塗料和特殊產品供應商）、邁蘭製藥公司（生物醫藥產業）、葛蘭素史克公司（全球最大藥劑集團）、德勤會計師事務所（Deloitte & Touche）、迪克體育用品公司（體育用品零售商）、美國鷹牌服飾公司（牛仔褲、時尚襯衫及配飾）、FedEx 聯邦快遞等大型企業，吸引了大批各專業服務領域的人才，這得益於匹茲堡的兩所著名大學——匹茲堡大學（University of Pittsburgh）和卡內基梅隆大學（Carnegie Mellon University）。

匹茲堡大學是一所始建於一七八七年的綜合型公立大學，在全美公立大學中排名前二十。其醫學院、生物技術、哲學、資訊科學和國際研究在美國大學中名列前茅，是美國最好的研究型大學之一。匹茲堡大學教職員加上醫療中心職工有近兩萬人，超過了位於匹茲堡地區1.2萬人的美國航空公司。

卡內基梅隆大學是一所成立於一九〇〇年的美國頂尖私立大學，其工學院、商學院、藝術學院、公共管理學院以及計算機科學院等都享有盛名。其電腦科學和麻省理工學院、加州大學伯克利分校、斯坦福大學並稱CS（電腦科學）四大名校，常年與其他三校並列全美電腦科學第一，在世界享有盛譽。

此外，匹茲堡還有很多地方性大學，如卡羅大學（Carlow University）、羅伯特．莫里斯大學（Robert Morris University）、杜肯大學（Duquesne University）、查塔姆大學（Chatham University）等。

在匹茲堡大學和卡內基梅隆大學的帶動下，一批從事計算機軟體、機器人、人工智慧、生物技術和生物醫藥等研究開發和生產的技術密集產業發展起來，形成了以技術密集產業爲主導，包含材料科學、生物製藥、化工、電腦、資訊、金融等多元化的產業結構，也培養了大批的新型專業人才，其中也包括數以千計、有數學和電腦天賦的棒球大數據愛好者。

綜合了天時、地利、人和，可以說，匹茲堡海盜隊的鹹魚翻身，其實是匹茲堡這個古老城市重新煥發的縮影。

## 問題四：這個大數據應用的體育故事背後，給我們帶來什麼啟發？

中國是一個經驗主義盛行的國家，從城市治理、企業管理到日常生活，人們似乎更相信經驗，更相信眼見爲實，這就像棒球比賽中，更相信自己的眼睛所見，而不太相信大數據分析一樣。大數據的核心既不是大量資料的堆積，也不是對既往資料的簡單總結，而是基於既往資料，透過數學運算來推測評估未來的行爲與趨勢。如果我們不能轉變觀念，以更開放的心態積極迎接新事物，則很難順應這個大數據的時代，中國的大數據應用之路也會變得十分漫長。

同時，由於近代百年落後史，又使國人變得事事著急，「一萬年太久，只爭朝夕」，這演化爲實用主義或功利主義，即一旦國人認識到某項指標、技術或能力有實用價值時，就會不顧一切的撲上去，全心的相信，直至形成一種新拜物教。中國的大數據應用剛剛開始，但我很擔心，在不遠的將來，我們又會從不信資料分析走向唯資料論，這不是聳人聽聞，從過去幾十年教育、醫療到商業投資看，莫不如此：知道了標準化考試和績效考核，於是我們的學生就都是以分數來評價優劣了，我們的教授也有了量化的學術考核指標；引進了先進的醫療設備，於是我們看病，不先用一堆醫療設備檢查一番，醫生就無法看病確診了；學會了做測算公式、財務報表及商業模型，我們的商業投資乃至上市，就基本公式化了，上市公司的財報已與公司的實際經營情況漸行漸遠……

我們再回到匹茲堡海盜隊的大數據應用故事，如果沒有總經理尼爾．亨廷頓與球員們耐心細緻的溝通，如果沒有總教練柯林特．赫德爾的通力配合，如果沒有分析師丹．福克斯深入淺出、善於溝通的特質，如果沒有分析師邁克．菲茨傑拉德能把複雜數學概念通俗易懂說清楚的特點，如果沒有核心球員羅素．馬丁、法蘭西斯科．利里安諾、查理．莫頓等結合經驗訣竅的積極配合及場上拼搏，即使有一套先進的大數據分析系統，海盜隊也無法取得最終的勝利。

在大數據時代，沒有大數據是不能的，但大數據又不是萬能的。

## 結語

如果這個故事能讓部分讀者眞正理解科技及大數據對體育、對棒球的價值，已經是「開劵有益」；如果這個故事能讓部分中國的棒球從業者開始嘗試用大數據來指導棒球訓練、培訓，這本書就已經達到了它的目的；如果這個故事能夠激發部分有數學和電腦稟賦的「資料控」們喜歡上棒球，並投身到中國棒球的大數據獲取和應用當中，那簡直就是意外之喜了。從某種意義上講，在名校中將有數學和統計學天賦的統計學愛好者培養成棒球愛好者，可能比在大學培養出幾名知名棒球運動員，對中國棒球的發展意義更大。

我期待著這個「意外之喜」早日出現。

王建文[7]

二〇一六年十月於北京

## 注釋

[1]《魔球》（Moneyball），美國麥可・路易士著，講述美國職棒大聯盟奧克蘭運動家隊總經理比利・比恩如何透過大數據改造球隊、以弱制強的故事。此書名列《財富》雜誌評選的七十五本商業必讀書，被《富比士》（Forbes）評價為「既是關於棒球，更是關於管理的最佳圖書之一」，後被改編成電影，由明星布萊德・彼特飾演主角，於二〇一一年在美國上映，廣受歡迎。

【2】《一九七七年棒球摘要：提供十八項你在其他地方找不到的棒球統計資料》（*Bill James Baseball Abstract*）。

【3】STATS（運動隊分析和追蹤系統，Sports Team Analysis and Tracking Systems）：本書中提到的約翰．迪萬（John Dewan）是 STATS 公司的CEO。

【4】ESPN（Entertainment and Sports Programming Network，娛樂與體育節目電視網），是一個二十四小時專門播放體育節目的美國有線電視聯播網。

【5】麻塞諸塞州安默斯特學院，Amherst College，全美排名第二的文理學院，有「小哈佛」之稱，是美國精英教育的典型代表。

【6】保羅．德波戴斯塔（Paul DePodesta），後任紐約大都會隊副總裁；喬希．伯恩茲（Josh Byrnes）曾任美國亞利桑那響尾蛇隊總經理，現任洛杉磯道奇隊副總裁；馬克．夏皮羅（Mark Shapiro）先後任克利夫蘭印第安人隊總經理、多倫多藍鳥隊總裁兼首席執行官；克瑞斯．安東尼提（Chris Antonetti）現任克利夫蘭印第安人隊總經理。

【7】作序者為恒達聯合投資（北京）有限公司（中國國家體育總局棒球產業項目全面合作營運商）董事長、中國棒球產業發展委員會執行主任、中國棒球協會副主席。

## 人物表

| 姓名 | 職務 | 簡介 |
| --- | --- | --- |
| 柯林特·赫德爾（Clint Hurdle） | 總教練 | 帶領海盜隊奪得二〇一三年賽季勝利並打進當年季後賽，結束連輸二十年的屈辱歷史。 |
| 尼爾·亨廷頓（Neal Huntington） | 總經理 | 致力於球隊經營，並找到福克斯。 |
| 丹·福克斯（Dan Fox） | 分析部門創建人兼主管、分析師 | 從事資料研究與通俗化工作；與菲茨傑拉德發掘出馬丁、利里安諾等傑出球員。 |
| 邁克·菲茨傑拉德（Mike Fitzgerald） | 福克斯助手、分析師 | 從事資料研究與通俗化工作並提出建言；與福克斯發掘出馬丁、利里安諾等傑出球員。 |
| 雷·西瑞吉（Ray Searage） | 投手教練 | 指導莫頓，准其投二縫線快速球；指導利里安諾；說服伯奈特調整球型比例。 |
| 吉姆·本尼迪克特（Jim Benedict） | 投手教練、總經理特別助理 | 指導莫頓，准其投二縫線快速球；出謀獻策。 |
| 雷內·加西歐（Rene Gayo） | 球探 | 幫海盜隊以合宜金額簽得瑪律特等優秀球員，並克服了球場尺寸的問題。 |
| 羅素·馬丁（Russell Martin） | 捕手 | 偷好球技術精湛，善於叫球，使海盜隊各個投手的表現大有改觀。 |
| 法蘭西斯科·利里安諾（Francisco Liriano） | 投手 | 擔任先發投手，得力悍將，屢創佳績。 |

| 姓名 | 職務 | 簡介 |
| --- | --- | --- |
| A. J.伯奈特（A. J. Burnett） | 投手 | 資深人物，桀驁不馴，排斥移位防守[1]思想。 |
| 格瑞特・科爾（Gerrit Cole） | 投手 | 於二〇一三年九月海盜隊投手力量不濟之時獨當一面，幫海盜隊奪得賽季勝利。 |
| 查理・莫頓（Charlie Morton） | 投手 | 二縫線快速球非常厲害，人稱「滾地球君」。 |
| 傑夫・洛克（Jeff Locke） | 投手 | 依賴擦邊球，因而也依賴馬丁；參加二〇一三年賽季全明星賽。 |
| 斯塔林・瑪律特（Starling Marte） | 左外野手 | 擅長跑步，冷靜，鎮守PNC球場難於防守的左外野，表現出色。 |
| 尼爾・沃克（Neil Walker） | 二壘手 | 起初不樂意接受移位防守思想，後來接受，成績因此大有提高。 |
| 柯林特・巴默思（Clint Barmes） | 游擊手 | 思想開明，性格和善，雖然已過巔峰時期，但防守能力不俗，深得赫德爾喜愛。 |

## 注釋

[1] 編輯注：移位防守又稱「移防」（shift），一種非傳統的防守陣型，首次出現為一九四七年的「威廉姆斯移防」（Williams Shift）。

# 目錄

托到他的手上。

## 第九章 全明星賽上不見身影



「我們上了去紐約的飛機。我環顧四周，發現整個頭等艙都被我們占了。全是我們的人。」洛克對記者說，「我說，這是個好兆頭。」然而，飛機上明顯缺了一個人。誰呢？

## 第十章 球場與測量



站在棒球界一群通曉分析學的觀眾面前，因澤裡羅語出驚人，宣布他和自己的團隊已經解開最大的棒球之謎。他說，很快，棒球場上球員的每個動作、每個步伐、每次投擲，都可以測量並量化了！

| 第一章 |

# 會面

對人對事，敬而無畏，這是柯林特·赫德爾（Clint Hurdle）的人生信條，也是他常說的一句話。但如果說二〇一二年十月初的一天，在家中等候客人的赫德爾未感到惴惴不安的話，倒是一件怪事。那天，赫德爾家屋外，天空灰暗，與賓夕法尼亞州西部連綿起伏的崗巒上片片色彩斑爛的樹木，或橙，或黃，或紅，形成鮮明對比。賽季結束，不少教練和經理心中不免感到幾分沮喪。自各投手捕手二月報名參加春訓，直至初秋，將近八個月的時間，大家日日與棒球爲伴，突然，一切戛然而止。赫德爾的棒球隊，匹茲堡海盜隊（Pittsburgh Pirates），從季後賽開始後，就沒有比賽了。距離海盜隊上次進入季後賽，已過二十年了。等待客人的時候，這件事一直縈繞在赫德爾腦際。

在他答應當匹茲堡海盜隊總教練之前，一幫好友曾勸他拒絕此職。這個工作不會有任何前途，這句大家在電話裡勸他的話，他仍記得。二十年來，海盜隊一直沒有進入季後賽；如此長的時間裡毫無成績，在北美職業運動史上，可謂絕無僅有了。一九九二年國家聯盟冠軍系列賽（National League Championship Series）上，錫德·布裡姆（Sid Bream）趕在巴裡·邦茲（Barry Bonds）的球傳回本壘前，劃過本壘板，贏得制勝的第七場比賽。自此之後，海盜隊就再未打進過季後賽。那天，錫德滑壘衝回本壘，對匹茲堡而言，這一天也幾乎成了匹茲堡棒球的死亡之日。

海盜隊盛極轉衰。隊員、教練、高層來了又走。觀眾人數也不如從前。年年唯一不變的是不停的輸球和投入俱樂部少得可憐的錢。自二十世紀九〇年代初起，電視收入暴漲，但由於各地區電視收入很不均衡，大市場球隊和小市場球隊收入差距急劇拉大。因此，海盜隊花不起高額鉅款去買高價的自由球員來強大自己的球隊。二〇一〇年，海盜隊開賽日所開薪資總額爲三千五百萬美元，而大聯盟球隊的平均薪資總額爲八千九百萬美元，其排名最後。其農場系統[1]也頗有不順，在選秀方面錯失不少良機。譬如，二〇〇二年，海盜隊一著不慎，漏選普林斯·菲爾德（Prince Fielder）、紮克·格林基（Zack Greinke）、史考特·卡茲米爾（Scott Kazmir）、尼可拉斯·史威瑟（Nick Swisher）、麥特·凱恩（Matt Cain）、科爾·漢梅爾斯（Cole Hamels）等後來表現出眾的明星，而是用第一順位選擇了布賴恩·布林頓

（Bryan Bullington），他是後來大眾一直記憶猶新的劣馬之一。

赫德爾心中清楚，匹茲堡的三支運動隊中，海盜隊的地位已淪爲三者之末，明顯落後於隸屬美國職業美式足球聯盟（NFL）的鋼人隊（Steelers）和隸屬國家冰球聯盟（NHL）的企鵝隊（Penguins）。這兩支球隊近年都曾榮獲冠軍，而海盜隊自二〇〇一年之後，吸引前來觀賽的球迷不過兩百萬人次。

許多朋友勸赫德爾靜待良機，不去北美職業運動界最不堪的海盜隊，改投別家球隊。但身爲一名大聯盟的總教練，赫德爾是成是敗，僅剩一次機會，而這一點，這些友人不會說出來，當然也不必說。如果赫德爾丟掉這個工作，再當總教練的機會將十分渺茫。他七月已滿五十五歲，年輕不再。那爲何要在匹茲堡再試試一展拳腳呢？

他聽了不少他該拒絕這個工作的原因，並在腦中一一思索了一遍。可最後，他還是不忍婉拒這個工作。

二〇一〇年賽季，赫德爾任德州遊騎兵隊（Texas Rangers）的打擊教練。他知道，自己想做的是總教練，而非助手。跟多數棒球教練一樣，他更喜歡手握教練的無上大權：塡寫上場陣容名單。他喜歡領導他人，喜歡親手打理球隊的各個方面，而不喜歡做專司一事的專家。也許，他心想，帶領匹茲堡的那支棒球隊重振雄風，將來或許能造就一段傳奇。挑戰，他反而喜歡。

幾經斟酌之後，赫德爾決定還是接受這個差事。他自忖這件事適合自己，但得說服太太卡拉（Karla），令她相信去匹茲堡對二人都很好。先前，赫德爾曾在丹佛（Denver）任科羅拉多落磯隊（Colorado Rockies）的總教練，夫婦二人都很喜歡住在這個城市，因此赫德爾還得說服太太，令她相信，匹茲堡絕非冷冰冰、教人避而遠之的工業城。赫德爾可向太太侃侃而談匹茲堡的復興業績。在工業盛後轉衰的眾多城市之中，匹茲堡大概是轉型最爲成功的例子了。各鋼鐵廠關門結業之後，百姓日子都過得很拮据，但繼而城中醫療產業興起，市場蓬勃發展。城市地下和周邊丘陵地下的煤礦熱鬧不再之後，又出現了蓬勃發展的天然氣產業。二十一世紀頭十年後期全國不少城市房價暴跌，經濟崩盤，匹茲堡卻屹立依然。

儘管如此，匹茲堡的棒球隊卻極待振興。二〇〇一年，嶄新的 PNC 球場（PNC Park）開始對外開放，不遠處就是匹茲堡阿利根尼山隊[2]（Pittsburgh Alleghenies）十九世紀初舉行職業棒球賽的地方。體育場嶄新，可球隊在賽場的表現卻不見起色。這支球隊能像這座城市一樣重獲新生嗎？赫德爾相信答案是肯定的。他令太太卡拉確信，自己能在匹茲堡有番作爲。

二〇一〇年十一月十四日，赫德爾正式任職海盜隊。談及一些意見和做法，他常說「照單全收」。爲表露自己全心投入這個城市和球隊的心意，他長居匹茲堡。他在漢普頓鎮

（Hampton Township）買了一棟殖民地時期風格的宅子。此宅十分寬敞，以磚砌成，坐落於漢普頓鎮郊區山崗的一大塊地皮上，在球隊場館以北十五英里處。

兩年之後，他在同一所房子裡等待；重建海盜隊的信心，已被時間和疑慮消磨殆盡。他的合約只剩一年，而且前兩個賽季都以輸字收場。他做大聯盟球隊總教練十年，起初效力科羅拉多落磯隊，卻以十個賽季九個失敗收場。每逢比賽，他都要吃一整盒口香糖，嘴像工廠裡的壓印機一樣不停嚼著，似乎這樣能減輕壓力。然而，赫德爾這種非賽季期的焦慮並非只出於對比賽結果的擔憂。從上個賽季後半段開始，每個人都難免聽到一些要海盜隊從頭再來，調整領導層的風聲。赫德爾很可能又要搬家，但搬家無疑對一家人來說是件頭疼的事。家裡有兩個孩子，曼迪（Maddie）十歲，克裡斯汀（Christian）七歲，都已習慣這裡的生活。自己跑來匹茲堡，這個決定到底對嗎？現在，是對是錯已經不重要了。他發誓不再回頭看，也不再去理會是對是錯。以前，自己也曾經歷逆境。現在處於這個境地，要做的就是解決問題。

赫德爾任海盜隊總教練的頭兩個賽季很不順利。海盜隊在二〇一一年和二〇一二年兩個賽季的前半部分成績都出人意外的好，令人滿懷希望與期待，可是到賽季的後半部分，表現卻糟糕透頂，出現十九連敗和二十連敗。匹茲堡人稱這兩個後半賽季是「大敗一」和「大敗二」。赫德爾知道，絕不能再來個「大敗三」，否則自己就完蛋了。

做過大聯盟球員的赫德爾，身高六英尺三英寸，體重兩百多磅，十分魁梧。由於他雙手猶如捕手手套一般粗實，銀髮粗短，體格高大，不論走到哪裡，往往都給人威嚴之感。但是，當他在家等候客人，想到自己球隊的處境時，雖然外表剛毅，卻也感到無力。

終於，一輛車開進了他家所在的街道，沿著社區寬闊的林子，朝自家的車道駛來。他知道即將到來的是什麼，那就是未來和變化，而這，也是我們許多人最害怕的。

朝前門走來的是尼爾．亨廷頓（Neal Huntington）。他身高五英尺八英寸，兩肩寬廣，但跟赫德爾相比，他只到海盜隊總教練肩頭的位置。他一頭金髮，面相年輕，不像是已經四十三歲的人。跟赫德爾不同，說話謹慎、爲人精明的亨廷頓並非職業選手出身。亨廷頓出生於新罕布什爾州一戶奶農家庭，並非上流社會出身，但曾就讀麻塞諸塞州一所精英學校——安默斯特學院（Amherst College）。小時候，八月中旬悶熱的牲口棚裡氣溫高達華氏近百度，大家在裡面捆草垛，幾個哥哥站在地上往上扔，他就在木架子上面接。那番場景，他仍歷歷在目。他還記得，幾個草垛沒接住，引得哥哥們哈哈大笑，不一會兒就再無力招架，任憑飛上來的草垛「狂轟濫炸」。就是在自家牲口棚裡，他懂得了勞動的價值。

亨廷頓學習成績優異，但一直熱中的卻是棒球。他選擇安默斯特學院是因爲該校是能給他打棒球機會的最佳學校，雖然只能打第三組別（Division III）的大學棒球賽。說到打棒球，亨廷頓並無天分，但也可能因爲如此，他總在思考這項運動可以採用什麼策略以及如何去發現一些小優勢。他從小就對團隊經營的理念著迷。他著迷一款模擬眞實棒球賽的盤面類遊戲——APBA棒球，玩時總喜歡找漏洞，加以利用。

這個遊戲有一套紙牌，每張代表一個大聯盟隊員和他的技能。盤面就是棒球場，可以在上面移動跑者，也可呈現壘上有人、無人等不同的局面；遊戲還配有骰子，扔骰子可得出不同點數。這個遊戲很簡單，投手紙牌和打者紙牌相配，擊球次序由扔骰子決定。扔骰子得出的隨機點數對應不同的場上局面，而這些局面，又是基於各個球員在實際比賽中的資料表現。亨廷頓總找遊戲的漏洞。創建上場打序時，他偏愛跑得快的跑者，因爲他知道這樣的跑者可以輕易成功盜壘。

成年前，他一直認爲自己會過簡單的生活，譬如在哪裡教教書，同時做做棒球教練什麼的。可是，天意難測，蒙特利爾博覽會隊（Montreal Expos）總經理丹．杜奎特（Dan

Duquette）同樣曾就讀安默斯特學院，他致電自一九六六年起就任母校棒球總教練的比爾・瑟斯頓（Bill Thurston），說自己想找個夏季實習生，問他是否有合適人選。瑟斯頓推薦了亨廷頓。亨廷頓一九九二年開始實習，後來成了蒙特利爾博覽會隊的全職職員。由於蒙特利爾資源少，球隊人手也少，許多工作不得不委派亨廷頓去做。有些工作其實是打雜，但有些是好差事。

一九九四年，亨廷頓任博覽會球隊的影像高級球探。該隊是最早使用這個方法的球隊之一。很多俱樂部都雇有球探賽前在球場研究對手球隊。博覽會隊很早就裝了一個 NASA 級的超大電視衛星天線，可從空中探看部分球賽。亨廷頓被派去負責錄製對手球隊的比賽，觀察每一個對手球員在賽場的表現，同時也負責錄製己方球隊的表現，以便莫伊塞斯・阿魯（Moises Alou）、拉裡・沃克（Larry Walker）、馬奎斯・格裡森（Marquis Grissom）等名將賽後觀看，評估自己的打擊狀況。一九九四年八月十一日勞資事件發生時，博覽會隊雖然總薪資不過區區一千九百萬美元，但在各大聯盟中，成績最佳。隨後一個賽季，亨廷頓晉升爲球員發展副主管，躋身四名全職人員組成的前台部門。另外三人是總教練、棒球營運副總裁、小聯盟營運主管。

在蒙特利爾獲得的經驗十分寶貴。亨廷頓目睹了市場最小的球隊在國家棒球聯盟

（National League）如何成功，之後不久，他加入美國棒球聯盟（American League）中環境最艱難的克利夫蘭印第安人隊（Cleveland Indians），參與一場即將到來的棒球資料革命。

二十世紀九〇年代初期，克利夫蘭印第安人隊總經理約翰·哈特（John Hart）接手該隊時，該隊正處谷底，一度是喜劇電影《大聯盟》（*Major League*）的嘲弄對象。然而在哈特帶領下，印第安人隊扭轉乾坤，竟在一九九五年和一九九七年打進聯盟總決賽的世界大賽（World Series）[3]。身爲一名小聯盟總教練和球探的哈特由此脫穎而出，賺取了登上總經理之位的「傳統資本」。效力印第安人隊，哈特經歷的艱難困苦與經濟限制，比他效力別家球隊時所經歷的都多，但他自創了許多應對之法，其中用得最長的，是他稱之爲「實驗性計畫」的。

在哈特領導下，印第安人隊雇用年輕而饑渴的精英大學畢業生研究剛剛開始出現的棒球資料學，用以完善原來挑選球員的方法：以傳統方法，依據主觀意見，物色新球員。該實驗性計畫使得每年十二月，哈特參加冬季會議這一棒球界年度大會時，他對各個對手已有盡可能多的了解。冬季會議期間，正是球隊相互交易、球員簽約、新產品推出的時候，前來參加者除數以百計心懷希望的求職者外，還有球員經紀人、媒體工作者，以及眾多高層人員。在酒店酒吧，人們交換各個小道消息和情報，直至凌晨才散去。哈特想知道對方候選球員的合約、服役年數、表現趨勢、品質等，而且他希望在和別家球隊談交易或和自由球員談事情時，這些資料已通通濃縮進一份文件夾報告中，能輕易查得。這些工作全交給了他那支高學歷、低薪水的外行大軍，其中就有一九九八年加入的亨廷頓。

亨廷頓獲任該隊的小聯盟營運副主管，也成爲棒球界精通資料的早期人物之一。跟他一樣，他的同事也沒有一個做過職業棒球運動員，而沒有棒球背景卻能進大聯盟前台部門的人是極少的。儘管如此，他的四位同事——保羅．德波戴斯塔（Paul DePodesta）、喬希．伯恩茲（Josh Byrnes）、馬克．夏皮羅（Mark Shapiro）、克瑞斯．安東尼提（Chris Antonetti），最後都當上了大聯盟總經理。

「我們肯定是走在前面的一群人。現在，資料分析在棒球運動裡可是大重點。」哈特說，「我認爲，我們之所以走在前面，是因爲我們體認到了自己的局限……我們弄了個實驗性計畫，請了一些年輕聰明，又想投身棒球運動的人。他們給我們帶來了一些很先進的東西，得以讓印第安人隊在賽場上技壓群雄。我們當時在草創期，這很有樂趣。」

然而，這些初出茅廬、聰明而廉價的精英學校畢業生所帶來的優勢並未持續多久，因爲其他球隊開始覬覦這些分析員。

「第一個被挖走的是保羅．德波戴斯塔（Paul DePodesta）。他在我們的球員層次表上是第三或第四層的人物。」哈特說，「我記得，奧克蘭運動家隊（Oakland Athletics）總經理比利．比恩（Billy Beane）打電話給我。當時我就知道，我們的方法管用。比利在一九九八年冬季會議的時候打電話給我，他說：『約翰，你那邊有個人我很感興趣，想請他。』我說：『哦，真的嗎？』他說：『就是保羅．德波戴斯塔。』我說：『哦，不是吧。』」

亨廷頓後來升任印第安人隊副總經理，直至二〇〇七年海盜隊向他拋出繡球，請他做總經理，他才離開。海盜隊看中亨廷頓，是因為他當過球探，培養過球員，做過資料分析員，有各種經驗，而且堅韌不拔，是小市場球隊許多成功故事的中心人物。該隊新任總裁弗蘭克．康納利（Frank Coonelly）較亨廷頓入職稍早。兩人都贊成一份大幅增加資金投入球員選秀的計畫。但亨廷頓和海盜隊高層還想做別的事情，也就是關於印第安人隊的制勝關鍵。

在哈特手下做事時，亨廷頓曾接觸印第安人隊的專有資料庫「鑽石眼」（Diamond View）。據《克利夫蘭誠報》（*Cleveland Plain Dealer*）報導，鑽石眼第一個版本於二〇〇〇年問世，緣起是哈特的副總經理馬克．夏皮羅（Mark Shapiro）請示哈特，想請人建立一個電腦資料庫，用來對每個競爭對手的優秀球員及其考慮招募的球員進行排序。這個軟體跟哈特命人撰寫的冬季會議報告相比，基本是其電腦版和升級版。

鑽石眼早於奧克蘭運動家隊的魔球理論（Moneyball Oakland A's）問世，是已知最早的綜合性棒球運動資料庫，可以迅速處理大量資料，找出趨勢，預測球隊表現，同時每天輸入新的資料。鑽石眼很快得以改進，除球探報告和表現指標之外，還可輸出影片、傷情報告、薪酬數據。印第安人隊借助鑽石眼做了不少重大決定，譬如，根據《克利夫蘭誠報》報導，該隊決定二〇〇二年賽季之後不與年輕不再的吉姆．湯米（Jim Thome）續約，部分原因就是因爲鑽石眼。鑽石眼揭示，之前二十二個賽季裡，貝瑞．邦茲（Barry Bonds）是唯一一位年過三十五歲，水準仍然出色的打者，而湯米卻想再簽六年，那屆時就滿三十七歲了。印第安人隊斷然拒絕與湯米簽一份期限未滿他就已滿三十五歲的合約，因此他改簽費城費城人隊（Philadelphia Phillies），一簽六年，結果果然在三十四歲時就開始明顯走下坡。

亨廷頓還注意到，印第安人隊在其薪酬分析中發現，上至一九八五年起，凡打贏聯盟總決賽世界大賽的大聯盟球隊，沒有一個把15%或以上的總薪酬支付給單一球員。鑽石眼的分析結果同樣影響了印第安人隊對湯米所做的決定。它讓市場很小的印第安人隊看到了大量資料和分析結果，最後得以避免意氣用事，與湯米簽約。

亨廷頓來到匹茲堡時，海盜隊的資料科學程度還處在「蒙昧時代」。當時，《魔球》一書出版已經四年，印第安人隊利用鑽石眼更已將近十年，可海盜隊竟連一個基本的分析部門都沒有。在亨廷頓的帶領下，海盜隊終於從零開始建設分析部門。海盜隊想研發自己的「鑽石眼」。要建設一個分析部門和專有資料庫，海盜隊需要資料架構師、分析師、軟體。顯然，這需要時間。

可在匹茲堡，時間這種資源很缺乏。耐心漸少，壓力漸增。亨廷頓的前五個賽季，每個賽季都輸。同在匹茲堡，別家球隊卻戰績非凡：打美式足球的鋼人隊就在二〇〇五年和二〇〇八年贏了超級盃總冠軍（Super Bowl）；隸屬國家冰球聯盟（NHL）的企鵝隊也在二〇〇九年捧回了史丹利盃（Stanley Cup）。人們因此在T恤上印著一句話：「匹茲堡：冠軍和海盜隊的家鄉。」

亨廷頓和赫德爾都知道，自己在海盜隊沒多少時間了。賽季快結束時，人人都猜測，亨廷頓和他的手下將被炒魷魚，普羅大眾也都希望球隊高層換血。直到二〇一二年十一月六日，球隊老闆鮑勃．納廷（Bob Nutting）告訴媒體海盜隊不會有何人事變動，大眾的猜疑才平息下去。二〇一二年賽季之後，納廷的失望不亞於球迷。二〇一二年十一月六日，納廷對媒體說：「如果你憤怒，那你數到十。如果你眞的憤怒，那你數到一百。如果你憤怒失望得抓狂，那等四個星期。」那個賽季結束之後，他開始檢討球隊營運的各個層面。最後，這位海盜隊的老闆拿定主意：不找替罪羔羊。

儘管如此，上兩個賽季那樣的敗績，亨廷頓和赫德爾再也承擔不起了。他們想要保住工作，就要贏，但亨廷頓畢竟年紀較輕，承受敗績的能力還是強一些。他是新派人物，若最後果眞無法在匹茲堡待下去，也可在這一行找個同樣顯赫的職位。赫德爾就不同了，在人們眼中，他是傳統的老派經理，是二十世紀棒球正統教條訓練出來的，倔強而頑固。誠然，他可以去某處做個板凳教練，但薪水和工作職責比現在就差十萬八千里了。這，很可能是他最後一次帶領球隊。

赫德爾和亨廷頓把這次單獨會面安排在球隊會議之前，意在充分交流，審視在冊球員，共同想出辦法創造奇蹟。兩人會面是在赫德爾家中的餐桌旁，如此安排，是爲避開他人，單獨相談。有人揣測，他們倆二〇一三年不僅要做到勝多於敗，還必須打進季後賽才行。只有帶領球隊脫胎換骨，他們才能重建大眾信心，保住工作。二〇一二年，他們共贏七十九場；二〇一三年，他們必須贏九十四場左右才能保證打進季後賽；在棒球運動中，一年多贏十五場比賽可是很大的進步。與此同時，賽季開始之前，報紙雜誌大多預測海盜隊會在國家聯盟中區（National League Central Division）拿個第四名或第五名，連續輸掉第二十一個賽季。

兩人寒暄一陣之後，一個嚴峻的現實擺在兩人面前。海盜隊二〇一三年球員經營方面聘請自由球員的資金，將只有一千五百萬美元左右，這對於一個棒球隊來說，少得有點可憐，因為在非賽季自由球員市場，一個普通先發球員或先發投手，每個賽季也能拿到一千萬美元。海盜隊二十五人的球員名單中，至少有三個位置空著，這些錢得用來把這些位置填上。賽季還沒打贏，球隊的錢可能已經就用光了。手上的錢到底如何分配，他們必須有個精明的計畫。

亨廷頓認為，球隊經營，重點在選秀。但是，選拔的新人一般至少五年之後才能在大聯盟中站穩腳跟，而且職業棒球跟其他職業運動相比，招募體系最低效，最不嚴謹。雖然海盜隊農場系統實力不錯，可作選拔的候選球員不少，開始讓人看到一點希望，但也不能馬上幫上什麼忙。根據《棒球美國》（*Baseball America*）雜誌的報導，二〇一三年賽季，海盜隊農場系統中十大候選球員中只有投手格瑞特．科爾（Gerrit Cole）有望在該賽季某個時候升入海盜隊。

因此，赫德爾和亨廷頓必須提高球隊的整體實力。但二〇一三年賽季與二〇一二年賽季相比，球員組成九成沒變，提高整體實力，辦得到嗎？若是看看當年非賽季時他們審訂的球員名單，一定讓人想到一副蹩腳球員占多半的棒球紙牌。

投手的安排有一堆問題，而且球隊也沒有相匹配的先發捕手。大夥都同意，找捕手是當務之急。海盜隊沒有答應以三百五十萬美元的薪酬聘請棒球老將羅德．巴拉哈斯（Rod Barajas），一位二流捕手。在內野防守陣容方面，亨廷頓選的第一個人——佩德羅．阿爾瓦雷茲（Pedro Alvarez），三壘手，二〇一二年擊出三十支全壘打，但他的打擊落空率高得出奇，防守也似乎很有問題。一壘的位置，打算在加比．桑契斯（Gaby Sanchez）和加勒特．瓊斯（Garret Jones）之間選擇，但兩人都不是明星球員。

游擊手老將柯林特．巴默思（Clint Barmes）是赫德爾的最愛。他在球隊很讓人喜歡，身爲老將，他不計較出賽時間，面對記者，他很和善，而且經過努力，身爲游擊手的他水準也不俗。但是，巴默思的打擊狀態在下降。雖然大家並不指望他的打擊表現有所進步，但還是期望他能繼續做個不錯的野手。

當然也還有些亮點。尼爾．沃克（Neil Walker）已是能獨當一面的二壘手。二十六歲的中外野手安德魯．麥卡琴（Andrew McCutchen）在前一賽季綜合戰績輝煌，已經是國家聯盟最有價值球員選舉中的第三名了，他們能寄希望於他發揮得更好嗎？

二〇一二年賽季的新秀斯塔林．瑪律特（Starling Marte），二十三歲的他力量和速度驚人。赫德爾打算讓他做爲進攻的開路先鋒。但是，除麥卡琴之外，瑪律特就是隊裡唯一速度出眾的人了。總而言之，球隊問題多於優勢。

會面之時，亨廷頓和赫德爾沒有抱什麼夢想和不切實際的希望。他們擁有的是一支前一年只有七十九勝的球隊，從理論上講，如果沒有有力的幫助，他們可能又要再次成爲勝率低於0.500的球隊。海盜隊不是一支特別年輕的球隊。年輕的球隊經由積累經驗，還有望進步，而他們在二〇一二年只是第二十年輕的球隊，球員的平均年齡是教人略感臉紅的二十九歲。這樣的現實難以令人寬心。儘管如此，他們還是必須找出方法，在不大幅增加球員薪資開支的前提下，多勝十五場，而這無疑比登天還難。

兩人在交談時問自己：如何以球隊掌握的資源，獲取最佳的結果呢？如何充分利用歸隊的球員？從策略方面而言，最大能得到什麼效果？

「有時，最簡單的解決辦法並不是請一個新球員，或花錢買其他球隊合約已滿的自由球員，又或者重建這個，重建那個。」赫德爾說，「我們得看看那些困難到底是什麼，看看我們有哪些人才，然後再看看，要提高成績，我們可以做些什麼調整。」

他們沒錢請有名的強棒，從得分角度而言也無能爲力，並且球隊的進攻技能被認爲已經固化，很難改變。打擊就是要麼好，要麼就不好。以現有球員組成，海盜隊的打擊能力不會有太大改進。

兩人討論的中心，是海盜隊的分析人員認爲仍舊沒有被仔細探討，但或許可以善加利用的領域：阻止失分，也就是防守。仔細研究在比賽中防止失分的綜合策略和方法，或許還有機會獲得意想不到的效果。這方面在赫德爾領導下的頭兩年裡尙未充分發掘。海盜隊的分析人員此前做過一些分析，透過檢視海盜隊的防守方法，並根據資料研究得出防止對方得分的策略。事實證明實施這當中的部分戰術並不用多花開支；基於資料分析的另外建議是在自由球員市場請幾位價値被低估的球員，而這筆開支海盜隊負擔得起。

亨廷頓的資料分析思路所倡議的，或許是棒球運動史上最富雄心、最爲通行的防守方法。不論與十年前奧克蘭運動家隊所發起的「魔球」革命相比，還是與早於奧克蘭運動家隊「魔球」策略的鑽石眼資料庫相比，海盜隊的新策略都處在一個完全不同的層次。奧克蘭運動家隊利用的是上壘率，這是一個價値被低估的統計資料，但有印在棒球卡背面，每個球隊都可以看到。而亨廷頓要做的，是對從未被記錄和分析的資料進行深入挖掘，揭示一些可能密切關係勝敗的機會。要使用這些新策略，赫德爾就必須擁抱浩瀚如海的資料，信任在比賽中新引進的大數據技術，與儲存在海盜隊強大的新電腦資料庫中數百萬個資料項目。

由於資料匱乏，更高明的棒球理論被「掩埋」太久了。現在，這些資料從許多地方湧來：有二〇〇七年就開始安裝在各個大聯盟球場的投球自動辨識系統 PITCHf/x，和與之匹敵的丹麥公司 TrackMan 研發的投球追蹤系統（該公司以利用雷達追蹤運行軌跡而在高爾夫運動界名聲大噪），還有棒球資訊解決方案（Baseball Info Solutions）等公司聘請的分析師大軍，他們負責鉅細靡遺的追蹤從前未被記錄的比賽細節。

由於一時之間湧來這麼多資料，很多球隊有點無力招架。絕大多數球隊都沒怎麼利用這些資料，但亨廷頓卻很留心。要實施前台部門促成的防守提升計畫，幾個重要方面必須進行天翻地覆的改變。

隊員的位置必須調整。自棒球運動誕生起，防守陣型的安排就不是以資料爲依據，而是以球員間隔距離相等爲原則。新計畫中，隊員必須得從自己職業生涯中一直防守的區域移動到新的位置。

球隊必須提高投手的表現，並盡力強化投手背後的防守陣型。投手必須學會不加質疑，改變以往的配球方式和入球角度。老闆們也必須接受顚覆性的觀念：體現捕手價值最重要的技能並不是看得見的，傳統的投手統計資料也不代表他們的眞實能力，老闆們要爲此買單並秉持此信念。

合作、配合、溝通、尊重，這幾個原則球隊上下必須一律遵循。科班出身的老派教練們必須接受從未站上職業賽場打擊區的夥伴們依據資料所做出的決定以及新概念。資料分析的理念和團隊必須更好的融入海盜隊球團和球隊文化。

最後這一點，極爲重要。十年來，差不多每個大聯盟球隊都請了至少一人負責分析資料。然而，這些分析師幾乎無不抱怨，他們的分析成果並未得以用到賽場上。這些成果用還是不用，全憑總教練做主。近幾十年來，雖然總教練在球員名單建立和球員招募方面影響力已大不如前，但在球場用什麼策略，基本還是總教練做主。總教練是每天塡寫上場隊員名單的人。他決定場上的戰術，與球員的直接交流也比球隊裡任何人都多。

哪怕前台部門想出的計畫再妙，再不同凡響，要是教練團隊不買帳，那也沒用。雖然許多棒球俱樂部的高層和前台部門人員都有常春藤大學的教育背景，但說到打棒球的經驗，即使有也少得可憐；反觀教練，幾乎無一不是職業棒球選手出身。亨廷頓沒法再找一個總教練。他基本上有名無權，必須和赫德爾一起應付這個賽季。海盜隊之所以選赫德爾，一方面是因爲他有領導才能和溝通能力，但另一方面，也是因爲海盜隊認爲他或許願意接受一些新思想。但在很多方面，赫德爾是二十世紀棒球運動思想訓練出的傳統人士，在二〇一二年賽季上應用的賽場策略，也都十分保守。他稱自己的球員是「我的人」，經常強調心動的感覺這種棒球中的情感有多重要。他不信測東測西那一套。他只相信自己的眼睛。然而，面對處境，他不得不寄望於一些他看不到的東西。雖然，計畫主要由前台部門制定出來，但整個計畫實施與否，全在赫德爾。

## 注釋

【1】美國職棒大聯盟球隊的梯隊培養體系叫農場系統（Farm System），按水準從低到高為新秀級（Rookie）、短期1A（short A）、1A級、高階1A（Advanced A）、2A級、3A級，每個級別都有若干支球隊的聯盟比賽，統稱為小聯盟比賽（Minor League），在每一級表現優異的選手會被選拔或是交易到更高級別，直至登上大聯盟（Major League）的比賽。

【2】譯者注：海盜隊原名。

【3】美國職棒大聯盟 MLB 由美國聯盟AL和國家聯盟NL兩聯盟組成，美國聯盟冠軍與國家聯盟冠軍爭奪聯盟總冠軍的比賽採用七場四勝制，被稱為World Series（世界大賽），也是聯盟總決賽。

# 第二章

# 心　魔

一九七八年三月二十日那期《體育畫報》（*Sports Illustrated*）雜誌用柯林特．赫德爾做封面人物，整個封面增色不少，上面印著一條標題：「本年度傑出球員：堪薩斯城皇家隊（Kansas City Royals）柯林特．赫德爾。」赫德爾這張照片的拍攝時間是堪薩斯城皇家隊的春訓期間，當時他們正在做晨間訓練。照片中的他面容年輕，但時至今日，他仍然有當年那樣燦爛的梨子狀笑容。兩鬢曾經亂蓬蓬的棕髮如今已變成又粗又短，豪豬毛一般的銀髮。他的皮膚黝黑光滑不再，取而代之的是紅色與褶皺，生氣的時候，紅色便隨怒氣多少而呈現不同的色調。面貌的巨大變化，訴說了已經逝去的悠悠歲月。

這個雜誌封面一直時不時冒出來。有時相隔千里的球迷把雜誌寄給他，請他簽名；有時，別人親手把那期雜誌送到他手裡。這本雜誌不時殘酷的提醒他，有個巔峰他沒有登上去，他有潛力卻中途枯竭了。極少有人像赫德爾那樣經常被勾起回憶，被迫想到自己的往事、曾經的潛力，以及當年面對現實的無力感。

他看著那本雜誌的封面，想著自那以後自己生活的巨大變化。他想著自己改變了多少。每次見到那個封面，他都不禁驚歎自己看起來如此年輕。他竭力去想當時的自己想的是些什麼問題。他在做什麼？他爲什麼要做？哪些是他的大事？他其實知道，當時所謂的大事，其實往往都不是。他盡量不去懊悔，內心無法做到，起碼表面要做到。畢竟他是一位領導人，而領導人是不在人前表現出疑慮的。

他常自嘲說，自己不知道是因爲雜誌社把那期《體育畫報》當成了記錄自己棒球生涯失敗的紀念版，不停在印，還是因爲球迷在打掃家裡的時候，那期雜誌總蹦出來。「（沒有這麼多壓力）我是不是能從容些面對呢？答案是肯定的。」赫德爾在二〇一三年冬季會議的一次新聞發布會上說，「但是，我認爲，我過去的經歷造就了今天的我。」

數年前一次新聞發布會上，當一名記者問及那個雜誌封面時，赫德爾說：「我一直有很多心魔要躲，但那個（雜誌封面）不是。」

赫德爾害怕的「心魔」之一，其實是期望。

一九七八年春，赫德爾成爲最知名的棒球新秀。春季對棒球運動來說是一個希望的季節。如果你眼界夠廣闊，夢想夠宏大，許多都能實現，不管對球隊還是對球員而言。但有時，眼界太廣闊，人們對你的希望也隨之增加到不切實際的地步。看法開始漸漸脫離現實。球迷總抱著下次表現一定比上次好的想法。甚至高層和教練也抱有這個想法。話說回來，這也是人之常情。那年春季，堪薩斯城（Kansas City）的人個個都認爲，赫德爾拿下球星榮耀，不是十拿九穩，而是十拿十穩的事，他會是又一個喬治・布列特（George Brett）。封面上的赫德爾似乎也這麼認爲。當時的他看上去似乎沒有任何憂慮，也從未經歷過任何失敗。

他確實不曾有。

當他輕鬆的做打擊訓練時，隊友們都會停下來觀看，這很値得一提，因爲打擊訓練通常很單調乏味。他愛與人待在一起，性格外向，而且英俊不凡，六英尺三英寸的個頭高過多半同齡人，他總是自信滿滿，神采奕奕。

赫德爾走上封面人物之路的地方是密西根州。這個地方也是一九五七年七月三十日他出生的地方。父親老柯林特・赫德爾（Clint Hurdle）曾是菲瑞斯州立大學（Ferris State University）的棒球游擊手。就是在這所學校，父親老赫德爾引起了芝加哥小熊隊（Chicago Cubs）球探的注意，但畢業後，他卻進了部隊。服役數年之後，退役回鄉。家鄉大急流城（Big Rapids）是密西根州中部的一個小鎭，工作很少。一九六一年，甘迺迪航太中心

（Kennedy Space Center）缺人，一位朋友向該中心推薦了他。由於手頭拮据，老赫德爾決定去看看。他帶上懷孕的妻子和一雙兒女跑到佛羅里達，阿波羅任務（Apollo missions）十月就要在此開始。老赫德爾從底層開始做起。

在美國太空總署（NASA）這個單位，他的第一份工作是分離電腦印表機不斷吐出的紙和複寫件。他在這裡見識到了房子大小的電腦及其高速旋轉、吱吱作響的磁帶驅動器。他在這裡學會了電腦操作和程式設計，並一路高升，在美國無線電公司（RCA）和格魯曼公司（Grumman Aerospace）做美國太空總署的協力廠商，最後擔任甘迺迪航太中心電腦營運與維護主任。當時，任務控制的中心已轉移至休士頓，老赫德爾的部門負責監視火箭和太空梭的電腦，直至它們起飛爲止。他手下有三百多名職員。每月，他都會特地抽個時間，四處走走，盡量與所有下屬見個面，上至高級中尉，下至入職新人。

「我四處走走，找每個下屬說兩句話……我想讓他們感覺到，他們是這個計畫的一部分。」老赫德爾說，「大家慢慢開始信任你，你呢，也有了威信。」

談到父親，赫德爾說：「人人都愛和他打交道。他也知人善任。」

父親把家搬到南方，赫德爾也得益不小。在東南部，由於氣候得宜，一年四季都有棒球比賽，也正因爲這樣，佛羅里達和亞特蘭大有許多孕育業餘棒球運動員的絕佳地方。光小孩子打球的時間就要多些。星期日下午做過禮拜後，赫德爾的朋友都去附近的亞特蘭大海灘衝浪，赫德爾則想練習棒球。他的練習場地是梅裡特島中學（Merritt Island High School）的操場，父親在這裡訓練他打擊。他們一練就是幾個小時，母親和兩個妹妹則當外野手，幫他們撿球。

父親的訓練意在全面加強他的打擊技術，大至用力揮擊，小至握棒手法，無所不包。父親如果上第二班[1]，赫德爾放學後便與母親練習接球。赫德爾常年打棒球，有時給佛羅里達州聯盟（Florida State League）的可哥太空人隊（Cocoa Astros）做球童，因而得以有機會見到約翰·梅博瑞（John Mayberry）等棒球明星，初嘗了職業棒球運動的滋味。

赫德爾的個頭漸漸遠遠高過五英尺八英寸的父親，長成了一副完美的強打者體格，身高臂長，肌肉敏捷，體魄健壯，令他打擊速度驚人。在梅裡特島中學做預備四分衛時，這些身體條件使他的投擲速度快如閃電，他也因此成爲美式足球隊和棒球隊的首選。他唯一所缺的體能條件是奔跑速度。

在赫德爾的高中賽季，不少大聯盟球探見識了他訓練時傳奇般的表現。據 ESPN（Entertainment and Sports Programming Network）一篇文章記述，赫德爾曾應亞特蘭大勇士隊（Atlanta Braves）之邀，到他們的春季基地訓練，赫德爾打擊之遠，職業打者也極少能趕上：他把球打到了訓練場隔壁一個水過濾站。當時皇家隊的球員發展主管約翰・舒爾赫茲（John Schuerholz）得知後既驚又歎。這位常任勇士隊總經理後來說道，他入行四十年，從未見過哪個預備候選球員有如此驚人的力量。

多數棒球隊都至少派了一個球探圍著赫德爾轉。堪薩斯城皇家隊和他尤其親近，因爲赫德爾的中學就在皇家隊小聯盟投手教練比爾・費舍爾（Bill Fischer）的家附近。談到赫德爾，費舍爾在一九七八年《體育畫報》雜誌封面故事一文中說：「球總被他打得飛過圍欄，落到汙水溝裡。我後來沒有陪他訓練了，主要是因爲害怕。我怕被他的球擊中，性命不保。」

皇家隊把赫德爾帶到了他們在佛羅里達的小聯盟基地，關於他在這裡的表現，費舍爾後來回憶說：「令人歎爲觀止。」費舍爾向皇家隊各球探力薦赫德爾，建議球隊在一九七五年選秀時就及早把他簽下來。皇家隊依了這個建議，在大選秀中以第九順位簽下了赫德爾，早於李・史密斯（Lee Smith）、卡尼・蘭斯福（Carney Lansford）、婁・惠特克（Lou Whitaker）、安德魯・道森（Andre Dawson）等日後的球星。赫德爾沒去那個把他當寶貝的邁阿密大學做四分衛，而是以五萬美元的價格和皇家隊簽了合約。他念書時成績優異，在中學裡只有一門功課（汽車駕駛課）得了「B」。不僅如此，哈佛大學還曾向他發出錄取書，並提供獎學金。

自那之後，他的名氣似乎扶搖直上。一九七六年獲中西部聯盟（Midwest League）最具希望候選球員頭銜之後，一九七七年又獲邀去大聯盟訓練營，他在那裡的打擊率是0.300。他直接跳過了AA級，便開始在奧哈馬追風者隊裡（Omaha Storm Chasers）打AAA級比賽，以0.328打擊率，十六支全壘打，六十六分打點，獲評爲聯盟一九七七年度最佳新人和最有價值球員（MVP）。

一九七七年九月十八日，他以右外野手身分首次在大聯盟賽場上亮相，效力一支獲勝一百零二場的球隊。剛滿二十歲的他，在當時只有九年歷史的皇家隊裡，年紀最小。在首場比賽的第五局中，赫德爾在皇家隊體育場（Royals Stadium）[2]擊出一支全壘打，將葛蘭・艾布特（Glenn Abbott）投來的球擊出四百五十英尺，落入左中外野後的人造瀑布中。賽後球迷請他簽名，他全程保持微笑，花了一個半個小時才簽完。成名似乎已命中注定。他既有顏值，也有改變一支球隊的力量。在他從小聯盟被徵召到大聯盟的九場比賽中，打擊率0.308，並有二支全壘打，七分打點。

一九七八年他返回大聯盟訓練營的那個春季，也就是《體育畫報》這本全國著名運動雜誌以他做爲封面，留予後世的那個春季，媒體的炒作和大眾的希望更是無以復加。封面照片只是其一，再不妨看看封面故事裡是怎麼說赫德爾的。皇家隊總經理喬・伯克（Joe Burke）說：「我一直在大聯盟。他是我十七年來見過數一數二的候選球員。」球探主任舒爾赫茲（Schuerholz）說：「我強烈感到，他的前途不可限量。」皇家隊打擊教練查理・勞（Charley Lau）則稱他是全隊裡面最厲害的候選打者。「赫德爾跟我特別像，我們之所以能成爲親密的朋友，我覺得這是原因之一。一九七四年，我是全美的焦點人物，迫切想在大聯盟中一展身手，現在的焦點成了赫德爾。我還記得，前台部門叫我不要嚼菸草，不要去酒吧。那個時候，我是球隊的『小金童』，現在，這個『小金童』是赫德爾，球隊也多半想保護好他。」皇家隊球星喬治・布列特（George Brett）那年春季說。

然而，皇家隊未能保護好赫德爾，他飽受壓力和期望的滋擾，又不能自律。《體育畫報》雜誌封面不是什麼預兆，更像是一種類似數學現象：《體育畫報》雜誌往往喜歡去抓住運動員的極端——那些巔峰和低谷。自那張封面推出後，赫德爾就不停走下坡。

一九七八年賽季，做爲一名職業球隊新球員的他賽績平平：打擊率0.264，全壘打七支。隨後一個賽季，他基本待在小聯盟，一九八〇年狀態似乎有所恢復，打擊率提高到了0.294。但這個0.294的打擊率沒什麼作用，因爲一百三十場比賽，他只擊出十支全壘打。做業餘球員和做打擊練習時所展現出的力量，在賽場並未得到體現。他想取悅的人太多。查理・勞希望赫德爾打平飛球。皇家隊總教練懷狄・赫爾佐格（Whitey Herzog）則希望他擊出全壘打。

老柯林特・赫德爾說，「赫德爾會給我打電話，大發脾氣，『爸，我該怎麼做？』我說：『孩子，我跟你說，赫爾佐格是你的總教練，也是你的老闆。你得聽他的。』」

問題是，堪薩斯城的考夫曼體育場（Kauffman Stadium），在今天仍然是最難打出全壘打的球場之一，況且在赫德爾打球的年代，這個場地的全壘打牆比現在的更遠。

各種質疑從報紙雜誌跑到了球團裡面，最後化爲一個問題：「赫德爾怎麼了？」隊友和教練開始私下疑問。隊友和教練說，他們並不關注媒體和大眾說什麼，但這些還是傳到了他們耳裡。有時是因爲這些話輾轉傳入，有時則是因爲某個隊員太好奇而知道。賽場上遇到一些難以承受的事，賽場之外的一個問題也因此而加重。如果赫德爾四次輪擊都沒有安打，他就會去酒吧買醉，結果致使第二天表現又差。父親勸他節制夜生活，但赫德爾沒聽進去。

「開始，那只是放鬆解壓。或許我白天不順。那白天不順，晚上可能順點、開心點。」赫德爾說，「問題是，晚上開心之後，醒來還是要面對白天。」

期望的重壓開始令他透不過氣來。一九八一年，他接受記者採訪時說；「按照大家的希望，我現在應該是聯盟裡的全壘打王，應該打擊率最高，我還應該早就捐一千美元給癌症基金會，並且把瑪莉・奧斯蒙（Marie Osmond）給娶了。」

他的賽場表現開始一落千丈。一九八一年，他僅在皇家隊打二十八場，賽季之後就被球隊釋出，而這距他獲評爲全國業餘球員第九名只有六年，距大眾給他貼上「下一個棒球明星」的標籤，則只有三年。一九八一年球員罷賽事件期間，赫德爾爲維持生計，做了一陣調酒師，之後被交換到辛辛那提紅人隊（Cincinnati Reds）。他在該隊的第一個賽季打擊率僅爲0.209，遭該隊拋棄，後被紐約大都會隊（New York Mets）收下。一九八三年大半個賽季和一九八四年整個賽季，他都在小聯盟。

可當紐約大都會隊給他短暫的機會時，他的打擊率卻達不到0.200。他移動速度上的不足，令他在防守上也沒有什麼能勝任的位置。一九八七年，赫德爾只代表紐約大都會隊打過三場大聯盟球賽。據一篇 ESPN 文章爆料，一九八七年賽季某天，紐約大都會AAA球隊的總教練鮑勃．謝菲爾（Bob Schaefer）請赫德爾坐下，告訴他要振作起來，否則自己可能就是他最後一個總教練。果不其然！赫德爾的球員生涯結束了。一九八七年六月二十六日，他在費城最後一次現身大聯盟比賽，是以替補打者登場，結果被費城人隊的凱文．格羅斯（Kevin Gross）三振出局。他當時二十九歲，按理正處在黃金時期，可結果……

赫德爾必須給自己找一條後路，可是能做什麼呢？他雖然聰明，但沒有上過大學，爲了自己的追求，中學畢業後就直接進了職業棒球圈。話說回來，雖然棒球運動員做得失敗，但棒球仍令他痴迷。他喜歡和棒球打交道，喜歡比賽策略，甚至喜歡乏味的訓練。他喜歡思考，喜歡開玩笑，喜歡與球隊的那種情誼。

「我喜歡棒球，可我只是個兼職球員。」赫德爾說，「我問農場系統主管，明年有沒有管理類的職缺。他一聽，倒覺得我的想法挺不錯，這就不是好兆頭了。他把我這個想法說了出去。不久有人專門打電話給我，說我這個想法如何如何好。不下二十個人跟我說，我是在完美的時間做了完美的決定。」

隨後的一九八八年賽季，赫德爾做了紐約大都會旗下一個位於佛羅里達聖露西港（Port St. Lucie）的1A高階球隊總教練。這份工作令他感覺挺順。他很享受和年輕球員交流，傳授自己的知識和經驗的那種感覺。「我當時認爲，我可以是一些人的棒球顧問，專門又專業的棒球輔助顧問：在農場系統中如何選上選下，如何『側路旁道』、『無所不包』。」赫德爾說，「而且一天忙完，還能看一場比賽。」

他樣貌威嚴，聲音渾厚，個性富有魅力，沒幾個人敢頂撞他。到一九九一年，赫德爾升職，被調到賓夕法尼亞州威廉斯波特（Williamsport）負責管理紐約大都會隊旗下的AA球隊。他依然喝酒。雖然他在球場上，管理得有模有樣，但離開球場，很難找到什麼事情令自己開心。這時的他已經有兩段婚姻慘淡收場，而他卻依然經常流連當地酒吧。

父親和母親在他身上都傾注了很多。在赫德爾當球員時，他們時時關注報紙上的比分。在赫德爾當總教練時，他們則早早購買了難得買到的電視套餐，在佛羅里達家中專門看海盜隊的比賽。老赫德爾笑言每場比賽之後，他都會感到「筋疲力竭，好像自己上陣了一樣」。只要有時間或能抽空，他和妻子就去探望赫德爾。在兒子處於低谷的時候，則盡力施以援手。在赫德爾第二段婚姻結束不久，有一次，夫婦倆去探望他，老赫德爾提議和兒子出去走走。「我告訴他，生活並不是公平的。」老赫德爾說，抱著過去不放對他沒有任何益處，必須找回內心平和。

一九九一年春，赫德爾遇見一位美貌聰明的褐髮女郎，名叫卡拉（Karla）。她是當地一名會計師，對球員並不特別感興趣。赫德爾與她相識，是因爲請她處理報稅事宜。他沒拿到卡拉的電話號碼，但他知道自己以後還有事要找她。所以，他用了點小手段，做了自己人生中最重要的決定：他叫一個朋友辦場派對，以此爲藉口邀請卡拉參加。這個計畫果然奏效。談戀愛六年，赫德爾一九九二年升任AAA球隊諾福克浪潮隊（Norfolk Tides）總教練，一九九四年加入科羅拉多落磯隊，擔任小聯盟打擊教練，覺得時機成熟的赫德爾向卡拉求婚，不料卡拉竟說不嫁，令他大感意外。

他以前是明星人物，大聯盟球員，目前在有小聯盟球隊的那些城鎮也算是個名人。他知道自己魅力不凡，跟卡拉開玩笑說，自己已經歷過兩段婚姻，是個結婚高手，但卡拉態度依舊。她相信自己和赫德爾談戀愛並非浪費時間，但赫德爾必須把自己調整好，然後她才肯把自己託付出去。她不會容忍赫德爾飲酒無度。赫德爾必須坦然接受自己和過去，不再逃避。可卡拉眼中的這個男人，仍然無法擺脫《體育畫報》雜誌那個封面的困擾，想到自己以前的傑出球員身分和自己未能完成的理想，心中便備受折磨。

「我當時就是感覺他有很多地方不對勁，他必須放下心魔，不然我也無能爲力。」已爲赫德爾太太的卡拉在一次接受 **ESPN** 採訪時說。

像赫德爾這樣當過重量級人物的人，通常都能享有更多餘地，人生中的機會也比別人多。一般人很少爲難他們，反而大多遷就他們。但這次不同，赫德爾必須改變自己。他必須想明白，什麼能讓自己高興。他發現，當教練管理球團和幫助別人的時候，自己最快樂。他還發現，自己不喝酒和重拾信仰時，會更開心。他還參加匿名酒徒（Alcoholics Anonymous）會議——現在仍不時參加——並且開始背誦自己最喜歡的一些《聖經》章句。

四十一歲時，赫德爾終於戒掉了酒癮，那是一九九八年十一月，自此之後，他再也沒沾過一滴酒。一九九九年，赫德爾再次向卡拉求婚，這次卡拉答應了。從二十一年前獲評爲數一數二的候選球員以來，他的生活終於第一次開始峰迴路轉。他於一九九四年加入科羅拉多落磯隊，一九九七年被任命爲該俱樂部大聯盟的打擊教練。二〇〇二年，他又升任總教練，但成功與快樂很短暫。

在科羅拉多落磯隊任總教練的第一個賽季，赫德爾和卡拉有了第一個孩子麥迪森・雷利（Madison Reilly）。這個女兒不僅早產，還經診斷患有遺傳病小胖威利症。赫德爾說，自己是在去休士頓的路上得知這個消息的。他告訴一位記者，到了酒店房間，他「三天裡哭出的眼淚比過去二十五年裡流的還多。」他了解到，這種疾病有很多可怕之處，譬如認知障礙、行爲障礙、長期感覺饑餓等，而且無法痊癒。

二〇〇七年賽季之初，落磯隊處境艱難，丹佛一名電視記者問赫德爾，有沒有哪次輸了比賽使他「不堪承受」。他肩負重任進入該賽季，必須在當時情形之下帶領球隊取得勝利。數月之後的十月，落磯隊（已經獲得聯盟冠軍）似乎不太可能打進總決賽時，赫德爾想起了那個問題。赫德爾說：「使我最不堪承受的是醫生告訴我，我的寶貝女兒出生就有缺陷。棒球就是一場比賽，這個我懂，我欣然接受一切，而且我跟我的球員共同分享這一切。」

雖然已經明白這個道理，但在科羅拉多，他在事業上又遇到一個十字路口。二〇〇九年春，落磯隊在赫德爾帶領下奪得全國棒球聯盟（National League）比賽冠軍兩年後，當年賽季以十八勝二十八負的慘澹成績開局。五月二十九日，赫德爾被解雇。效力落磯隊八年，他只帶領球隊打贏一個成功的賽季。總體來看，球隊在他的帶領下，輸的場數（625）比贏的場數（534）多出將近一百場。

賽場下的赫德爾雖然已經脫胎換骨，但賽場上的他依然十分保守。遵守傳統教條曾助赫德爾成爲一名一流候選球員，之後又使他在教練之路上節節高升。他受的是二十世紀老派正統棒球思想訓練，對其深信不疑，可老派思想認爲，統計資料經常撒謊，最重要的還是主觀決定，而且只有打過棒球的人才懂棒球。也許這不過是一種否認或者視若無睹，但二十一世紀初不斷湧出的棒球資料，赫德爾從未探究過。

他帶領打進世界大賽的球隊——落磯隊——是棒球界最保守的球隊，前台部門一個資料分析員也沒有。落磯隊有多保守，犧牲觸擊或許能說明一二。犧牲觸擊是一種保守戰術，使用它總會降低球隊得分的比率。但是二〇〇四年至二〇〇六年，即使在有利打者的庫爾斯球場（Coors Field），使用犧牲觸擊的次數，也沒有哪支大聯盟球隊超過落磯隊。在落磯隊，赫德爾成爲保守棒球的標誌。儘管總教練對球團大名單沒多大決定權，也控制不了球員表現，可一旦輸球，可一個受責怪和被炒魷魚的，往往都是這些總教練。

被落磯隊解雇後，赫德爾終於有了一樣他很久不曾有過的東西，那就是時間。他終於可以好好想想以前走過的路和將來想做的事——他是主動思考這些問題的。但是，清閒的日子不長。他還是想幹棒球這一行，因爲他了解這行。爲打發二〇〇九年下半個賽季的時間，赫德爾在剛剛成立的美國職業棒球大聯盟電視網（Major League Baseball Network）做了一名評論員。他嗓音渾厚，個性活躍，而且無數球壇逸事都能如數家珍、信手拈來，好似一塊天生做電視人的材料。他認爲這個臨時差事很有樂趣，不妨騎驢找馬，邊做邊等下個機會。

美國職業棒球大聯盟電視網總部位於紐澤西州的一個商務區，赫德爾不知道在這個毫無特色、外形好似倉庫的建築裡，等著他的是什麼。不過在這兒，他開始了他的賽伯計量學（Sabermetics，也叫棒球資料統計分析學）啓蒙。棒球資料統計分析學，顧名思義，就是如何對棒球資料進行客觀統計分析的學問。

在導播室裡，赫德爾接觸到了新時代的棒球思想和棒球資料統計分析學資料。在那裡，他無法再躲開這些資料或對其視而不見。到處都是平板電腦和通曉資料的實習生和分析員。他處在一個陌生的環境，包圍他的是很多自己以前故意無視的東西。坐在播音室裡爲節目做準備的時候，看到直播節目裡分析員拿到的成堆資料，赫德爾驚呆了。他原以爲分析員都是自己調查、自己得出趨勢的高智商人群，看到美國職業棒球大聯盟電視網強大的支援網路和資料蒐集設施，他著實吃了一驚。譬如，他如果想要一個投手投滑球的頻率、球的平均速度，以及球曲線飛行弧度的大小，轉眼工夫就能得到答案。

他的同事告訴他 FanGraphs.com 網站上面有大量珍貴的公開資料，利用這個網站，赫德爾開始查一些統計資料，在做直播節目的時候用以佐證自己的某種理論和預感。經電視台裡一些年輕的分析師和助理人員指點，他在「棒球資訊」（Baseball Prospectus）和棒球時報（The Hardball Times）等網站上找到了以統計結果爲基礎但尚未成形的理論。赫德爾知道了棒球資料統計分析圈子的人認爲哪些球員被低估，哪些被高估。

「我覺得有點像活在童話《綠野仙蹤》裡，但沒有什麼結果，」赫德爾說，「老話沒錯，『學得愈多，不知道的愈多。』一旦開始，就很難停下來。」

沒過多久，赫德爾又做起了教練。二〇〇九年十一月四日，受德州遊騎兵隊（Texas Rangers）聘請，赫德爾做了該隊的打擊教練。在德克薩斯州，他參考基於統計分析結果的投手趨勢情蒐報告，爲其打者制定比賽計畫。到二〇〇〇年賽季之後，他前去應聘海盜隊球團管理職位時，他解說球賽的本領已經十分了得。海盜隊喜歡他的領導才能和激情。他對新時代棒球統計思想興趣之濃與了解之深，大大超出海盜隊的意料。雖然他承認不太懂分析學基礎內容，但他感覺自己已經不是門外漢，能夠理解新湧現出的資料。

但是，二〇一二年十月亨廷頓與赫德爾在那個冷天會面時，海盜隊分析部門得出的統計結果，赫德爾幾乎沒有在他頭兩個賽季的賽場上使用。

儘管海盜隊處境艱難，赫德爾還是難以擺脫傳統，去相信一些他看不見的東西。他一直相信自己的直覺。

「我覺得我有時心腸很硬，硬是不去看簡單的統計分析，因爲我的內心一下子適應不了。我沒有進學校學過這些東西。」赫德爾說，「我沒有那個知識深度和認識深度。我必須拋開成見，讓自己好好理解這些東西。」

海盜隊需要內心矛盾的赫德爾擺脫傳統。在整個棒球界，總教練及其下屬都在阻止大數據運動，匹茲堡的情況也一樣。亨廷頓和他的分析團隊需要赫德爾完全接受它。如果他們需要證據證明自己正確，來使赫德爾信服的話，他們相信自己已經找到了。

## 注釋

[1] 譯者注：工作時間為下午四點至午夜。

[2] 譯者注：考夫曼體育場（Kauffman Stadium）原名。

# 第三章

# 試驗場

二〇一〇年二月下旬，試驗在海盜隊遠離聚光燈的佛羅里達布雷登頓（Bradenton）春訓基地的後方球場開始進行。後方球場在宿舍、打擊練習場、辦公區後面，位置偏遠，四周有鋼絲圍欄和立起來的防風牆，但還是擋不住海灣吹來的永不休止的海風。整個基地非常隱密，停車場有門，還有棕櫚樹、楊梅樹和各種灌木圍繞基地四周。

在球場上，球員發展主管凱爾．斯塔克（Kyle Stark）拿著一張標有多個X符號的棒球場地圖，舉止神祕。他手拿一罐白色噴漆走進內野，在內野深處於二壘和三壘的中間某處畫了一個X符號。斯塔克身材高大，棕髮藍眼，走了幾步，又在二壘後面畫了一個白色的X符號，隨後在臨近右外野居於一壘和二壘的中間位置又畫了一個X符號。他這到底是在幹什麼？一群鬍鬚花白的小聯盟教練一邊看，一邊不禁暗想。他是在尋寶嗎?是可以這麼說。

整個冬季和初春,斯塔克和海盜隊分析部門創建人兼主管丹.福克斯(Dan Fox)都有頻繁的電子郵件往來。福克斯是鮮爲人知的海盜隊員工,他曾任「棒球資訊」(Baseball Prospectus)網站撰稿人、雪佛龍(Chevron)公司資料架構師,賽前賽後從未接受過採訪,不論大眾還是球員都對他了解極少。二〇一三年《媒體指南》第十四頁底部有一則他的最新個人簡介,並配有一張他的照片,全文只有一段,短短百字,文中寫道:福克斯任職棒球營運部門,負責「資訊系統的架構、開發、傳播,以及量化分析」。當天在場上看斯塔克畫符號的教練,大多從未從聽說過福克斯。但斯塔克卻對福克斯的研究著了迷。斯塔克此時出現在這個球場做這些標記,正是兩人數月郵件往來的結果。這些標記相當於指標,指向隱藏的價值。斯塔克手中所拿的,就相當於一張藏寶圖。

在棒球場上,一支球隊有九名防守球員。其中兩名,投手和捕手,位置固定。但其餘七名,理論上可守在球場的任一位置。自棒球運動誕生之初,各球員的防守位置就大致相同。內野手和外野手的位置安排不是以球落在何處最頻繁爲依據,而是以相互等距爲原則。球員防守位置的草皮,由於經常踩踏,草也扁扁的。普通棒球場面積不到三英畝,放著大片地方無人防守,似乎有違常理。

一百多年來，這種傳統防守站位的安排已習以爲常。自十九世紀一直到二十世紀，球員和總教練們決定防守位置，通常都是依靠個人經驗和臨場觀察。

設想一下，要是棒球運動自誕生之日起，大家（球員、教練、高層）都沒把防守位置弄對呢？在棒球運動史上，偶爾也有發生不循傳統的事，但只不過曇花一現而已。有記載的防守變陣，即移位防守（一般是指三名內野手都站到二壘一側防守）首次發生於十九世紀。一八七七年五月九日，《路易斯維爾通訊報》（*Louisville Courier-Journal*）報導了哈特福德深藍人隊（Hartford Dark Blues）總教練鮑勃·弗格森（Bob Ferguson）與路易士維爾灰人隊（Louisville Grays）對陣時採用的一種奇特防守策略。弗格森不僅讓內野手都調到場地一側防守位置，而且連三名外野手也都全調到了半邊區域。

但防守位置隨後又基本恢復原樣，直到二十世紀二〇年代才有新變動。據美國棒球研究協會（Society for American Baseball Research）的資料，當時，幾位國家聯盟的總教練把三名內野手調到了二壘右側，用以對付重度拉打型打者希外·威廉姆斯（Cy Williams）。威廉姆斯是左撇子，擅長拉打，這意味著他的球經常打到右外野，他拉打的那一側。他是首位在職業生涯中擊出兩百支全壘打的國家聯盟球員，也是一九〇〇年前出生，在職業生涯中擊出兩百支全壘打的三名球員之一，其餘兩名是貝比·魯斯（Babe Ruth）與羅傑斯·霍恩斯比

（Rogers Hornsby）。但時間流逝，威廉姆斯和爲了應付他而進行的移位防守，已經逐漸被人遺忘。

另一個「威廉姆斯移防」（Williams Shift）常被稱爲棒球史上首次完全不循傳統的防守陣型。雖然有些球隊早在一九四一年就根據特德．威廉姆斯（Ted Williams）變動了防守位置，但業界通常認爲，「威廉姆斯移防」發生於一九四六年七月十四日在芬威球場（Fenway Park）舉行的第二場球賽。第一場比賽中，威廉姆斯五次擊球，四次安打，其中三支全壘打，從印第安人隊手上贏得八分。因此在第二場比賽中，輪到威廉姆斯擊球時，印第安人隊隊員兼教練路．波德魯（Lou Boudreau）從他通常負責的游擊手位置，轉到了傳統的二壘手位置。印第安人隊的二壘手向右外野移動，三壘手則移動到了二壘右側。由於變動極大，當月《體育新聞》（*Sporting News*）不久就刊登了一張防守位置變動的照片。面對現代戰後有案可查的最早幾次移位防守，威廉姆斯兩次打擊，一次出局，一次二壘安打，並且兩次被四壞球保送上壘。此後六十五年，防守位置變動並未流行開來或許多少是因爲移防並沒有壓制住威廉姆斯。

「有人給我說過特德．威廉姆斯的一個事。」赫德爾曾對《匹茲堡論壇評論報》（*Pittsburgh Tribune-Review*）說，「這個故事是在裁判之間相傳的。威廉姆斯站到芬威球場的本壘板上，對方球隊給他來了個大移防。這種事情還是頭一遭。威廉姆斯後退幾步，瞧了瞧。裁判見狀，不禁道『有意思』，而威廉姆斯則回道，『呵呵，他們能把我怎樣？』」

但跟以前一樣，那場比賽之後，移防沒怎麼再出現。爲什麼？因爲沒有確鑿證據表明球隊應該變動防守位置，也沒有資料證明變動防守位置有什麼作用。凡是不循傳統的做法，就算成功，也都只是當成趣聞妙事，因爲還沒有人利用統計學來系統性的追蹤打者擊出的球。即使有這樣的人，那還是有一個障礙——畏懼。一反傳統思想需要極大的勇氣和極強的信念，因爲新方法一旦失敗，勢必飽受大眾指責。所以，自棒球運動誕生以來絕大部分時間裡，包括整個二十世紀，球員的防守位置基本未變。不過後來出了位人物，名叫約翰·迪萬（John Dewan）。

一九八四年某個周六下午，芝加哥天氣晴朗，迪萬正在家中廚房邊用午餐，邊翻閱當年出版的《比爾·詹姆斯棒球摘要》（*Bill James Baseball Abstract*）年刊。這本棒球運動統計研究年刊從一九七七年至一九八八年每年出一期，內容新穎而深邃。詹姆斯寫棒球的手法與前人大不相同，測的東西從前也無人測過。譬如，在一九八五年出版的《比爾．詹姆斯棒球摘要》年刊中，詹姆斯介紹了一種依據候選球員在小聯盟中的打擊表現，預測其在大聯盟中表現的系統。他的文章常常論及球場如何影響統計資料、球員角色與職業生涯長短的關係，當然還有防守的重要性以及球隊對防守認識上的不足。跟迪萬一樣，詹姆斯也是外行人。他於二十世紀七〇年代開始寫作，當時是堪薩斯勞倫斯城（Lawrence）Van Camp's 豬肉豆子罐頭工廠的一名巡夜保安，文章自成一格，對棒球運動今日所具備的客觀與科學思想，業界人士大多認爲其貢獻最大。

二十世紀八〇年代初期，詹姆斯吸引了一群小眾——對發展棒球思想感興趣的人。雖然詹姆斯研究比賽得分，記錄前人忽略的很多項目，但他做的並不是大數據。大數據是什麼？依據維基百科的解釋，是一套極其龐大複雜，無法用傳統工具處理的資料。但詹姆斯和迪萬都明白一點：要充分認識棒球比賽，必定需要更多資料。在一九八四年出版的《比爾．詹姆斯棒球摘要》年刊中，他倡議發起一場名爲「記錄紙專案」（Project Scoresheet）的草根活動，號召遍布大城小鎮的廣大球迷詳細爲每場球賽做記錄，並把記錄到的資訊輸入一個電腦資料庫。

在一九八四年那期年刊中，詹姆斯寫道：「記錄紙專案開始之後，棒球界以前所用的各種衡量方法便告過時，一個全新的研究領域將呈現在我們眼前……下一代球迷不必像我們一樣懵懂無知。」當迪萬讀到其中一段說到詹姆斯正在找志工幫忙打理他的記錄紙專案的業餘記錄員，他不禁放下了刀叉。「我記得當時自然冒出一句，『噢，我的天，這不是我一直想做的事嗎？』」迪萬說。這個專案的想法與迪萬把各類體育比賽的細節鉅細靡遺記錄在電腦的夢想，十分相似。個人電腦日益實用、強大、便宜，使得這個計畫能夠實現。迪萬畢業於洛約拉大學（Loyola University），有數學與電腦科學兩個學位，因此做這類工作對他來說可謂駕輕就熟。

迪萬離開餐桌，在一本電話簿中找到了詹姆斯的號碼。三周之後，迪萬成了記錄紙專案的資料登錄員兼蒐集員；又過一年，升任專案經理，負責編寫軟體，組織全國的記錄員輸入資料。他給記錄員發了記錄範本，上面的球場分成了多個區域，然後又教他們如何用代碼描述不同比賽局面。到一九九四年，該專案在多位臨時人員打理之下，已經蒐集十年（一九八四—一九九四年）間的比賽資料，共計兩萬三千萬場比賽，一百七十萬個比賽局面。

一九八七年，迪萬發覺這個愛好已有點令他不能自拔。他的妻子名叫休（Sue），甚至辭了工作，專心蒐集資料。他自己必須做個決斷，要麼少花心力在這個愛好上，要麼把它當成事業來做。他本是一位保險精算師，工作有成，但由於自己對記錄紙專案和棒球統計分析實在愛得死心塌地，最後終於辭去工作。他開了一家名爲 STATS（Sports Team Analysis and Tracking Systems，運動隊分析和追蹤系統）的小公司[1]，自任總裁。公司總部最初設在其芝加哥家中一間閒置的臥室內。之後他把公司遷到了一間地下辦公室，再之後公司壯大，他才租了間像樣的辦公室。

儘管頭髮已白，濃密烏黑的眉毛愈長愈滿，迪萬仍經常走出那間閒置的臥室出去工作。早在一九八七年，STATS 就曾爲全國廣播公司（NBC）的棒球季後賽報導提供研究資料；一九八九年，又爲 ESPN 的常規賽季報導提供類似服務。詹姆斯和迪萬的工作大大增加了棒球運動的資料。

二〇〇〇年，迪萬把 STATS 賣給了新聞集團（News Corps.），兩年之後重新組建了一家公司，名叫 BIS（Baseball Info Solutions，棒球資訊解決方案）。該公司記錄每一顆被打出的球和每一次投球的詳細資料。

他雇用了一批影像球探，研究大聯盟每場比賽的每一局，全年兩千四百三十個比賽，一局都不放過。BIS 公司的加減統計法是一個非常重要的指標，單一球員防守表現的評估方法有何改進，從中可見一斑。加減統計法會拿單一防守隊員接到球的數量，與一個聯盟中對應該防守位置的球員的整體平均水準相比。BIS 公司的影像球探會精確記錄球在球場的落地位置和接住位置，將之轉換成座標，儲存在電腦資料庫中。在詹姆斯的記錄紙專案中，球場被統一劃分成多個網格，球的落地位置可用網格中的區域表示。

二〇〇九年，BIS 公司開始更爲精密的測量打擊力度。對於高飛球和平飛球，該公司使用碼錶計算打擊後球在空中停留多久才落地或被接住。對於內野的滾地球，則以碼錶計算球擊出後多久首次被守備員截住。基於這些資料，該公司記錄下守備員接住和截住球的數量，然後與聯盟中防守同一位置的球員的整體平均水準比較。根據情況，給他加分或減分。所加所減之分數會被轉換成一個得分值，用以衡量某守備員阻止對方球隊得分的量高出或低於聯盟整體平均水準多少，稱作防守分。

在此之前，評價守備員水準的依據主要是主觀統計的防守失誤數量。而防守失誤則由聯盟指定的記錄員判定。除某些有所涉及之內容外，像球擊出之後，一個球員可以防守多大面積這類更加重要的資料，則無人研究。

迪萬在做一名壘球聯盟內野手時，愛打防守，所以才對這方面格外關注。他喜歡當游擊手和三壘手，負責內野左側不易應付的兩個位置，並引以爲傲。他還是盤面棒球遊戲 Strat-O-Matic 的愛好者。與 APBA 公司開發的棒球遊戲一樣，這個遊戲有一套紙牌和骰子。每張紙牌代表一位球員及其技能，所配骰子則用以扔出隨機點數，做某步驟的依據。雖然棒球運動中，防守值的測量方法簡單，經由失誤數量和守備率即可測得，但 Strat-O-Matic 賦予了每位球員一個防守效率。玩這個遊戲，挑防守隊員組隊很重要。在棒球界大多數人只關注各位置球員的打擊率和全壘打總數時，這個遊戲令迪萬懂得了防守值的重要性。

「玩這個遊戲，使我想弄明白，最佳球員的眞正價值是什麼，因爲眼睛往往靠不住。你做的東西，感知到的東西，並不一定就是眞實的。」迪萬說。

守備球員在場上的位置應當怎麼安排，靠感覺往往出錯。

關於賽場上的球，迪萬和其團隊挖掘出了一些有趣的數據。譬如，BIS 公司發現，大聯盟打者把滾地球打到其拉打側的機率爲73%，由此可知，左打者把球打到球場右側的機率極高。打者把平飛球擊至拉打側的機率爲55%。大聯盟打者一般不拉打的球是高飛球。此類球被擊至打者拉打側的機率只有40%。十年研究結果顯示，這些資料每年變化極小。

「當公司得到這些深層資料之後，我也開始認眞研究移位防守問題了。」迪萬說。

迪萬的資料庫給他自己上了幾堂寶貴的課，二〇一一年賽季之後他便開始與棒球業界人士分享從中所得到的教訓。二〇一二年三月，在美國棒球研究協會分析大會（Society for American Baseball Research Analytics Conference）上，迪萬向二十支大聯盟球隊的高層人員展示了移位防守的價值。迪萬揭示出：二〇一一年，八位經歷移位防守最多的打者，在應付採用移位防守策略的球隊時，整體平均打擊率下降了51%。這八人都是臂力超大的左打者，也是唯一一類大多數球隊需要利用一般的移位防守對付的打者。雖然球隊進行移位防守針對的只是吉姆．湯米（Jim Thome）、亞當．鄧恩（Adam Dunn）等臂力驚人的左打者，依據的也只是所謂的經驗之談，但迪萬發現，對付大聯盟中的一百位打者，也就是25%的打者，均可採用移位防守策略。

針對揮棒力量大、慣用右手的打者，雖然也可用移防策略應付，但用的球隊極少。BIS公司資料庫的資料顯示，現代棒球史上，直到二〇〇九年六月十一日費城費城人隊採用移防對付蓋瑞．雪菲爾（Gary Sheffield），才算有了球隊首次採用移防策略對付慣用右手的打者。二〇一〇年和二〇一一年，儘管BIS公司和內在優勢公司（Inside Edge）等比賽情蒐公司有海量的擊球資料可供球隊利用，但各球隊平均每場只有0.8次採用移位防守，而且針對的幾乎全是左打者。

二〇一二年三月三十日，詹姆斯開設的統計分析網站BillJamesOnline.com上，發表了一篇文章，迪萬讀完後發現，二〇一一年防守最佳的棒球隊是坦帕灣光芒隊（Tampa Bay Rays），防守分爲八十五分。坦帕灣光芒隊二〇一一年共贏九十一場比賽。迪萬留意到，如果該隊防守一般，即防守分爲零，按十分相當於贏一場比賽的標準，該隊會少贏八到九場比賽。坦帕灣光芒隊是二〇一一年採用移防策略最爲積極的球隊，共移防兩百一十六次。排名第二的是密爾瓦基釀酒人隊（Milwaukee Brewers），共移防一百七十次。其餘球隊，只有克利夫蘭印第安人隊和多倫多藍鳥隊（Toronto Blue Jays）在二〇一一年移防超過一百次。

迪萬暗想，二〇一一年移防次數最多的球隊防守得最好，難道僅僅是因爲僥倖嗎？

他稍稍研究了一個有趣的案例：二〇一〇年的釀酒人隊與二〇一一年的釀酒人隊比較。以單個球員而論，釀酒人隊防守隊員的能力是趕不上光芒隊的。不僅如此，釀酒人隊的一群內野手是棒球界內最不濟的。根據BIS公司的資料，釀酒人隊一壘手普林斯·菲爾德（Prince Fielder）二〇一〇年在一壘手中排名最後，使釀酒人隊痛失防守分十七分。瑞奇·威克斯（Rickie Weeks）在三十五名二壘手中排名第三十四，又讓釀酒人丟十六分。游擊手尤尼斯基·貝丹考（Yuniesky Betancourt）轉自堪薩斯城皇家隊，二〇一〇年在游擊手中排名最末，他的存在讓當年的皇家隊防守分損失二十七分！三壘手凱西·麥基（Casey McGehee）是釀酒人隊最厲害的內野手，排名第三十一，也令釀酒人隊失去防守分十四分。很難想見有比這更差的內野防守陣容了。

那釀酒人隊總教練羅恩·羅尼克（Ron Roenicke）二〇一一年做了什麼呢？迪萬發現，

釀酒人隊從移防次數少的球隊——二〇一〇年僅採用移防二十二次，一舉變成了移防第二頻繁的球隊，二〇一一年採用移防一百七十次！

BIS 公司把移防歸納爲兩種：威廉姆斯移防（Williams Shift）和其他移防（Other Shifts）。前者爲三名內野手被安排到二壘一側防守，後者爲既不同於威廉姆斯移防，也不同於傳統內野防守陣型。迪萬發現，釀酒人隊二〇一一年用了四十五次威廉姆斯移防對付拉打力重的力量型左打者。隨後，針對這一小部分打者，其他球隊也開始採用威廉姆斯移防。但對國家聯盟其他球隊未採用移防對付的打者，釀酒人隊也採用了移防策略，不過陣列更講究、更微妙，依據的資料更多，使其防守表現大大提升。

從防守分看，二〇一一年，菲爾德比前一賽季多貢獻防守分六分，威克斯和麥基則分別提高了九分和十七分，而貝丹考與他在皇家隊的前一賽季相比，更是提高了二十分！

二〇一一年，釀酒人隊內野手的防守分共提高五十六分，僅憑增加移防次數就多贏了五、六場比賽。從二〇一〇年到二〇一一年，該隊從一支年贏七十七場的球隊一下子成了一支年贏九十六場的球隊。BIS 公司在量測打者面對移位防守的擊球表現時發現，與面對傳統防守陣型相比，打者面對移防陣型，一個賽季滾地球和短程平飛球（移防專門克制的兩種球）的打擊率會降30%至40%。可是，雖然二〇一二年棒球比賽中移防頻率爲每場1.9次，略有上升，但利用移防的球隊很少，只有光芒隊和釀酒人隊篤信移防的作用，愈來愈雄心勃勃。

早在二〇〇四年，BIS 公司就爲部分大聯盟球隊有償提供過一些依據統計資料制定的防守位置優化建議。雖然各個球隊幾乎無不好奇，但這些建議最後沒有幾個用在賽場上。

爲什麼？

「因爲如果建議不奏效的話，那難堪得很。」迪萬說，「內野手這麼多年一直就是這麼打的，不這麼打，有違傳統。傳統不容易衝破。但是，做一做分析，你還是可以看見移防的功效。你能看見移防之後，阻止對方得分的次數和攔截的滾地球比例明顯提高。」

如果球隊把三名內野手安排到二壘一側，而打者不管故意還是無意，總打內野防守較弱的一邊，那個局面就非常不好，會使投手大爲光火，也會令內野手質問教練好好的爲何要移防，讓教練的信念受到考驗。

不過，還有一個惹人注意的資料有待開發利用。二〇一二年十月，各支球隊仍然只能把30%擊出的球轉化成出局，而這一數據自職業棒球運動誕生以來，基本就沒什麼變動。截至二〇一二年，海盜隊只稍稍多加利用了移防，防守水準仍然低於平均水準。從防守分來看，海盜隊二〇一〇年爲-77分，二〇一一年爲-29分，二〇一二年爲-25分。

海盜隊以傳統陣列對陣，選用的球員大多不濟，所以比賽結果非常難看。該隊在二〇一〇年僅使用內野移位防守八十四次，二〇一一年僅用八十七次。到了二〇一二年，對於移防策略，赫德爾仍然不肯照單全收，但是愈來愈多的資料和無可辯駁的證據或許能使他動搖原來的想法。

海盜隊的前台部門辦公室在 PNC 球場左外野露天看台的旁邊，亨廷頓第一次走進這座外牆爲石灰石的建築時，隊裡非常欠缺某樣東西。《魔球》一書出版四年後，風靡互聯網的 Mosaic 網頁瀏覽器問世十四年後，個人電腦開始普及。比爾．詹姆斯開始刊行他的《比爾．詹姆斯棒球摘要》約三十年後，海盜隊仍然處於「數字蒙昧時代」，連一個分析部門和專有資料庫都沒有。沒有一個職員和專有系統是用來做資料分析和處理的。

以今天的標準來看，奧克蘭運動家隊使用的魔球理論中的指標相對原始。該隊利用的是業內人士沒有恰當評估上壘率這一漏洞，而上壘率這個資料可在 MLB.com 網站上的球員介紹頁面或大學候選球員第一級聯盟（Division Ⅰ）比賽運動網站上輕易查到。但現在，由於有了追蹤投擲的新技術、強大的電腦，還有 BIS 等提供詳細資料的公司，棒球進入一個全新的時代，資料增長的速度快得嚇人。如果在資料分析比賽中落後，那麼一支球隊趕上別人的難度就會成倍數增長。

如此多的新資料，不僅包含成千上萬次打擊、投球的資料，還有數以萬計的位置、速度等資訊，幾乎無所不包，無法輕易量化、處理，或弄明白其意義，處理這些資料需要會創建運算法則、通曉資料庫程式設計語言的電腦專家和數學專家。精於資料分析的前台部門想要盡量原始的資料，將之處理成自己專用的度量值，從中發現可加利用的東西。

亨廷頓的要務之一就是找一名資料架構師建立資料庫。在他效力克利夫蘭印第安人隊期間，該隊研發了最早而又最全面的棒球資料庫之一——鑽石眼。印第安人隊的營運部門只需輕點幾下滑鼠，就可檢索到數以千計的職業球員資料，包括統計出的趨勢和預測結果、情蒐報告、傷病歷史、合約狀態等。要建構這麼一個資料庫，亨廷頓首先得找到能勝任這份工作的人。他找到了丹·福克斯（Dan Fox）。

匹茲堡北岸（North Shore）阿利根尼河（Allegheny River）邊就是 PNC 球場，假如午餐時間，你在北岸與丹·福克斯擦身而過，很難看出他是海盜隊前台部門裡的一個厲害角色。福克斯溫文爾雅，說話柔和而清晰俐落，常戴一副金屬框的奧克利眼鏡，身著一條單調的卡其褲和一件高爾夫衫。他有兩個突出特徵，一是身形瘦長，有六英尺好幾英寸；二是頭上一根頭髮也沒有——他常理光頭。

福克斯一九六八年出生於愛荷華州達文波特（Davenport），成長於美國西北部一個田園小鎮，即該州的杜蘭特（Durant）。鎮上有縱橫各十條大街，面積約一平方英里，四周是廣袤的玉米地。福克斯有個哥哥，名叫大衛（David）。儘管母親一心想給兩個孩子全面的教育與多姿多彩的童年，如演校園劇、玩樂園等，兄弟倆卻痴迷棒球。他們在社區公園組織球賽，周日在爺爺家中觀看芝加哥小熊隊的比賽，還跟迪萬一樣，愛玩 Strat-O-Matic 遊戲，一玩就是幾小時。同樣的，福克斯也受到了比爾·詹姆斯文章裡發掘被低估球員的研究和新穎策略研究的影響。

第一個令福克斯著迷的東西是詹姆斯的「左右差異」研究——面對慣用左手的對手與面對慣用右手的對手，一名球員的表現有何不同。這個問題的答案無處可查，因爲當時根本就沒有答案，更別提發表出來了。因此，詹姆斯自己研究了一番。他查遍了《體育新聞》（*Sporting News*），算出「左右差異」、「主客場差異」和「晝夜比賽差異」等其他差異，然後把結果發表在他自己的《比爾·詹姆斯棒球摘要》年刊上。福克斯認爲這可謂開天闢地的大事，既驚歎，又著迷，竟然有人發現了一組內藏莫大玄機的統計資料。

除了棒球，福克斯的另一大興趣就是電腦，而他也有幸很早就有一台，是在銀行高層工作的父親二十世紀八○年代初給他買的。他的那台電腦是奧斯本（Osborne）牌的，一種早期筆記型電腦，重二十三磅，大小與手提箱相近。在那台電腦上，福克斯和哥哥學會了如何撰寫電腦編碼，不久便開始利用電腦編碼分析 Strat-O-Matic 遊戲的紙牌。

福克斯就讀愛荷華州立大學期間，主修電腦科學。畢業後起初任職於雪佛龍公司，後於二十世紀九○年代中期轉而效力堪薩斯城一家諮詢公司，名叫奎勒吉（Quilogy）。由於頭腦敏捷，口才一流，又善於傳授知識，不久便脫穎而出。他有一套特別而可貴的本事，那就是言辭清晰，又能處理數字，弄清其含義。哥哥大衛任職於 MC 影院（AMC Theatres）的分析部門，曾參加過福克斯的好幾場資料庫技術研討會。對於解釋複雜的概念和概念的應用，福克斯往往寥寥數語，就能讓人一聽就明白，令哥哥很是意外。

「大家有時總認爲，做IT的都喜歡鑽到數字裡，但他能深入淺出。」大衛對《匹茲堡論壇評論報》說，「深入淺出有利於和人溝通。他不僅能抓住輪廓，也能抓住細節。」和福克斯共事過或認識他的人都說，福克斯有點像是客戶的翻譯員。他能把一堆難懂的行話和技術細節用通俗的詞語和恰當的比喻解釋給人聽。他的同事沒見過業界有多少人有他那樣的溝通本事。福克斯明白，早期電腦程式師葛麗絲．霍普（Grace Hopper）說的一句話是對的。她曾說：「如果你講數學別人聽不懂，那你學也白學。」這句話是霍普某次接受採訪時說的，《創新者們》（*The Innovators*）一書有記載。

一位同事注意到福克斯的這個特長，也注意到他喜歡玩資料、向人介紹他的研究成果，因此建議他開部落格，寫軟體開發方面的文章。福克斯聽後很感興趣，於是在二〇一三年建了一個網頁，起初寫了兩篇軟體開發方面的文章，之後才寫了一篇棒球方面的文章。寫了這篇文章之後，福克斯一發不可收拾，再也沒有在部落格上寫軟體開發方面的文章。

那個部落格成了專門談論棒球的地方，福克斯也因而引起了他人的注意。二〇〇三年，一個業餘棒球資訊網站 TheHardballTimes.com 找到福克斯，表示想請他長期供稿。雖然沒有稿酬，但讀其文章的人得以大增。這個平台使得福克斯征服了一批邊緣讀者——智慧過人的超級棒球迷。二〇〇六年，身爲虔誠基督教徒的福克斯把家搬到了科羅拉多州，開始擔任兒童福祉關愛組織至善國際（Compassion International）的資料架構師。福克斯優化了至善國際經常掉線的系統，使得該組織在其任期內收到的捐款，從每年三億美元大增到八億美元。當時 BaseballProspectus.com 的撰稿人威爾．卡羅爾（Will Carroll）找到福克斯，請他有償爲這家優秀且頗具影響的賽伯計量學網站撰稿。

福克斯開了一個專欄，取名「薛丁格的球棒」（Schödinger's Bat），意在向物理學家埃爾溫・薛丁格（Erwin Schrödinger）的「薛丁格的貓」（Schrödinger's cat）的思想實驗致敬——該實驗探究的是物質粒子行爲與物質肉眼可見行爲之間的不合之處。在《獲勝與量子》的文章裡，福克斯談了談他寫作的目的。

「（薛丁格）令人深思自己已知或認爲自己已知的現實世界。」福克斯寫道，「雖然棒球只是娛樂，並沒有什麼深刻的東西可談，但我真誠希望，借助這個專欄，我們起碼可以偶爾想出一些巧妙的試驗，用以檢測傳統智慧和賽伯計量學的智慧，有助於我們深入思考我們共同的娛樂——棒球。」

福克斯爲該網站寫了一百篇文章，主要論述寫作之時尚未加以準確量化的一些測量方法。「比爾・詹姆斯曾在某期《比爾・詹姆斯棒球摘要》年刊中說，測量跑壘需要的所有知識早就有了，只是沒有人著手做這個事。」福克斯說。他之後便嘗試量化跑壘。「後來我寫了一個和全程比賽數據配套的防守系統，並寫了好幾篇相關的文章。」

BaseballProspectus.com 網站在評估跑壘時，至今用的仍然是福克斯的公式。利用投球追蹤資料，他把貝瑞・齊托（Barry Zito）、裡奇・希爾（Rich Hill）的曲球和德瑞克・洛夫（Derek Lowe）、洛伊・哈勒戴（Roy Halladay）伸卡球的行進軌跡進行了三維重現。

二〇〇八年一月十日，福克斯在其科羅拉多的公寓寫了《多用移防》的文章探討移防理論，發表於 BaseballProspectus.com 上。爲此專案，他利用了 Retrosheet 網站的全程比賽數據。Retrosheet 由德拉瓦大學（University of Delaware）生物學教授大衛．史密斯（David Smith）於一九八九年創立，意在詳細記錄所有棒球比賽的全程歷史資料，包括記錄紙專案（Project Scoresheet）開始以前的資料——此專案於一九八四年賽季開始，內容是記錄棒球比賽裡面的所有局面。他研究了大聯盟所有左打者一九五六年至一九六〇年所打出之球的落點分布，發現左打者把球拉打到右外野的機率（48%）是打到中外野機率（24%）或打到左外野機率（28%）的兩倍。他發現，紐約洋基隊（New York Yankees）球星羅傑．馬里斯（Roger Maris）是當時拉打特點最爲顯著的左打者，擊出的球82%都落在中外野和右外野，但似乎沒有對手球隊對他採用移位防守策略。

二〇〇八年一月二十四日，福克斯亮出他研發的1.0版本防守評估系統，名爲簡易防守得分（Simple Fielding Runs）。他在裡面創建了一個指標，藉此把 Retrosheet 網站中數以千計的資料點整合成一個數值，以評估每個大聯盟球員的防守表現。做這個防守系統只花幾個小時，關於它，福克斯寫道：「做軟體研發的樂趣並不只是目睹軟體跑出的結果（例如：迪克．艾倫（Dick Allen）防守到底有多差？），創造結果產生機制的工作過程（就是程式設計）同樣充滿樂趣。」

業界人士開始注意到他。三個月後，福克斯遇到了一個新的工作機會，是棒球業內的。電話是海盜隊打給他的，他們對福克斯在 BaseballProspectus.com 做的工作很感興趣。福克斯曾和好幾支球隊有過簡單交流，但這個電話卻是第一個誠意十足的電話。亨廷頓想請福克斯做分析師。他欣賞福克斯思考棒球的方式和量化從未測量過的東西的方法。亨廷頓不僅喜歡福克斯的頭腦，也喜歡他的談吐與溝通之道。

亨廷頓希望把客觀思考與教練和球探的主觀意見相互揉合。但是二〇〇八年海盜隊財力有限，只請得起一名全職職員做數據方面的工作。福克斯必須身兼資料分析師與系統架構師兩職。他得先建立資料獲取與組織結構，然後才能做他鍾愛的分析研究工作。他答應肩負這個重任，並於二〇〇八年初入職。

他必須從零開始趕工建立系統。第一年，他九成時間都用在建設海盜隊的資料庫上，資料庫取名 MITT，是「管理資訊、工具、人才」（Managing Information, Tools and Talent）的縮寫。他必須查清自己想要的各種資料的來源管道，購買其使用權，然後編寫軟體，最後把資料和軟體合爲一體，做成一個系統。之後才能「問」系統問題，享受得到答案的快樂。

但在海盜隊裡，福克斯並非唯一一位喜歡問問題、挑戰傳統的人。二〇〇八年，小聯盟內野教練佩里·希爾（Perry Hill）自己開始了變動防守陣型的試驗。依據自身的經驗，希爾認爲內野手應當更積極的防守打者的拉打側。他開始把小聯盟的游擊手和二壘手安放在三壘手與游擊手防守位置中間區域的深處。這意味著，游擊手在內野左側應付右打者時，離三壘更近，而二壘手在內野右側應付左打者時，離一壘更近。希爾強調，這種陣型在海盜隊各個小聯盟球隊中必須統一採用。爲使此一標準得以貫徹，他還在海盜隊各小聯盟體育場的內野釘了八個用鋸下的聚氯乙烯管做的樁。樁頂與地面平齊，只有知其大概方位的人才能看到。這些樁告訴四位內野手，應付慣用右手和慣用左手的打者時，應該在什麼位置防守，不可拋開不管。

凱爾·斯塔克（Kyle Stark）答應任由希爾去摸索。二〇一二年賽季後期，想法向來大膽的斯塔克令小聯盟候選球員進行海豹突擊隊（Navy Seal）式的訓練，致使一名優秀候選球員受輕傷，因此，他飽受爭議。球隊老闆也將這種部隊式的訓練法痛斥了一番。之後到了九月二十日，適逢海盜隊連續一個下半賽季慘敗，不過斯塔克給小聯盟各個教練和球員發展人員發的一封一反傳統、激發鬥志的電子郵件落到了《匹茲堡論壇評論報》手裡，被刊了出來，後來全國各大媒體又爭相報道，點燃了海盜隊球迷的激情。但是，希爾能否做他的試驗，主要得看斯塔克是否願意不循傳統。結果饒有趣味。二〇〇八年，海盜隊的小聯盟球隊把滾地球轉化成對方打者出局的比例稍有上升。斯塔克想弄明白，因此把丹·福克斯找來。

福克斯二〇〇八年全年基本都在給海盜隊建資訊資料庫。他在那年的第一批任務是關於業餘球員選拔，而選拔正是亨廷頓重建海盜隊的策略基礎。起初，福克斯沒有足夠時間去研究比賽策略，但到了二〇〇九年春，他的工作範圍逐漸變大。雖然希爾和斯塔克感興趣的是優化防守陣型，福克斯卻對一個同分區對手球隊——密爾瓦基釀酒人隊起了好奇心。雖然坦帕灣光芒隊是美國聯盟中的移位防守先鋒，可釀酒人隊也是國家聯盟中第一支慣用移位防守策略的球隊。斯塔克和希爾想知道比賽中，球落到哪個地方最頻繁。既然海盜隊已經有了第一版專有軟體，業餘球員選拔研究也已完成，於是福克斯把注意力投向了移位防守。

「當時我們的資料不怎麼好，也不全面。」福克斯說，「我知道佩里對待（不同於傳統陣型的站位）會很開明，因爲他了解防守空間、站位安排及各種情況所冒的風險……這條路應該也值得探索。」

防守理論和打擊研究透過批准，成了重點項目。福克斯開始購買打擊資料，分析從二〇〇四年起被擊出的每個球，因爲直到二〇〇四年 BIS 公司等資料公司的資料才開始較爲完備。他分析了數萬個被擊出的球。與迪萬一樣，福克斯對研究球員的打擊趨勢興趣濃厚。但與迪萬不同的是，福克斯在海盜隊前台部門工作，與教練和球員發展人員都有直接交流的管道。他有更爲精密的工具對資料進行更深層的分析。他得出的結論與之前使用 Retrosheet 較爲粗糙的資料爲 BaseballProspectus.com 研究所得出的結論相同：移位防守遠比傳統陣型有效。面對某些特定的打者，放著將近半個內野無人防守，而把內野手安排在靠近一邊的陣型確實很管用。

經過數周研究，福克斯爲斯塔克、希爾、亨廷頓送上了無可辯駁的證據，並建議海盜隊改變防守策略。他不僅建議海盜隊多採用移防策略，還發現希爾的理論是正確的：壘上防守陣型也須調整。內野手應付所有打者，應主要防守其拉打側，也就是說，面對右打者，游擊手和三壘手應注重在靠近三壘線的地方防守。

海盜隊也好，整個大聯盟也罷，數十年來，確切而言是自棒球運動誕生以來，採用的都是傳統的內野防守方法。福克斯的建議，其實就是扔掉一百年的傳統，採用新的東西。

「有個向來受人敬重的棒球人，比如希爾，說『我們的位置可能不對』，然後又有丹．福克斯說，『是的，我分析了數以萬計的球，可以證明你們的位置不對』……是否有這樣的兩個人在球隊裡，可以說關係勝敗。」亨廷頓說，「讓我們的教練討論這個，看到這個確實有用，明白它能帶來什麼不同……這也關係勝敗。」

大聯盟的教練人員還沒有準備好去擁抱這些研究成果。儘管如此，斯塔克還是想推行他的計畫。他想，應該先拿小聯盟來檢驗福克斯的理論。

斯塔克和福克斯沒有小聯盟這一層次的比賽資料，因此無法專門設計對付某一打者的陣型。二〇〇九年冬，兩人透過電子郵件交流，偶爾在匹茲堡的辦公室開會討論，設計了兩套一般性的移防和防守陣型策略：一種用以應付右打者，另一種用以應付左打者。他們反反覆覆畫了許多圖，呈現小聯盟層次的壘上陣型變動，並標出球員與邊線或各壘應有的距離。之後二〇一〇年二月，在海盜城（Pirate City）基地的後方球場，斯塔克把自己的計畫向一臉迷茫的一眾小聯盟教練和球員們進行介紹。

「這就是我們今後準備做的。」斯塔克說。他們即將採用一種截然不同於傳統的新防守陣型，而且只能使用這種陣型，沒有選擇餘地。希爾用鋸斷的聚氯乙烯管所做的樁，固然是一變，但與這種陣型變動相比，是小巫見大巫。整個春季，斯塔克都在和小聯盟的各個教練一對一開會，再次介紹此一計畫和各個新防守陣型，並詳細說明爲何要採用這種看似瘋狂，有違常理，不循傳統的做法。當然，有人抵制此事，問「爲什麼」的更大有人在。但斯塔克最後總會說同一句話：「我們正在做的就是這個事情。」並非人人都肯依從這個計畫，因此小聯盟人員裡換了幾張面孔。

「我們力求不斷進步，不受制於傳統。有時，傳統的東西是對的，但有時之所以有傳統這個東西是因爲我們做事的方法一直沒變。」斯塔克說，「我們說，『資料分析的結論就是這樣。就依這結論吧。』」

四月，計畫和指令都已經下達，訓練也已完成。此時，斯塔克和福克斯什麼也不用做，只須靜觀效果。

那個賽季，斯塔克在小聯盟各體育場巡視了一圈，立刻就目睹了效果。在六七個小聯盟賽場邊稀疏的觀眾裡，遠離電視台的攝影機和媒體架設的拍攝天線，斯塔克看見球場中間的滾地球沒按慣例成全打者完成一壘安打，而是幫防守球隊把打者殺出了局；游擊手位置和三壘之間區域深處的滾地球，最後也幫他們把打者殺出了局。但同時他也看見當一個慢騰騰的滾地球使得變換的站位無法應付時，投手大失所望的神情，不過客觀觀察，他發現把對方打者殺出局的球還是比移防沒能應付好的球多，統計資料與他的觀察結果相合。

福克斯沒有看到小聯盟球場上的細節，但他在匹茲堡海盜隊總部三樓自己小小的辦公室裡測出了這些細節。他發現，海盜隊小聯盟球隊把滾地球轉化成對方球員出局的比例，比其他球隊都高。這清楚表明：移防陣型計畫有作用。

到二〇一〇年小聯盟賽季末尾，其他球隊已開始留意到此一現象。那年年終，斯塔克在馬里蘭州看海盜隊下屬A級俱樂部的小賽季比賽，對手球隊的公關主管在記者席位區特地找到了他。

「你是海盜隊的嗎？」那人問道。

「是的。」斯塔克答。

「我今年看了你們的很多場比賽。我還沒見過哪個球隊能把那麼多球都造成出局。我也沒見過哪個球隊像你們那樣防守。」

不僅海盜隊的高層和教練看到了結果，海盜隊小聯盟球員，也就是下一代的海盜隊隊員，也開始逐漸熟悉並適應這種巨大的防守陣型變化。游擊手喬迪・默瑟（Jordy Mercer）是在二〇〇八年第三輪選拔中挑選進來的，也是亨廷頓做海盜隊總經理之後首位挑選的球員。二〇〇九年默瑟打1A高階比賽時，就見識了希爾在內野釘的樁。到二〇一〇年，默瑟打2A級比賽，海盜隊便開始移防。「開始感覺有點怪……但之後就習慣了。我也完全贊同那樣做。」默瑟回憶說，「如果我們是碰運氣，那麼爲何不試試？如果十次中九次有效，那就用它吧。」

隨後的二〇一一年賽季是赫德爾任海盜隊總教練的頭一年，海盜隊面對大聯盟的打者，極少採用移防策略。與此同時，斯塔克和福克斯卻在小聯盟球隊裡加大了移防力度，減少了壘上防守。海盜隊的小聯盟球隊採用一般性移防應付絕大部分打者，跟以前一樣，頭一次不成，第二次就會把擊出的球轉化成打者或跑者出局。

默瑟親眼見證了移防效果。在球場中部，投手正後方應付左打者時，他發現一個接一個的滾地球就像是存心朝他奔來。面對慣用右手的打者時，默瑟則會在游擊手和三壘手傳統位置的中間區域防守。

「時至今日，我仍然有時看著尼克（即內野教練，尼克・雷瓦），問他，『你確定？你確定我該在這個地方？』我的感覺不對。』默瑟說，「接下來發現，對方打了個滾地球，自己守的位置卻剛好球直奔我而來，感覺眞的很奇特。」

有些不明就裡，和他們打訓練比賽的3A級球員連珠炮似的向默瑟發問。「你爲什麼守在那裡？」他們一上到二壘，就小聲的問默瑟這個問題，「你們搞什麼？」

「我只是在他們告訴我的位置防守。」默瑟說。

大數據策略經小聯盟反覆檢驗之後，大聯盟球隊也萌生了採用這種策略的想法。二〇一二年，赫德爾和他的助理教練雖然沒有接受移防的核心思想，但小聯盟中因移防而帶來的變化引起了赫德爾的關注，也引起了海盜隊裡所有其他人的關注。

終於，二〇一二年十月的一天晚上，赫德爾和亨廷頓再次商討了前台部門分析的資料以及完全拋開傳統防守方式的事。海盜隊下屬球隊在各自的小聯盟裡防守效率分別爲第一和第二，隨著移防用得漸多，還把其他球隊愈甩愈後。他們把滾地球轉化成對方出局的比率比其他任何球隊都高。如果海盜隊也採用移防策略，根據與其對陣的大聯盟打者設計相應的防守陣型，結果會怎樣呢？球隊的能力能提高多少呢？

赫德爾常說，感覺不是事實，事實也不是感覺。他無法躲避眼前的數據。其實早在與亨廷頓那次會面之前，赫德爾就已開始追問自己的陣型觀念是否正確，但追問並不表示他會輕易改變自己的理念。他實際上是受到了一股力量，迫使他把一個方面的比賽策略交給另一個人定奪，那就是福克斯，一個從未打過棒球的人。赫德爾仍然會是球隊領導人，但迫於形勢，得決定是否去信任一位從未打過一局職業棒球賽的導航人。他會放棄手中掌控的大權嗎？

赫德爾第一次與福克斯見面是二〇一〇年冬季會議的時候，在佛羅里達奧蘭多城（Orlando）世界天鵝海豚度假酒店（World Swan and Dolphin Resort）海盜隊的套房裡。冬季會議向來都是一片忙亂景象，加上二〇一〇年赫德爾剛當上總教練，要握的手多，要見的人多，在他眼中更顯忙亂。整個行業的人大多住在同一家酒店，ESPN、美國職業棒球大聯盟電視網（MLB Network）都設了直播間，在酒店大廳裡追蹤球隊交易的小道消息、自由球員簽約的事。赫德爾見到福克斯當天，福克斯不過是又一張新面孔。之前任職落磯隊和德州遊騎兵隊時，赫德爾從未和他這樣的分析師共事過。赫德爾任海盜隊總教練的頭兩個賽季，他也沒有採用福克斯的研究成果。赫德爾坦言，二〇一一年的時候，他一直與福克斯「保持距離」。

但後來，情況逐漸轉變。

小聯盟的報告和統計資料源源不斷湧向赫德爾的電子信箱，告訴他移防有多有效，他也開始從許多小聯盟總教練口中聽到愈來愈多的故事——赫德爾那個賽季常與他們交流，這表示他已經不能忽視這些有效的證明了。

他聽到的不光只關於移防。福克斯關於上場陣容的設計、跑壘效率、觸擊策略等的想法，也傳到了赫德爾那裡。他覺得福克斯與自己在美國職業棒球大聯盟電視網那段短暫而富有助益的時光中幫助自己的分析員相比，有許多相似之處，因此二〇一二年，赫德爾決定自己得多和福克斯面對面交流。

在每次主場系列比賽開始之前，赫德爾都會和福克斯見面，與他研究賽前情報資料。赫德爾覺得是時候向自己挑戰了。他的辦公室在 PNC 球場靠裡面的地方，有一條走廊與球隊的更衣室相連。辦公室爲清水模牆面，沒有窗戶，只有日光燈，白光刺眼，幸好牆壁爲柔和的卡其色，將其調和了不少。辦公室內有許多紀念品，牆壁滿是照片，其中有一張 PNC 球場的全景照，還有一張羅伯托・克萊門特（Roberto Clemente）的照片。桌上堆滿了領導之道的書籍、棒球工藝品、家庭合影，還有一個博世音響。他看賽前資料的時候，就放音響來聽。書桌對面遠處，是一張靠牆而擺的沙發，有客到訪，包括福克斯到訪，他都是先在這裡接待。

赫德爾與福克斯都善於與人溝通。赫德爾想要資訊時會向福克斯提問，他會質疑他的研究結果，但也想好好認識為他提供非凡數據的福克斯。他們不光談棒球資料，也聊家庭、聊愛好、聊信仰、聊各自的背景。兩人對軍事史都甚感興趣。福克斯想探訪各處美國內戰戰場，許多地方〔葛底斯堡（Gettysburg）、弗雷德里克斯堡（Fredericksburg）、布林溪（Bull Run）、安蒂特姆（Antietam）〕從匹茲堡出發一天可以到達。赫德爾了解到，福克斯跟他一樣，也出生於西北部的中產階級家庭，而且不像一般急躁的IT人，講大家聽不懂的外星語。經過一次又一次下午的聚會，兩人逐漸彼此了解，赫德爾開始信任福克斯。

「他感覺愈來愈自在，愈來愈接受我。」福克斯說，「我認為這個還是在於關係的發展。一個人愈來愈信任你和你的資訊，自然也就愈來愈信任你這個人。我認為他對我的信任是在二〇一二年大增的。」

兩人的這種關係作用舉足輕重。雖然福克斯是想主意、研究資料、建議新陣型的人，但賽場上的事，赫德爾仍然是定奪之人。建議用與不用，全在赫德爾。福克斯明白，赫德爾的權力範圍內，沒經他點頭，什麼也不能付諸實行。他只能提建議，但無權命令人按建議行事。

赫德爾回想自己和福克斯的談話以及自己的經歷和改變，轉而又想到海盜隊有限的在冊球員和資源，以及前面令人望而生畏的難關，終於認識到福克斯的許多想法是有道理的。

十月份與亨廷頓會面，敲定基於數據的防守計畫之後，赫德爾轉向亨廷頓，說：「我們得依照這個計畫盡量勇往直前。」處於飯碗岌岌可危的境地，赫德爾和亨廷頓終於商定執行棒球界有史以來可能最意料之外、最系統、最富創意的計畫。赫德爾已置身其中，也知道困難才剛剛開始，他必須使助理教練和球員也參與進來，擁護這個想法，避免「將士不從」。亨廷頓同樣也面臨一個大難題。在冊球員方面有些問題，球隊不能光指望把幾位歸隊的球員打造成黃金球員，就能多勝十五場。除了一份計畫，赫德爾還需球員。

## 注釋

[1] 譯者注：STATS 公司的創始人是迪克．克萊摩爾（Dick Cramer），在二十世紀八〇年代創立，比爾．詹姆斯（Bill James）也有投資，約翰．迪萬（John Dewan）是公司的 CEO。

## 第四章

# 隱藏的價值

雖然還未下雪，但十一月頭個星期，蒙特利爾卻異常寒冷。在刺骨的空氣中，羅素．馬丁（Russell Martin）來到他磨砂黑的寶馬跑車旁。他剛在一家北歐式礦泉療養館做完每週一次的水療，正要離開。他所做的水療，就是交替待在冷水缸中和桑拿間，溫度的劇烈變化有利於他在長賽季之後身體較快復原。他把自己肌肉輪廓分明、五英尺十英寸高、兩百一十五磅重的身材呵護得非常好。當他把手機螢幕滑開，發現有個陌生的未接電話。區號是412，是什麼地方的？外面寒冷，他拉開車門進了車，然後聽語音留言。他聽到了自己做洛杉磯道奇隊（Los Angeles Dodgers）捕手時，曾聽過那難忘的渾厚而粗糙的嗓音——柯林特．赫德爾的聲音。

馬丁第一次聽見赫德爾說話，是在赫德爾任落磯隊總教練時。二〇〇八年國家聯盟全明星隊裡，兩人都是其中一員，匆匆見過一面。幾天之後，馬丁從自己的經紀人馬特・柯樂仁（Matt Colleran）口中得知，聯盟總冠軍賽結束不久海盜隊便極力想把他招致麾下，他對此感到非常意外。他的賽季已經結束好幾周了。底特律老虎隊（Detroit Tigers）已不再要他，紐約洋基隊也把他排除在十月十八日開始舉行的美國聯盟冠軍系列賽（American League Championship Series）之外。他不想待在紐約受輿論責罵，於是跑回家鄉蒙特利爾，打發他的非賽季期。

蒙特利爾是座寧靜的城市，是逃離運動的好地方，起碼是逃離棒球的好地方。自從蒙特利爾博覽會隊二〇〇四年變成華盛頓國民隊（Washington Nationals）之後，棒球運動就離開了蒙特利爾。蒙特利爾是一座文化之城、美食之城，至於運動，除了冰球，其他都不盛行。由於該城是繼巴黎之後，第二大法語城市，所以與巴黎文化有很多共同之處。馬丁法語流利，並以講究美食、居住在蒙特利爾而自豪。他在蒙特利爾長大，藝術品味不俗。父親是非裔加拿大人，吹奏爵士薩克斯的行家；母親蘇珊娜・讓松（Suzanne Jenson）是法裔加拿大歌手和演員。在蒙特利爾，馬丁溜冰，乘地鐵，享受咖啡廳和小酒館的愜意和這座城市的歐洲情調，在此他能放鬆身心，逃離工作。

但聽了赫德爾的語音留言，得知赫德爾希望他給個機會遊說自己，這自在的生活得中斷了。馬丁的圓臉頂著一頭齊整而捲曲的黑髮，露出微笑，赫德爾的這個電話令他驚呼連連。成爲先發陣容？海盜隊？他們很年輕，在重整旗鼓，是嗎？他們一直在重整旗鼓。他們連輸了二十個賽季。我馬丁爲什麼要給他們找理由？聽自己的經紀人說，海盜隊願意簽幾年，而且每個賽季願付八位數，馬丁又是一驚。海盜隊從來不肯花錢在自由球員身上，自由球員也沒擠破頭往海盜隊大門裡鑽。對自由球員而言，海盜隊早已成棒球界中的西伯利亞。

雖然既意外又疑惑，但這個電話還是令他感到欣慰。做自由球員以來，他二〇一二年表現最差，打擊率僅0.211，季後賽中更只有0.143，因此也擔心別家球隊是否還有意請他。他的速度正在下降，而且二月份就要滿三十歲。賽季之後是球隊專門與自己的自由球員談判的最佳時候。當洋基隊商量賽季之後立刻辭退馬丁時，洋基隊的總經理布萊恩·凱許曼（Brian Cashman）對馬丁的經紀人說了句令他震驚不已的話：球隊現在手頭很緊。洋基隊手頭很緊？馬丁並沒有開口說要九位數的薪水。看來是馬丁表現糟糕，洋基隊不想要他了吧？

德州遊騎兵隊是另一支對馬丁有興趣的球隊。馬丁和他的經紀人準備不久飛往達拉斯與遊騎兵隊的高層面談，但遊騎兵隊既不想多簽幾年，所開薪水也不合馬丁的意。馬丁心想，自己逼不得已，可能得簽個一年的合約，少拿點錢，借機恢復自己的價值。遊騎兵隊前個賽季表現不凡，贏了九十三場，只是在外卡晉級賽中輸給了巴爾的摩金鶯隊（Baltimore

Orioles）。遊騎兵隊雖然有意招攬馬丁，但意向並不像海盜隊那般強烈。海盜隊不僅在自由球員一恢復自由身之後就開始積極和馬丁商議，還有意和他簽兩年的合約，開的薪資也比遊騎兵隊多，而且，現在海盜隊的總教練直接給他打電話了！真是拼了命一般。

反過來，海盜隊爲什麼對馬丁這麼有興趣？身爲一名職業棒球員，馬丁這個賽季最糟糕。根據傳統統計資料，他的攻擊表現六年裡都在下滑。在蒙特利爾南海岸，一條空曠的高速公路沿聖羅倫斯河（St. Lawrence River）延伸，馬丁行駛在上面，城市北面的天際線歷歷可見。他騰出一隻手，伸向了電話。

身在匹茲堡的赫德爾知道，馬丁可能對海盜隊不感興趣，也可能不會回電話聽自己遊說。海盜隊之所以如此急切，赫德爾之所以動作這麼快，不僅是因爲對馬丁有興趣，也是因爲饑不擇食。赫德爾已同意實行全新的防守計畫。這一計畫的誘人之處在於，不論是要防守隊員執行移防策略，還是要求投手群做什麼，都不用多花一分錢。海盜隊認爲，他們可以不增開支而多贏比賽。當然，這也出於無奈。但這個計畫並不能解決海盜隊的所有問題；它幫不了海盜隊打進季後賽。海盜隊還必須花錢從外面聘請別家球隊尚未發現的寶貴球員。

幾周之前，海盜隊召開過幾次球隊會議，會後大家一致認爲，球隊在捕手方面極爲薄弱。整個球隊連一個合格的大聯盟開局捕手都沒有，而沒有這個捕手，球隊處境就大爲不妙。大家還一致認爲，先發球員的輪替順序也有待改進。問題是二〇一二年至二〇一三年非賽季期，海盜隊手上只有一千五百萬美元左右的資金請大聯盟自由球員。這筆錢看起來很多，但當時在自由球員市場，一名普通先發投手或野手每年的薪水就要一千萬美元。能力出眾，公認的高手球員，海盜隊肯定請不起。因此要扭轉命運，保住教練和前台部門人員的工作，海盜隊就必須讓每分錢得盡其用。他們得去沒有別家球隊活動的地方，在那裡的自由球員市場上尋寶。

當然，他們知道，匹茲堡不是自由球員喜歡來的地方，馬丁也可能更加青睞別家球隊。赫德爾的電話靜靜躺了一個小時之後，終於迎來了馬丁的回電。

赫德爾與馬丁寒暄一陣之後，便開始了遊說。赫德爾跟他侃侃而談匹茲堡有多好，球場有多好，球隊如何好，還特地跟他講「大敗一」和「大敗二」之前兩個前半賽季，海盜隊成績有多麼好。但除了合約的事外，馬丁最想聽的，是海盜隊究竟看中了他的什麼。爲什麼海盜隊這麼稀罕他？赫德爾說，球隊裡需要有個老手。他認爲，馬丁更可能聽自己的話，依從自己的比賽計畫，跟年輕的投手做搭檔是再好不過了。赫德爾說，海盜隊喜歡馬丁性格堅韌，手臂強健，因爲之前對手盜壘極易得逞。關於合約方面，海盜隊開的酬勞也比馬丁的其他「追求者」高——兩年一千七百萬美元。海盜隊從沒花那麼多錢在一個自由球員身上。

兩人親切的講完電話之後，馬丁有了興趣。「我做出決定，有他的功勞，」馬丁說，「我當時想，或許有些地方我可以出一份力，幫他們度過難關。」

但海盜隊有些話不肯和盤托出。在與海盜隊多次談話的過程中，海盜隊始終沒有透露到底主要是因爲什麼他們才去找馬丁。

一九〇六年，英格蘭普利茅斯鄉村集市上八百人參加了一場競猜一頭公牛體重的比賽。統計師弗蘭克．高爾頓（Frank Galton）發現，眾人所猜重量的平均值一千兩百零七磅與公牛實際體重一千一百九十八磅相差僅 1%。這則逸事在詹姆斯．索羅維基（James Surowiecki）的書《群眾的智慧》（*The Wisdom of Crowds*）中有提到。作者在書中提出一個理論：把大量背景各異的人的預測結果加以綜合，得出的結果往往比專家的預測還要準確。互聯網問世之後，面對一個問題，我們擁有的知識、資料、腦力之多，可以說前所未有。群體智慧的兩個「宗親」，一個是網上公開外包，另一個是群眾外包。有了互聯網之後，原本必須由職員解決的問題或做的事，公司和機構可以群眾外包出去，交給社會人士來做。

二〇〇六年，公開外包這一手段讓串流媒體電影公司網飛（Netflix）公司派上了大用場。網飛公司的主要目的，一是讓人們與自己喜歡的電影互聯，二是預測用戶可能喜歡哪些其他電影。網飛公司想看看，這批人能否創造出比自己的「電影數學」（Cinemath）更好的運算法則，並許下了一百萬美元的獎金。二〇〇六年，網飛公司向有意參加這個競賽的各方提供了一套資料，內含四十八萬名匿名使用者給一萬八千部電影評的一億個星級，但這些匿名使用者新評的三百萬個星級並不在該套數據之內。參賽者必須預測這新評的三百萬個星級，並且做到準確率超過網飛公司運算法則的10%，才能拿到獎金。截至二〇〇七年，已有一百五十個國家的兩萬個團隊報名參加競賽。運算法則必須把數以百萬計的星級、數以千計的用戶，以及用戶不斷變化的口味綜合進去。到二〇〇九年，經過三年齊心協作，數以百計的電子郵件往來，以及不知多少次熬夜，一支名叫「貝爾科的實用主義混沌」（BellKor's Pragmatic Chaos）的團隊終於以運算法則星級預測準確率率先超過網飛公司10%（精確而言，超過10.6%）而奪魁。

群眾外包與公開外包開始影響形形色色的行業，棒球也不例外。而此一現象之所以出現，棒球界首個大數據獲取工具 PITCHf/x 也有功勞。

二〇〇七年，位於芝加哥的運動大觀公司（Sportvision）以提升電視節目觀看體驗，讓國家冰球聯盟比賽在電視轉播時的冰球發光以及在美式足球比賽轉播上加入虛擬黃色進攻線而聲名大噪。PITCHf/x 是在壘包內置攝影鏡頭的運動追蹤系統，研發的目的本是改進 ESPN 的一款K區產品（K-Zone product），這個產品是用於測定投手的投球是否落在好球帶內的。

二〇〇七年，PITCHf/x 已在選定的球場運行，蒐集即時投球資料，二〇〇八年便遍及每個大聯盟球場。當年賽季，每個賽場都裝上了六十幀率的攝影鏡頭。攝影鏡頭和物體識別軟體會拍下球自脫離投手的手至穿越本壘板爲止這段時間的運行情況。PITCHf/x 會依據所拍照片，即時把球的速度、軌跡、三維位置計算出來，速度誤差小於每小時一英里，位置誤差小於一英寸。此外，PITCHf/x 也會即時標記投球的類型。有史以來，投手準確的投球速度和各種投球類型準確的占比終於得以被掌握。投球的速度、類型、運動、位置也終於有了一套標準，並可輕易在 FanGraphs.com、BrooksBaseball.net 等網站上查到。

伊利諾大學教授艾倫·M·南森（Alan M. Nathan）在二〇一二年一篇《論物理與棒球》的論文中寫道：「PITCHf/x 記錄投球速度、球與本壘板相對位置等物理量之精確，前所未有。然而，更爲重要的是，以前未加度量的物理量，現在也有了指標。」

二〇一三年，美國棒球研究協會會議在費城舉行，資料庫記者肖恩·雷曼（Sean Lahman）以「大數據時代的棒球」爲題在會上發言。他闡釋道，二十世紀八〇年代初期，詹姆斯的《比爾·詹姆斯棒球摘要》把棒球比賽的總資料點增加到了每賽季不下二十萬個；到了九〇年代，記錄紙專案的比賽全程詳細資料令棒球資料點總量一下翻了三倍，到達每賽季將近一百萬個。雖然如此，雷曼知道大數據並不等於大量資料，而是指蒐集可蒐集到的每個片斷資料，然後運用複雜的數學公式推算資料所代表的結論。PITCHf/x 問世以前，棒球運動並沒有一個眞眞正正的大數據工具。「詹姆斯非常明白，如果要深入認識棒球運動，我們所掌握的訊息量就必須有一個質的飛躍。」雷曼在那次會議上說，「我個人認爲，這是他最了不起的地方。」

比爾·詹姆斯和約翰·迪萬雖然明白製造更多數據點非常重要，但他們仍然主要靠人工來蒐集資料點。PITCHf/x 每年自動生成將近兩千萬個可用的資料點，差不多相當於二十世紀記錄的資料總量，不得不說這是一個巨大的進步。更爲可喜的是，雷曼估計，二〇一四年正在幾個球場接受測試的球員追蹤新技術有望將資料點提升到每年二十四億個，資料點的增長速度將愈來愈快。

PITCHf/x 問世之後，各大聯盟球隊的前台部門一夜之間被資料淹沒，不知如何處置，也沒有足夠人力去想出好辦法加以利用。然而，社會上有數以百計，甚至數以千計的業餘愛好者，獨具匠心，兼有統計學天賦，而且跟各支球隊一樣，也對尋覓棒球運動中的隱藏價值興趣濃厚。他們發現了球隊還未曾想過要使用的一種資料。

捕手是否會偷好球，往往影響擦邊球是被裁判判定爲好球還是壞球。不論球是否落在好球帶，打者和主審都只有不到半秒的時間認出時速九十英里的快速球。捕手接球的招數是否高明，直接影響裁判判定擦邊球是否爲好球。總教練、教練、球員一直都認爲偷好球的本領是很有價值的，但在分析師眼中，由於還沒有被量化，價值也就被低估了。毋庸置疑，如果有人能把擦邊球變成好球，那麼這個人必定會是球隊裡的寶貝。好壞球報數是否利於投手對打者的打擊率，影響極大。兩個壞球一個好球的報數與一個壞球兩個好球的報數，兩者的差別可導致打者的打擊率有將近兩百點的出入。

二〇〇八年四月五日，丹・特肯科夫（Dan Turkenkopf）在網站 Beyondthe-BoxScore.com 上發表了一篇文章。白天，特肯科夫是軟體公司恩普潤達（Apprenda）的資料架構師；

晚上，則是一名棒球部落客。他依據 PITCHf/x 資料對偷好球的價值進行量化是當時已知的第一人。不過他的研究是以愛好棒球分析的同道中人喬納森・黑爾（Jonathan Hale）、約翰・沃爾什（John Walsh）的 PITCHf/x 研究爲基礎的。兩人二〇〇七年發表了數篇文章，利用 PITCHf/x 資料，在文中探討了大聯盟裁判裁定好球、壞球的準確性如何。他們很想看看，每個裁判對好球帶的判定有何差異。特肯科夫最感興趣的是灰色地帶，即好球帶的邊界線。依據黑爾和沃爾什的發現，落在這一區域的投球，平均一半都被裁判判定爲好球。這就是偷好球的價值所在。

特肯科夫寫道：「我用沃爾什依據經驗定義的好球帶，即最少一半的投球被裁判判爲好球的區域，計算了對捕手來說，多少壞球本爲好球，多少好球本爲壞球。由此，我算出了一個平均值，並得出了每個捕手的好球超過或低於平均值的量。」

檢查結果的時候，特肯科夫以爲自己算錯了，因爲結果實在令人瞠目結舌。二〇〇七年接球超過一百二十局的捕手，偷好球本領所創造的價值懸殊。葛列格・佐恩（Gregg Zaun）以每一百五十次投球守住0.85分領先所有捕手。相形之下，吉羅德・賴爾德（Gerald Laird）每投一百五十次則丟1.25分。雖然佐恩的守分率最高，但二〇〇七年，偷好球成功率最高的卻是羅素・馬丁，其守分率排名第四，每投球一百五十次守住0.63分。

「第一個我得說，它的作用遠比我想像的要大。正因如此，我開始還以爲自己的分析出錯了。」特肯科夫寫道，「一百二十場比賽下來（先發捕手一個賽季參與的大致場數），葛列格·佐恩和吉羅德·賴爾德的差距是兩百五十分，換算一下，也就是二十五場比賽。」

特肯科夫的研究結果驚世駭俗，雖然並不完美，但意義非凡。他發現了一個非比尋常的東西。他證明了捕手與其他球員相比，更善於糊弄裁判，讓裁判把擦邊球判定爲好球，而且還能對打者施加影響，使之大大有利於投手。二十世紀九〇年代至二十一世紀初，捕手防守的價值都被分析人員低估了。特肯科夫寫道：「我們以前也許一直就是錯的。捕手的防守的確非常重要。」其他分析人員不久便緊隨特肯科夫其後，嘗試優化偷好球價值的估測方法。網站 BaseballProspectus.com 的分析師邁克·法斯特（Mike Fast）發現，二〇一一年，優秀捕手一個賽季可透過偷好球幫其球隊守住十五至三十分，而蹩腳的捕手一個賽季則會令球隊丟十五分左右。在法斯特的排行榜上，位列第二的是羅素·馬丁，二〇〇七至二〇一一年五年間，他憑藉偷好球幫球隊守住了七十分；位列最後的是海盜隊捕手萊恩·杜米特（Ryan Doumit）。上述五年間，道米特共在二千八百局中擔任捕手，由於其控制手套方面的問題，令數以千計的壞球好球報數不利海盜隊，令海盜隊丟了六十五分。由於道米特的接球技術一塌糊塗，匹茲堡人送他一個外號——萊恩·無手套（Ryan "No-Mitt"）。法斯特的研究顯示，五年間，道米特和馬丁共有一百三十五分的差距。海盜隊二〇一二年的捕手羅德・巴拉哈斯（Rod Barajas），依據該研究的結果，也是一名十分不善偷好球的捕手。

邁克・法斯特圖表節錄如表4-1所示。

馬克斯・馬奇（Max Marchi），時任《棒球介紹》雜誌撰稿人，發表了更多利用PITCHf/x研究偷好球的文章，有些涉及偷好球這一技能隨時代進步或退步的情況，發現其隨著時代愈來愈成熟。

幾支大聯盟球隊體認到法斯特、馬奇、特肯科夫三人對棒球運動貢獻巨大，於是將三人招致麾下，任資料分析師或棒球系統開發師。毫無疑問，像法斯特這樣的分析師效力大聯盟球隊，雖然薪水遠不及一名大聯盟球員的最低薪水，但價值其實比任何一名在冊球員都大。分析師能夠發現價值被低估的球員，爲球隊創造數以百萬美元計的價值。

全國廣播公司（NBC）棒球分析師克雷格・卡爾卡特拉（Craig Calcaterra）在二〇一三年一月發表的一篇文章中寫道：「主流媒體總說搞棒球資料統計分析和寫部落格的人其實不懂棒球，因爲這些人沒在球場待過，也沒採訪過球員，眞是好笑！大聯盟球隊不是不停聘請那些搞棒球資料統計分析和寫部落格的，讓他們參與棒球營運嗎，那又是爲什麼呢？還有，你有沒有注意到，球隊從來不請那些自稱精通棒球，不停抨擊先進指標和統計分析的人？」

**表4-1　邁克・法斯特圖表節錄**

| 首五強捕手 | 經裁定的投球 | 守住分數總計 | 分/120場 | 2011年 | 2010年 | 2009年 | 2008年 | 2007年 |
|---|---|---|---|---|---|---|---|---|
| 何塞・莫里納（Jose Molina） | 18,788 | 73 | 35 | 10 | 15 | 15 | 26 | 7 |
| 羅素・馬丁（Russell Martin） | 42,186 | 70 | 15 | 15 | 10 | 20 | 14 | 11 |
| 尤維特・托瑞艾巴（Yorvit Torrealba） | 26,306 | 40 | 14 | 5 | 14 | 3 | 11 | 7 |
| 喬納森・路克羅伊（Jonathan Lucroy） | 14,205 | 38 | 24 | 17 | 21 | 0 | 0 | 0 |
| 雅迪爾・莫里納（Yadier Molina） | 39,184 | 37 | 8 | 7 | 7 | 1 | 16 | 6 |
| 末五強捕手 | | | | | | | | |
| 城島健司（Kenji Johjima） | 19,588 | -33 | -15 | 0 | 0 | -9 | -9 | -15 |

| 末五強捕手 | 經裁定的投球 | 守住分數總計 | 分/120場 | 2011年 | 2010年 | 2009年 | 2008年 | 2007年 |
|---|---|---|---|---|---|---|---|---|
| 賈森・坎道爾（Jason Kendall） | 35,772 | -37 | -9 | 0 | -10 | -19 | -5 | -3 |
| 賀黑・坎道爾（Jorge Posada） | 17,942 | -49 | -25 | 0 | -23 | -11 | -5 | -10 |
| 杰拉爾德・賴爾德（Gerald Laird） | 30,298 | -52 | -15 | -2 | -12 | -16 | -11 | -11 |
| 萊恩・道米特（Ryan Doumit） | 22,861 | -65 | -26 | -9 | -3 | -16 | -36 | -1 |

資料來源：摘自法斯特二〇一一年九月二十四日發表的文章《棒球》。

數十年以來，棒球一直是個封閉行業，只有打過棒球的人才可進入，甚至到了二十一世紀初期，情況仍大致如此。前台部門裡的人一般也都曾打過棒球，或有常春藤大學頒發的學位。但自從大數據、PITCHf/x 及業餘愛好者對二者進行的相關研究問世之後，凡具備不凡才能和創新思想的人也都能進入前台部門了。資料的巨大作用，使得棒球隊在任人方面離真正的擇優錄用制更近了一步。各支球隊競相招攬最棒、最厲害的業餘愛好者，競相建立各自的分析模型。譬如，二〇〇八年，身爲愛荷華州立大學本科生的丹・福克斯是海盜隊棒球營運部門的唯一一位資料分析師或架構師，但到了二〇一三年，海盜隊就已有五位全職職員，專門負責資料獲取、分析、架構工作。

由於運動大觀公司的 PITCHf/x 問世，職業棒球行業隨之產生了一個前所未有的工作部門——資料學部門。

讓業餘愛好者拿到 PITCHf/x 資料並非運動大觀公司的本意。該公司總裁漢克・亞當斯（Hank Adams）說：「那些數據是被人從網站上竊走的……我們並沒有把資料發送出去。那些資料本身是不可下載的，但愛好者打開大聯盟高級媒體網站（MLB Advanced Media）之後，找到了竊走資料的方法。如今，其中許多人已經把資料公開了。這些資料用於商業目的，但那些人一般都是業餘愛好者。理論上講，我們是可以把資料鎖上的，但同時我們也意識到，這些業餘人士做了大量可圈可點的工作，使資料的價值得以凸顯出來。」

PITCHf/x 給棒球界帶來數以百萬計的資料點之後，一場競賽於二〇一三年拉開帷幕，各支球隊開始爭奪具備資料點解讀能力的資料師。球隊急於物色能夠利用複雜的運算法則，挖出資料意義的分析師。二〇一〇至二〇一九年產生的棒球資料與之前產生的資料相比，完全不在同一層次。

「如果（球隊）只用一套標準資料（像 PITCHf/x 的），那麼提出正確的問題並找出答案就很關鍵。球隊正需聘請頭腦厲害的人提出這些問題，找出答案。」運動大觀公司棒球營運總經理賴安・詹德（Ryan Zander）說，「我們能夠製造資料，但如何解讀、使用、分析資料，就不是我們的分內事了。以往，資料這東西或許只有一個人關注，但如今則成了大家都關注的東西，而且前台部門每天都得和資料打交道。我認爲，現在球隊做許多決定，不管是關於球員發展、教練工作、訓練球員，還是認識球員價值，都在借助我們製造的資料。」

二〇一二年，海盜隊請了第二名全職數據分析師，他將創造的價值遠遠大於他的薪水。尚在麻省理工學院讀二年級時，主修化學工程的邁克・菲茨傑拉德（Mike Fitzgerald）便已讀過《魔球》一書。與其他許多具備數學天賦的年輕人一樣，他突然認識到，職業運動前台部門正需要像自己這樣的行外人。至於想走什麼樣的職業之路，如何進職業運動這一行，菲茨傑拉德並沒有清晰的想法；他有的只是對運動的一腔熱情和強大的數學思維能力。小時候，母親去波士頓區的雜貨店買東西，常把他也帶去。母親會跟他說每樣東西多少錢，稅大致多少。

「東西拿齊後，我就會脫口說出一共要付多少錢，一分不差，」菲茨傑拉德說，「我媽常常看得目瞪口呆……讀完大學二年級，我就知道可以靠這個（數學）謀個終生職業了。」

跟丹．福克斯一樣，菲茨傑拉德在麻省理工學院讀書時之所以能從同學中脫穎而出，也是因爲他能夠把複雜的數學概念用簡單易懂的話說得明明白白，關於這一點，一份作業可作例證——這份作業令他的教授也刮目相看。一次，老師命班上同學寫一篇論文，要求篇幅爲十頁，而且須讓稍微具備數學基礎的人看得懂。菲茨傑拉德沒有拿冷僻的內容作題目，寫的正是美國十分流行的運動比賽兼博彩活動：全國大學生體育協會（NCAA）第一級（Division I）的男子籃球錦標賽。他的論文探討的問題是最優化挑選錦標賽中最好的球隊。身爲超級籃球迷的他研究了傳統淘汰式選拔賽中挑選球隊的一種方案：每輪比賽中，挑選者若準確預測獲勝方，即可得分。之後，他又研究了另一個改良的挑選方案，依據規則，在淘汰式選拔賽中，如果挑選者挑一個獲勝無望但卻意外獲勝的球隊，便能額外得分。打個比方，如果挑選者選的是獲勝無望的12號種子球隊，但結果12號種子球隊卻打敗了5號種子球隊，則挑選者得種子球隊區別分七分。菲茨傑拉德當時正在學條件概率，使這一數學概念得以廣爲人知的，正是他的論文主題：如何挑選球隊。

什麼是條件概率？簡單來講，就是一個事件發生之後，另一事件發生的概率。二〇一二至二〇一三年非賽季期，海盜隊簽訂了自球隊成立以來，最爲重要的一個自由球員合約，便是因爲菲茨傑拉德的條件概率。

「如果我們正在研究一個問題，然後關於這個問題，我們有了一些新資訊，那麼這是否會改變原先的結果分布呢？」菲茨傑拉德說，「我認爲我能很快在大腦裡把這類東西過一遍，感覺很棒，因爲棒球運動的資料，我們能拿到的愈來愈多，我們原先的一些想法就可能因數據更加充足而改變。新出的棒球數據眞是多。」

菲茨傑拉德是波士頓塞爾提克隊（Boston Celtics）的狂熱粉絲。二〇〇八年在麻省理工學院讀二年級時，菲茨傑拉德和幾個表兄弟專程從波士頓跑到底特律，去看塞爾提克隊和底特律活塞隊（Detroit Pistons）的第三場和第四場決賽。幾人湊了一百美元，在密西根州伯明罕郊區一家酒店租了間客房。街道對面就是活塞隊住宿的豪華酒店。兩家酒店附近有一處球場。在某個非比賽日，菲茨傑拉德和幾個表兄弟在球場上扔美式足球玩。令他們喜出望外的是，這時，塞爾提克隊的前鋒「大寶貝」葛蘭·大衛斯（Glen Davis）朝他們走了過來。

不一會兒，大衛斯、菲茨傑拉德、菲茨傑拉德的幾個表兄弟便玩起球來，球場邊還來了好幾個當地少年。當時，與塞爾提克隊入住同一酒店的ESPN分析員傑夫·范甘迪（Jeff Van Gundy）和馬克·傑克遜（Marc Jackson）正巧來至球場，比賽引起了他們的注意。范甘迪曾任休士頓火箭隊（Houston Rockets）教練，雖然在二〇〇七年賽季後遭解雇，但仍與火箭隊總經理達瑞爾·莫雷（Daryl Morey）關係不錯。這位總經理就是把資料分析引進美國職業籃球聯賽（NBA）的人。

「范甘迪問我是否想過做籃球資料分析，」菲茨傑拉德回憶道，「我沒想到資料分析也能進入籃球這一行。我對他說，『有意思。』」

得益於這次談話，菲茨傑拉德當年秋天在塞爾提克隊裡謀到了一個不帶薪水的實習生位子。之後轉而在丹麥公司 TrackMan 帶薪實習。TrackMan 公司是運動大觀公司一個強有力的競爭對手，以利用雷達追蹤高爾夫球飛行和滾動軌跡而名聲大噪。二〇〇九年，TrackMan 公司利用雷達追蹤投出和擊出的棒球尚處於初步研究階段。該公司在三個大聯盟球場開始測試自己的技術。

「他們的主要目的是整理資料，給球隊提供一些基礎性的訊息。」菲茨傑拉德說，「最吸引我的東西是有效速率。TrackMan 的讀數與 PITCHf/x 的大致相同，但 TrackMan 所測的是球在空中運行的整個軌跡，而不是以五十英尺間隔距離為準，在球行軌跡上選取二十個不同的點來測……而且還測投手的伸展長度。」

能測出投手的伸展長度是球隊對 TrackMan 產品感興趣的一大主要原因。另外兩大原因是該產品能追蹤球被打擊時的初速度和末速度。PITCHf/x 能夠告訴球隊投手的垂直釋球點，但不能告訴球隊投手的水平釋球點，因而也就不能顯示投手球出手時球離本壘板的距離。這一點很重要，因爲如果球出手時球離本壘板更近，則投手的有效速率會更大。舉個例子，甲乙兩個快速球初始時速同爲九十三英里，甲行進五十三英尺，乙行進五十五英尺，則甲的整體速度比乙大。

二〇一三年亞利桑那秋季聯盟（Arizona Fall League）比賽期間，TrackMan 的系統已事先安裝好，測到在整個聯盟所有投手中，洛杉磯安納海姆天使隊（Los Angeles Angels of Anaheim）的左投手邁克爾・羅斯（Michael Roth）投球時伸展長度最大。根據 MLB.com 網站記載，羅斯投球鬆手時，球超出投球板的距離是七英尺五英寸，縮小了投手丘與本壘板之間的距離。也許，羅斯的伸展長度能夠解釋爲什麼他能夠幫南卡羅萊納大學鬥雞隊（South Carolina Gamecocks）兩度贏得大學棒球總冠軍（College World Series）頭銜，並且僅憑著平均時速只有八十五英里的快速直球，就能從天使隊脫穎而出。

「伸展長度區區幾英尺，看起來似乎沒什麼，卻能把球的時速提高兩英里。這是非常可觀的。」菲茨傑拉德說，「如果你看看打者的打擊率，你會發現，應付時速九十四英里和時速九十七英里的球時，打者的打擊率明顯不同。」

菲茨傑拉德只在 TrackMan 公司待了六個月，但這段時間的作用卻很關鍵。在二〇一一至二〇一二年非賽季期，海盜隊在 PNC 球場安裝 TrackMan 的系統，丹・福克斯便問

TrackMan公司的幾位高層人員，曾爲TrackMan效力的人中，有沒有聰明能幹的年輕人能幫助海盜隊。福克斯想請一位全職助理分析師，幫他處理成堆的棒球資料。幾位高層推薦了菲茨傑拉德。菲茨傑拉德身形瘦長，黑髮藍眼，大腦敏捷，說話飛快。二〇一二年三月上旬，海盜隊在麻省理工學院斯隆分析學大會（MIT Sloan Analytics Conference）上面試了他。菲茨傑拉德從未在棒球這行工作過，是眞正的外行人，但很願意進一步改革，這令福克斯很是喜歡。

海盜隊聘用了菲茨傑拉德。這位二十三歲的小夥子很快就會爲球隊帶來價值。正如效力TrackMan公司時對投手伸展長度看似不重要的一面產生好奇心一樣，他對偷好球有何功效也產生了濃厚的興趣。

「那是我和福克斯早期做的一個專案。」菲茨傑拉德說，「專案是如何實施的？專案是如何改進的？我們找尋的是什麼？當時我們有個模型，我們想拿它精確評估偷好球這個技能……對這個項目我們研究了兩個星期，就想看看有沒有漏洞。」

一開始，他們跟特肯科夫一樣，不相信偷好球能有那麼大的影響。兩人在福克斯的辦公室裡互問對方：「眞有那麼大嗎？作用眞有那麼大嗎？」他們不停檢視自己的模型。不肯放過任何可能影響捕手偷好球機會和能力的因素。譬如，與捕手搭檔的投手是什麼類型？主審裁判又是什麼類型？研究過程中，兩人意外連連，發現偷好球竟然何等重要，意義如此重大。

他們的模型一次又一次得出結論，二〇一二至二〇一三年自由球員市場上，偷好球本領遠勝其他捕手的捕手是——羅素．馬丁。「我們當時說：『嗯，我們必須把這個傢伙弄到手。』」菲茨傑拉德說。

亨廷頓鼓勵下屬，要敢於爲了自己看好的球員和想法「站出來」。二〇一二年的下半賽季，信心滿滿的菲茨傑拉德爲馬丁站了出來。在球隊裡搞正式發言沒有必要，每個主場比賽的晚上，亨廷頓會把前台部門的所有人招呼到本壘板後的俱樂部包廂一塊交流，上至助理總經理、鬍鬚花白的資深球探，下至做量化分析的實習新人，他都歡迎。前台部門的職員在媒體包廂邊的餐飲大廳裡齊聚，抬頭看著螢幕裡的比賽畫面，各抒己見。人人都在暢所欲言，好像觀看球賽隨時能激發靈感一樣。

用這種形式當面交流思想，相互合作很有意義，人與思想交織往往能引出新的不同凡響的東西。於是二〇一二年年尾，海盜隊又輸掉一賽季時，亨廷頓的下屬菲茨傑拉德便開始力挺馬丁。

他一興奮起來便活力無限，說話快而激動，並堅定認爲偷好球有其價值。他說偷好球的技能對球隊而言是最划算的東西，價值卻完全被低估。不過，好像沒有人拿這個做招攬球員的依據。菲茨傑拉德強調，馬丁是海盜隊能夠覓到的最有價值的自由球員。他與福克斯向海盜隊建言，在自由球員市場上，球隊應該首先拿下馬丁，並說，海盜隊前五個賽季的兩名先發捕手與馬丁相比，簡直不可同日而語。他們還直言，若把馬丁招致麾下，球隊裡每個投手的表現也都會有進步。

但勸服老闆投資馬丁的困難在哪裡呢？二〇一二年，馬丁的打擊率僅有0.211。雖然打擊率絕非判斷球員價值的理想指標，但普通大眾評估每個位置選手價值仍多以打擊率爲頭等依據。打擊率這一資料，輪到一名球員打擊時，會顯示在每個大聯盟的記分板上，而馬丁的打擊率遠低於平均水準。馬丁防守好、資歷深、生性樂觀的名聲，早已令亨廷頓中意，福克斯和菲茨傑拉德主要得用資料向球隊老闆力薦這位打擊率一般的球員。兩人就偷好球的價值的研究結果，寫了一份報告，並在其中加了一些實際案例，以資佐證。亨廷頓把報告呈給了海盜隊老闆，請這支經濟非常拮据的球隊拿出從未出過的高價聘請這位自由球員。

「這件事中，我們的報告起了點作用。」菲茨傑拉德說，「我覺得，這份報告給了亨廷頓一點自信跑到老闆那裡說：『是的，我想把去年打擊率只有0.220的那個球員招進來，理由在這裡，他可以給我們帶來的價值也在這裡。』」

二〇一二年十一月二十八日，馬丁健身之後回到了朋友位於蒙特利爾市中心附近一個潮人社區內的兩層聯排公寓中。聯排公寓正面外牆由石頭砌成，往外幾步，樹木夾道。一樓是一個刺青店，樓上兩層，還有一個樓頂陽台。在自己的房子完工之前，馬丁打算就住在朋友家。他喜歡這個地方。他喜歡在陽台觀賞天際線，由於上面鋪了阿斯特羅草皮（Astro Turf），還裝了球網，所以還可以在上面打高爾夫球。在這裡，他終於拿定主意。

德州遊騎兵隊在德克薩斯款待了馬丁，紐約洋基隊雖然有點想留他，但表現半冷不熱。相比之下，海盜隊最熱情，最主動。拿定主意之後，馬丁立刻給自己的經紀人打了個電話，並說了幾天之前他去富樂客（Foot Locker）買運動鞋的事。引他矚目的那雙鞋是黑金兩色——海盜隊的顏色。他並不覺得自己是個迷信的人，但這件事多多少少使得他趨向去匹茲堡。從幾個角度來講，去匹茲堡好些。海盜隊開的價錢最高，而且萬一海盜隊能扭轉乾坤，自己豈不也能成傳奇故事中的人物？退一步來講，馬丁也想恢復自己的價值。

海盜隊給馬丁開的條件比其他球隊開的都要優沃。馬丁以一千七百萬美元與海盜隊簽訂爲期兩年的合約之後，球迷和媒體便立刻情緒激動起來。當地很多媒體人認爲海盜隊是饑不擇食。《匹茲堡論壇評論報》專欄作家德揚．科瓦切維奇（Dejan Kovacevic）論及二〇一二年十一月海盜隊與馬丁簽約的事時寫道：「我們不要假裝認爲此事別有玄機，實情我們心知肚明：『海盜隊病急亂投醫，還花了離譜的價錢。』此舉勢必多有不利。」誰知到了六月，科瓦切維奇就承認自己言辭失當，並改口說馬丁「球技精湛」、「人有所值」。

但開始，大眾並不理解，也沒有看見馬丁偷好球的本事；其他球隊也不像海盜隊那樣『迷信』偷好球的價值。大眾沒有看到的是，與前兩任捕手相比，馬丁一個賽季就幫海盜隊把成績提高了差不多四十分，而這與他的打擊率，即人人評判他的依據，沒有半點關係。這一巨大進步與印在口香糖收藏卡背面的球員表現資料沒有半點關係，完全歸功於馬丁偷好球的本領。根據 BaseballProspectus.com 網站的記錄，二〇一一年，馬丁憑藉偷好球幫洋基隊守住了三十二分；二〇一二年，守住二十三分。二〇一二年，羅德·巴拉哈斯因偷好球不成，使海盜隊丟了九分。二〇一一年，道米特同樣因偷好球不成，使海盜隊丟了十五分。偷好球的價值難於發現，海盜隊也只買得起偷好球的本事。

但在當年非賽季期，海盜隊煞費苦心簽的自由球員，並非只有馬丁一位。

二〇〇一年，業餘棒球愛好者兼棒球部落客佛若斯·麥克拉肯（Voros McCracken）發表了一個當時看來匪夷所思的觀點。他在BaseballProspectus.com網站發表了一篇文章，在文中寫道：「『瘋子。』這是我把你將讀到的內容拿給別人看時，得到的一句典型評語。很多人說我是『僞資料迷荒唐之言』的極致代表，甚至說我是亞倫·希利（Aaron Sele），以筆名掩飾身分發表文章。我這毫不足道的做事方法爲何會引人產生那麼大反應，我不完全清楚，但很多人似乎眞的反應很大。我的觀點是什麼？很簡單，就是拿被安打數來評估投手並無多大意義。」

麥克拉肯發現，投手大致能控制自己的三振率、四壞球率、被全壘打數、觸身球數。然而，他匪夷所思的觀點是：投手的被安打數主要由投手身後的防守力量決定。這等於是說，向來用以評判投手水準的黃金標準——自責分率，並不準確。

麥克拉肯繼續寫道：「我研究了每一場比賽投球對應的被安打數的性質。這是問題眞正的所在。我發誓，我盡過自己所能，試圖得出一個不同的結論。我測了每個指標，查了每個數據，乘乘除除也做盡了。但不論用何方法，得到的結論都一樣：大聯盟各個投手在賽場上防止被安打的能力沒有差別，即使有，也極小。這個結論與百年來評估投手的標準落差太大，存有很大爭議。」

被安打數與投手的表現無關？這麼說似乎不合常理。毫無疑問，投手能夠控制投球的位置，也就是說，投手能夠控制自己的球是好球還是壞球。因此，投手大體能夠控制是把打者殺出局還是送上壘。但是，麥克拉肯認爲，被擊中的球如果進了內野，這個球是轉化成出局還是安打，主要還是取決於投手身後隊友的防守能力和防守位置。

在大聯盟打者數十年來場內打擊率徘徊在0.300之際，麥克拉肯也提供了一些事實。譬如，一九二〇年，大聯盟打者的平均打擊率是0.297。九十三年之後的二〇一三年，大聯盟打者的平均打擊率仍是0.297。八名防守隊員，不含捕手，能夠防守的面積就這麼大。百年以來，防守隊員所用的陣型基本沒有變動，因此他們把球轉成對手出局的比率已差不多成了一個常數。麥克拉肯發現，即使是葛瑞格・麥達克斯（Greg Maddux）、佩卓・馬丁尼茲（Pedro Martinez）等現代一流投手，也沒什麼能力左右擊出之球的結局。有些觀點說，某些投手能降低被擊到場內的球成爲安打的概率，看來是站不住腳的。

不過，奧克蘭運動家隊、海盜隊等球隊，還有一些業餘人士受到這個觀點影響，對每局的三振數、四壞球數等數據大感興趣，認爲這些資料僅由投手決定，更能反映投手的眞實水準。

到了二〇一二至二〇一三年非賽季期，海盜隊評判投手表現已不再拿傳統統計資料做依據。亨廷頓在評估投手時，極少去引用自責分率、勝投數、被安打數。海盜隊力圖把投手的表現和投手的環境盡量分開。「指標」成了亨廷頓常用的一個詞。外面的人認爲，當時海盜隊在關注棒球分析師湯姆・坦戈（Tom Tango）受麥克拉肯啓發而發明的一種新指標。此指標爲棒球記錄卡上還沒有，專門衡量投手眞正能夠控制的技術，因而是一個更能精準反映投手水準的指標。此指標就是投手獨立防禦率（Fielding Independent Pitching，FIP）。之後，HardballTimes.com 的撰稿人兼分析師戴夫・斯蒂德曼（Dave Studeman）在投手獨立防禦率上又向前邁了一步，開始估測投手本應被全壘打的數量。全壘打與高飛球情況很像，比率的波動常常很大，因此，某年運氣不好，高飛球都成了全壘打也會大大影響投手的自責分率。爲進一步分離出投手的眞實能力，斯蒂德曼將投手獨立防禦率加以改良，並改稱「X投手獨立防禦率」。

舉例說明，海盜隊把伯奈特（A. J. Burnett）換過來的那個賽季，伯奈特在洋基隊的自責分率是5.15，但他的X投手獨立防禦率（數值範圍與自責分率相當）是3.86，表明他運氣不佳，因爲自己無法掌控的一些因素。效力海盜隊的頭一年，伯奈特的自責分率下降至3.51，而X投手獨立防禦率卻是3.40，基本未變。這看起來不可思議，但其實不過是簡單的數學運算結果。

海盜隊自己人交流，說到某投手堪稱完美，是說這位投手高大強壯，能把對手三振出局，能迫使打者擊出滾地球，而又不投四壞球送對手上壘。他們不會提勝投數、敗投數、自責分率等評判投手的傳統標準。海盜隊知道，他們不會在自由球員市場上簽三振率高、滾地球率高、保送上壘率低三種技能俱全的投手。這樣的投手價格不菲，往往也是最後爭奪賽揚獎[1]（Cy Young Award）的人。因此，海盜隊問了自己這些問題：我犧牲什麼？什麼容易得到些？什麼不易得到？什麼不易解決？什麼容易解決？

譬如，球員的身高問題沒法解決，一個球員只有五英尺九英寸，沒法把他拉到六英尺長。一個投手是右撇子，沒辦法把他變成左撇子；一個投手的投球時速是八十五英里，也沒法把他的投球時速變成九十五英里。一般也沒法讓投手學投高級的曲球。麥克拉肯發現，投手的所有獨立技能之中，把打者三振出局的技能最難提高，在自由球員市場也最昂貴。海盜隊想，或許可去提高投手的其他獨立技能。

在二〇一二至二〇一三年非賽季期，找尋具備優勢的投手，與之簽約，成了海盜隊接受大數據策略，找到自由捕手之後的一件大事。具體而言，海盜隊需要的是投手，能夠穩定影響戰局的投手群。這些投手球速要夠快，能夠更多的三振打者出局，更少的四壞球保送上壘。但海盜隊遇到了老問題，資金不足，請不起足夠的先發投手，因爲先發投手的平均要價是球員中最高的。譬如，洛杉磯道奇隊簽下冬季自由王牌紮克・格林基（Zack Greinke）的價格是1.47億美元，按《富比士》估計，將近海盜隊市值的三分之一。自由市場上的一流投手年薪穩穩的在兩千兩百萬至兩千五百萬美元之間，相當於海盜隊二〇一三年總年薪的三分之一。

聘請自由球員的專用資金，海盜隊已經用了一半，餘下的錢，按大聯盟球隊的標準，不過是零頭而已。由於資金有限，他們必須做個決斷，要麼請雖有缺點，但具備優勢，恢復力強的投手，要麼請發揮穩定，但技術平平，出賽順序居末的投手。海盜隊決定請具備優勢的投手，而要找這樣一名投手，就得跟請馬丁一樣，拋開一些傳統資料，冒一次險。

亨廷頓愛說，海盜隊得花錢買球員的預期表現，而非以往表現——這是實話，海盜隊買的是球員的預期進步。

不少球隊買的仍然是球員以往的優秀表現。他們開的價錢，部分是買自由球員市場上，棒球記錄卡背面所印的傳統資料，也就是說，他們花錢買的是勝投數、救援成功數、被安打數、自責分率。這些資料受投手背後的防守隊員和投手所在的球場影響很大。海盜隊和其他精通資料分析的球隊搜尋的是其他東西。投手的價值在於投手具備的獨立技能。別去管自責分率、勝投數兩個傳統用來評判投手水準的資料。海盜隊的分析師和球探在自由球員市場四處物色具備優勢的先發投手，他們找到了一位相關指標誘人，自己又請得起的投手。而且海盜隊認為，球隊的教練，尤其是羅素・馬丁，還能幫他改善這些資料。海盜隊找到的那位投手就是弗朗西斯科・利里安諾（Francisco Liriano）。

利里安諾曾是名重一時的年輕投手。他身高六英尺兩英寸，肩寬腰細，具備球探看中的完美V形身板。三藩市巨人隊（San Francisco Giants）初次見利里安諾，是在多明尼加共和國他當外野手時，但最令巨人隊著迷的是利里安諾火箭般的投球速度，而且還是個左撇子。利里安諾後來當了投手。他的手臂快如閃電，球速達到了九十英里以上。二〇〇四年，明尼蘇達雙城隊（Minnesota Twins）用捕手皮爾辛斯基（A. J. Pierzynski）把他換過來時，利里安諾是一位心繫球隊夢想和計畫，具備潛力而未經培養的投手。效力雙城隊期間，他練就了投刁鑽滑球的本領，投球更加收放自如，而且難得的是，他對投變化球也有所領會。

他在雙城隊的梯隊養成系統中一鳴驚人，在麥爾茲堡（Fort Myers）、佛羅里達、新不列顛島、康乃迪克州等地力挫打者，《棒球介紹》和《棒球美國》將其評為進入二〇〇六年的第六名最佳候選球員。這一年他登上雙城隊大聯盟球隊比賽，他的快速球平均時速為九十五英里，而且還投得一手讓打者揮擊不中的滑球和漂亮的變化球。《今日美國》（*USA Today*）發表了一篇關於利里安諾的專題文章，題為「比山塔納更可怕」。山塔納指利里安諾以前的隊友尤漢・山塔納（Johan Santana），二〇〇六年第二度拿下美國棒球聯盟的賽揚獎。然而，令人興奮的時刻短暫。二〇〇六年八月，利里安諾感覺左肘疼痛，雖然他嘗試負傷投球，但最終不得不作罷。醫生發現，他左肘尺骨側韌帶有拉傷，須做手肘尺骨側韌帶重建手術[2]（Tommy John Surgery）。這個手術常被視作肘傷的首選治療方案，唯一的「副作用」就是康復期間，投手不能比賽，因此表面來看，好像只會帶來小小不便。然而，利里安諾的病例卻提醒大眾，手術並非一門完美的科學，並非每位投手都能恢復到傷前的技能水準，起碼短期不能恢復。

在二〇〇八年他的首個完整賽季，利里安諾投快速球的時速下降了四英里，所投滑球由於弧度更大，殺傷力也不如傷前。

當年賽季打了一場之後，他一臉愁容對記者說：「我投球沒有以前威猛了。」打者多了一丁點兒時間決定是否揮擊。由於身體協調和控制能力本來就不完美，收放能力也受到了影響，而以前，他的快速球威猛無比，憑藉縮短對手的反應時間，還可占點便宜，現在也不行了。二〇〇九年，他掙扎再起，但二〇一一年和二〇一二年兩年水準都遠低於聯盟平均。自術後參賽以來五個賽季，只有二〇一〇年一個賽季成績不錯。到了二〇一二年賽季，他的投球時速仍然比入行時低兩三英里，每九局的四壞球數也徘徊在五個左右。利里安諾沒能成爲一名最有價值的大聯盟投手，而是成了一個警世故事的主角，提醒人們一流的投手可能雄風難再，球員術後的表現不好預料。

雙城隊見識過利里安諾的潛力，不大想放棄他，仍然夢想某天利里安諾能重現昔日雄風。雙城隊一方面可以倚靠能力與入行時的利里安諾比肩的那些左撇子球員，但另一方面，雙城隊也嘗試了訓練利里安諾的協調能力，嘗試使他少依賴滑球，嘗試把他派到小聯盟找回自信，可惜沒一樣奏效。利里安諾總讓太多打者借助四壞球上壘，還讓太多高飛球飛到場外變成全壘打。常常五局還沒打完，他就被迫把球遞給雙城隊的總教練羅恩・戈登海爾（Ron Gardenhire），然後滿面羞愧離開投手丘，朝雙城隊的球員休息區走去。後來，雙城隊對利里安諾逐漸絕望，終於在二〇一二年七月放棄了他，用他從芝加哥白襪隊（Chicago White Sox）換了幾個普通候選球員。雙城隊沒能「修」好利里安諾，白襪隊也沒能力「修」好。九月，利里安諾便遭遇降級，成了白襪隊美國移動通訊球場（U.S. Cellular Field）的一名救援投手，在那裡尋找答案。二〇一二年至二〇一三年非賽季期他的棒球記錄卡資料非常差。過去四個賽季，前三個賽季的自責分率都高於5.00，高於大聯盟的平均水準。他二〇一二年賽季的自責分率是令人不敢直視的5.34。但如果看看他的其他方面，我們又可以看見一位球員潛力尚未充分發揮，再創奇蹟指日可待。細看利里安諾的歷史，我們可以發現，與他搭檔的不少捕手都蹩腳不堪，如果能和馬丁搭檔，成績必然能有改觀。

在自由球員市場，最難得請到的是有三振本領的投手。這個本領最貴，畢竟，三振能直接把打者殺出局，令打者沒半點上一壘的機會。把對手三振出局往往是靠球速變化破壞打者的判斷，慢速球令打者揮擊不中，或慢速球之後投出的快速球使得打者跟不上節奏，不過這兩種技能基本都是天生的。

福克斯和他手下的分析人員發現，雖然人們對利里安諾前後表現懸殊吵吵嚷嚷，但其中揭示的某些資料卻令人振奮。利里安諾的時速二〇一二年已恢復至九十三英里，雖然與巔峰時期相比，仍有兩英里的差距，但已遠高於二〇〇八年、二〇〇九年、二〇一一年他投快速球的平均水準。另外，他的滑球在二〇一二年下半賽季也有起色，九局三振數平均爲10.5，是他入行以來最好的成績。他所投的球有13.2%令打者揮擊失誤，在聯盟所有先發投手中比率最高，甚至高於達比修有（Yu Darvish）、馬特・哈維（Matt Harvey）、阿尼巴爾・桑契斯（Anibal Sanchez）、科爾・漢梅爾斯（Cole Hamels）四位王牌投手，一起構成前五強。

歸功於海盜隊使用了 PITCHf/x 和 TrackMan 的兩套數據，這些指標比三振數、揮空率又深了一層。海盜隊可以研究投球軌跡、釋球點、位置、轉速的趨勢和變化，並拿利里安諾投球的軌跡與其他投手的投球軌跡或聯盟的平均水準做一番比較，也可拿表現出色的賽季中投球的軌跡和糟糕的賽季做比較。PITCHf/x 的資料證實了海盜隊球探的主觀論斷：利里安諾自二〇〇七年做手術之後在慢慢恢復，而且投快速球、滑球、變化球的水準高於平均水準。然而，自從做手肘尺骨側韌帶重建手術之後，他也有一個明顯而重大的問題，那就是不能收放自如。因而，他的三振能力不免打了些折扣，沒有幾個大聯盟先發投手比他用四壞球保送上壘的打者多。

但是，如果能與海盜隊最爲信任的兩位投手教練雷・西瑞吉（Ray Searage）、吉姆・本尼迪克特（Jim Benedict）搭檔，或與一名善於偷好球的捕手搭檔，利里安諾投好球的概率應該能有所提高。

二〇一二年，捕手方面，雙城隊派了偷好球水準一般的捕手喬・莫爾（Joe Mauer）和兩名偷好球水準偏低的捕手德魯・布特拉（Drew Butera）、萊恩・杜米特（Ryan Doumit）。與道米特合作兩場，利里安諾的自責分率爲10.57。根據棒球介紹網站的資料，布特拉與利里安諾搭檔次數最多，二〇一二年使雙城隊的投手每投七千次球就丟十分。莫爾憑藉偷好球成績好些，不過二〇一二年也只守住區區0.4分。相比之下的馬丁透過手套上的花招把壞球變成好球，五年間幫球隊守住了七十分。利里安諾二〇一二年賽季中期被交易到白襪隊之後，和他配合的A.J.皮爾辛斯基是另一名偷好球本事低於平均水準的捕手。

雖然海盜隊認爲他們無法把利里安諾變成控球大師，但相信馬丁和隊裡教練人員能幫助利里安諾投出更多好球，更少四壞球保送，並在投打對決中投出更多兩好球的領先局面，令對方打者在接下來面對他的滑球時更加被動。

「他們（福克斯和菲茨傑拉德）喜歡他的兩個資料：三振數、滾地球數。」亨廷頓說，「這是團體協作的結果：球探工作與（統計）資訊的相互配合。（球探）非常喜歡這種武器，認爲滑球和變化球作用不可小覷，而快速球，適時給出配球指令時，投出來最有效。」

二○一二年至二○一三年非賽季期，只有一支球隊主動示意想跟利里安諾簽訂期限超過一年的合約——海盜隊。答應以一千四百萬美元的價格效力海盜隊兩年之後，利里安諾回到多明尼加，在家中出了點小意外，弄傷了右臂——他投球用的是左臂。據他自己說，當時自己的幾個孩子和他玩惡作劇，他正準備嚇嚇他們，一不小心，右臂就被門框弄傷了。海盜隊和利里安諾然後又重談了合同，把合約期改成了一年，二○一三年海盜隊只保證付一百萬美元薪資，其實紙面上這沒什麼意義。利里安諾二○一一年的自責分率是5.09，二○一二年的是5.34，成了效率最低的幾個棒球投手之一。跟馬丁當時的情況一樣，海盜隊與利里安諾的簽約也招致了球迷和匹茲堡當地媒體批評，紛紛說海盜隊又選了個最不行的，還說相當於抽獎抽了個「謝謝惠顧」。與利里安諾簽訂的這個合約，是海盜隊爲壯大球隊，與自由球員在非賽季期間簽訂的最後一個重磅合約。自由球員是外面的人，接下來要進一步壯大球隊，只能從球隊內部著手了。

## 注釋

【1】美國職業棒球大聯盟 MLB 的年度最佳投手獎。

【2】Tommy John Surgery 是著名的韌帶重建手術，在棒球運動員中應用較多，常常是把未受傷一側的手臂韌帶與受傷手臂內的韌帶對換，使受傷手臂重新恢復接近受傷前的投球能力。

| 第五章 |

# 後無退路

二月下旬海盜隊春訓，全隊訓練第一天，全體人員到海盜城隊部的自助餐廳集合。春訓頭幾周，海盜隊的大聯盟球員在佛羅里達布雷登頓郊外的海盜城基地開始恢復狀態，系統的技術戰術練習，之後將前往布雷登頓城中心，其三月份的主場麥基奇尼球場（McKechnie Field），那裡是大聯盟春訓比賽的地方。海盜城是海盜隊小聯盟的心臟，也是該隊的球員發展中心和業餘球員招募中心。隊中球員做完手術都在此休養，級別最低的小聯盟球員剛入行打球的時候也都住在這裡的宿舍。

赫德爾已通知大家在自助餐廳開會。自助餐廳十分寬敞，有好幾扇落地窗和亮著的日光燈，乳白色的牆壁毫無特色。顯然，自助餐廳設計時考慮的是實用，並未注重營造氣氛。這次會議將爲餘年定下基調。每年春訓之初，赫德爾都會發言傳達不同的訊息，不過往往都是一堆陳腔濫調加上一些激勵人心的話，跟公司老闆訓話一般，不久大家就忘了。但這次，赫德爾知道不能再像以往敷衍了事，發言必須能引起共鳴。領導之道在於影響人，赫德爾得說服自己的球員，雖然他們是靠現在的打法才得以進大聯盟，但今後的打法得改變。

溝通是關鍵，赫德爾也知道溝通是自己的專長。他明白從一個被大家看好的候選球員變成一個球隊替補球員，再變成一個有穩定上場時間的主力選手，是經歷怎樣的過程。當年任落磯山俱樂部小聯盟新秀球隊總教練時，每場比賽之前赫德爾都在該隊的俱樂部會所講一些鼓舞人心的話，並把這些文字貼在會所布告欄中，旁邊就是要上場打擊練習的隊員名單。

「我們從中看到了他對一些事情的看法。這些話常常給我們很多啓發，教我們明白比賽在生活中的地位。」落磯隊一壘手陶德．希爾頓（Todd Helton）二〇〇二年對《體育畫報》說。

改投海盜隊之後，赫德爾不再貼紙條，而是改用電子郵件，每天把這些話發給球員、工作人員，還有聯絡人名單中的朋友。這些話絕少出自赫德爾本人，往往出自勵志演說家、歷史人物，或散落在自己辦公室中大量有關領導藝術的書籍。每封郵件末尾的話都相同，寫的是：「今天就來點改變吧。愛你的赫德爾。」這些郵件是赫德爾拓展眼界，與球員聯絡感情的另一方式，同時也有望起點激勵作用。

赫德爾環顧大廳四周，許多教練鬍鬚粗短花白；球員呢，有的聚精會神，有的眼神遊移不定，有的則垂頭看著桌子，還有些在咯咯說笑。赫德爾聲如洪鐘，叫了一聲「肅靜」，聲音便如強大的聲波一般，迅速傳遍大廳。

極少當眾批評球員的他仍是大家心目中的總教練。他沒再沿用以前的領導風格。柯林特．巴默思（Clint Barmes）在丹佛和匹茲堡時在赫德爾手下打過球。在落磯隊裡時，巴默思留意到，赫德爾在球隊會所經常和球員泡在一起。在匹茲堡，赫德爾沒有再占據球員的空間，而是常待在教練的地方。這樣做起決定來可以少受干擾，人際關係也更加簡單。

赫德爾在發言一開始就告訴球員，今春球隊將開放思想，破舊立新。他常說，傳統有妙處，有意義，但也會扼殺夢想。海盜隊沒能充分發揮出守分的潛力就是因爲受制於傳統。

赫德爾把兩個人請上了台。多數球員沒怎麼和這兩位莫可名狀的職員打過交道，甚至連他們叫什麼也不知道。赫德爾向大家介紹，這兩位一位是丹．福克斯，另一位是他的助理分析師邁克．菲茨傑拉德。

站在滿屋子職業球員面前，兩人顯得怯懦，不知如何處置，不像赫德爾，很難在屋子裡靜靜待著。他會在講台旁來回踱步，在走廊穿來穿去，同時和大家的眼神相接，使自己無處不在。他告訴大家，台上的兩個人知識淵博，不是只會操作電腦，他們倆將在幕後竭盡所能，幫助整個球隊，是球隊的得力悍將，海盜隊即將大舉進行防守改革，至於原因，福克斯和菲茨傑拉德可以解釋，如果你有問題，你想了解什麼，問他們。他們的身影將出現在球隊會所裡、錄影室裡。在赫德爾辦公室召開的每場主場比賽賽前會議，他們會與助理教練一同參加，即便是在路上，也會透過電話參加會議。

每場主場系列賽之前，赫德爾不會只和福克斯商量，而是計畫每個新系列賽第一天比賽之前，召開賽前情蒐會議，把福克斯和菲茨傑拉德都請來，和自己及助理教練等人一道研究商討對付新對手的方案。就在這個賽季開始不久，菲茨傑拉德甚至開始隨球隊出行，並漸漸頻繁，到二〇一四年這已成爲常態。福克斯和菲茨傑拉德將是海盜隊會所裡兩張常見的面孔，身分是球隊訓練員或助理教練。二〇一二年，就在赫德爾對這兩位分析師信任有加，不再把他們當作入侵者，而是當作寶貝後，他希望在即將來臨的這個賽季，球隊也能有這樣的轉變。海盜隊是眞正的先鋒：沒有幾支球隊跟海盜隊一樣把分析師和球隊如此充分的融合在一起。

赫德爾簡略介紹了一下福克斯和菲茨傑拉德的背景及在移位防守方面做的工作。但這兩人有個缺憾：從未做過職業棒球員。

有些隊員聽了，轉過頭來，相互翻了個白眼，搖頭嗤笑。「這兩位仁兄是誰呀？我們怎麼打，還要聽他們的意見？」是的。當然得聽。他們從來沒有穿著帶釘的防滑鞋用力踩過職業棒球場，懂得怎麼在大聯盟球場上打防守嗎？正是由於內行人對外行人普遍不屑，所以數據分析師雖然貢獻了許多極棒的想法，但還是找不到用武之地。反過來，有些分析師對傳統棒球思想也沒什麼敬意。赫德爾的一大難題就是創造一個相互尊重的風氣。赫德爾站在福克斯與菲茨傑拉德之間，告訴齊聚一堂的球員和工作人員他們並不比眼前這兩位分析師高出一等，大家都是平等的。

依在座的某些人看來，赫德爾的一番話有病急亂投醫的味道，或者說瘋狂的味道，可能正因爲像病急亂投醫，所以顯得瘋狂。這看法也不無道理。赫德爾和海盜隊確實有死馬當活馬醫的心態，什麼都願嘗試。但是，如果球隊認爲春訓開始之後，他們能夠打消赫德爾的想法，很快忘了這次會議和顛覆傳統的防守陣型的話，那就錯了。至於這點，他們很快就能看到端倪。第二天，大家又分組召開了一輪小組會議，其中有投手組、內野手組，前一天赫德爾在會上介紹的兩個神祕人，即福克斯和菲茨傑拉德，對這兩組的影響尤其大。他們此時又在自助餐廳和內野教練尼克·雷瓦（Nick Leyva）開會。

此事不光關係球員。赫德爾也需要球隊的助理教練更加熟悉，更加信任資料。他還鼓勵教練「主動」和福克斯、菲茨傑拉德說話。兩位分析師都很「和善」，赫德爾對教練說。他告訴球隊工作人員，他們和分析師相處的時間會很長，所以最好能習慣與分析師在一起工作。他也相信，他的大多數助手都願意迎接改變。

雷瓦的工作是詳細解釋防守陣型的安排，讓每一個人都了解清楚。從現在開始，每一常規賽季每個系列賽進行的第一天，雷瓦都會和海盜隊的所有內野手在會所的錄影室開會，仔仔細細把防守陣型方案討論一遍。如有必要，他會播放影片，直觀講解對付某些打者爲何要採用某種防守策略。雷瓦以前從未承擔這麼多排兵布陣的工作，而且他自己也不知道他是否完全認同這些策略。

早在二〇一一年赫德爾錄用他的時候，雷瓦就接觸到了防守陣型方面的資料，但他從來沒有在球場上用過相關結論——他說服不了自己。前兩個賽季福克斯給他的一些資料，很多他都有點排斥。但現在，他得奉命堅持並執行這些依據資料而設計的防守陣型。

雷瓦身材粗壯，褐膚白髮，自稱「老派」棒球人。二〇一二年接受 FanGraphs.com 採訪時，他坦承海盜隊雖然有分析工具在手，但往往無視它們：「做教練的——我想赫德爾也會這麼說——很多東西其實還是靠感覺。內野手在哪裡防守由我來安排。我可以看見我的投手怎麼投球，看見打者怎麼揮擊。我能看出他的技術怎樣，而且瞧瞧他揮擊的姿勢就知道他要幹什麼。」

這種全憑主觀感覺安排防守員位置的做法走到盡頭了。曾經在小聯盟打過游擊手的雷瓦，一下子當然很難適應這種轉變。他是一九七五年第二十四輪選拔時被聖路易斯紅雀隊（St. Louis Cardinals）相中的。雖然從未進過大聯盟，但後來一步一步往上爬，一九八五年終於當上了紅雀隊的一壘教練，在懷狄·赫爾佐格（Whitey Herzog）手下做事。雷瓦第一次與赫德爾見面時，赫德爾的職業生涯已經初見走下坡的趨勢。當時位列紅雀隊教練席的雷瓦告訴《匹茲堡論壇評論報》，他曾目睹赫爾佐格密切記錄對方球員揮擊紅雀隊投手投球的擊球點位置。赫爾佐格會用橘色鉛筆標注紅雀隊先發投手鮑勃·佛許（Bob Forsch）的投球進球點，用黑色鉛筆標注約翰·都鐸（John Tudor）的投球進球點。雷瓦後來學起了赫爾佐格，並接觸到了早期的移位防守思想。不過，不讓內野手自己做主，而且令內野手完全忽視自己的直覺來防守站位，雷瓦還是感到有些不安，但他清楚自己在「命令鏈」中的位置，得聽從上面的吩咐。

不安的不只雷瓦。赫德爾感到教練和球員大多也有這般感覺，可問題是，資料顯示，他們的直覺和主觀判斷一點也不準，根本預測不出投手投出時速不下九十五英里的球，打者擊出時速不下九十英里的球究竟會往什麼地方跑。活球轉化成出局的比例似乎完全遵循科學定律，自棒球運動誕生之後約一百三十年間，基本未變。大聯盟打者面對傳統防守陣型打擊率一直就在0.300左右。之前，雷瓦曾在某次比賽中依據一些經驗調整了陣型，但即使是那次，雷瓦也只從其傳統防守位置移了幾步遠。如今，雷瓦不僅奉命得撇開直覺，還得要求自己的內野手也這樣做。

赫德爾和亨廷頓希望雷瓦和他手下的球員按照一份具體的計畫行事，但該計畫會不會在賽場上使用，沒人敢打包票。譬如，華盛頓國民隊總教練馬特・威廉姆斯（Matt Williams）二〇一三年至二〇一四年非賽季期就許下重諾多用移防。他甚至請了新一類教練，即防守協調員，依據資料來調整防守陣型，多運用移防。其中一位就是馬克・魏德邁爾（Mark Weidemaier）。但二〇一四年，國民隊實際在比賽中運用移防的次數卻極少，倒數第二。球員不肯悖離傳統。雷瓦能說服他的內野手接受新思想嗎？由於缺乏溝通是威脅整個計畫能否得以施行的唯一障礙，因此前幾次會議關係重大。哪些新想法會在實際比賽中得以運用，還得由教練，而且最終由球員來定。

因此，全隊鍛鍊的第二天，雷瓦便把手下的內野手全召集到安靜的自助餐廳。自己坐在桌子一端，球員分坐兩側。演說資料遠在春訓期間頭幾次會議召開之前就已經準備好了。當時，聽了演說之後，雷瓦的思想有所轉變。現在，海盜隊必須要拿這些資料把其他內野手的思想也轉變過來。

「面對球員發言，什麼時候發言，怎麼發言，向來都至關重要。新東西，不同以往的東西，那就是改變，改變就容易生出爭議。」赫德爾說，「但是，我們可以把資訊如實展現出來，黑白分明，不留灰色地帶。展現給他們看，爲什麼這麼做有利。而要這麼做，我們又需要如何調整。」

雷瓦帶了一份依據資料寫成的情蒐報告，四月份安排內野手陣型，就打算以之做參考資料。他給球員看了老對頭辛辛那提紅人隊左打者傑伊．布魯斯（Jay Bruce）的一組統計資料，由於資料在試算表裡，不夠直觀，他還特地配了花花綠綠的圖片。雷瓦沒打算讀關於球場各個區域的一堆百分數，那樣只會起催眠作用。雷瓦是怎麼做的呢？布魯斯把滾地球拉打至內野右側的概率是揮擊至左側概率的九倍多。於是，雷瓦依據資料，做了一張圖，上面幾百條彩線都從本壘板出發，呈扇狀散開，到內野右側位置，而內野左側，線條則屈指可數。每條線代表各類球經打者揮擊後變成滾地球的路徑。看了此圖之後，如果要再反對「重兵鎮守」內野右側就難找到理由了。

福克斯和菲茨傑拉德得知前台部門和教練正在將他們推薦的防守陣型實際應用之後，他們便著手「大眾化」數據。因爲這些資料只有專業人士才能看懂，所以「大眾化」也就是把資料通俗化，好讓普通球員也能看懂。他們知道，如果把一堆數字原原本本公布出去，球員看不懂，也就不會買帳。他們二〇一二年曾在球隊會所與球員略有接觸，還曾與球員一起分析過錄影，知道圖片、影片之類直觀的資料，球員理解起來極爲迅速，也能加強記憶。這不無道理，尤其在贊同多元智慧理論的人看來。這是因爲棒球選手善於追蹤以時速九十五英里投出的球，在數毫秒之內判斷高飛球和平飛球的行進路線，所以視覺智力理應比普通人高。

在非賽季期，福克斯從眞媒體（TruMedia）買了一個分析平台，可以用它輕易把資料轉化成雷瓦展示的那種圖片。他和菲茨傑拉德興沖沖的做起了資料通俗化的工作。如果他們能完成這最後一步，令球員信服球隊走的路沒錯，那就有機會在球壇改天換地。

「我們做了大量資料通俗化，也就是視覺化的工作。」福克斯說，「如果他們能直觀看到這些資料，那麼接受我們的想法就容易得多，而且他們大概還會說：『嗯，看來並不出格。球是這麼來的，那就應該這麼打了。』」

這些基於資料的直觀情蒐報告不僅是布置防守陣型的重要依據，在比賽規劃的各個方面，也都有作用。舉個例子，假如海盜隊的投球教練雷·西瑞吉（Ray Searage）在研究對手球隊打者的打擊順序，發現三藩市巨人隊球星巴斯特·波西（Buster Posey）應付某一位置投來的某一類型球，揮擊十五次，無一次失誤，則用熱度圖（一種用顏色標區的圖）可以清晰而直觀的呈現波西強大和薄弱的地方。因此，利用眞媒體的工具，投手點幾下滑鼠，就可以篩選出該位置所投的球的影片，留待後用。每個系列賽之前，福克斯和菲茨傑拉德也會給球隊印一套直觀而切合實用的情蒐報告，供大家取閱。

雷瓦看布魯斯對陣尼爾・沃克（Neil Walker）、柯林特・巴默思（Clint Barmes）、佩德羅・阿爾瓦雷茲（Pedro Alvarez）、加比・桑契斯（Gaby Sanchez）等內野手的情蒐報告時發現，他的打擊特點已經有些年頭了。雖然二〇一二年他把滾地球擊至內野右側的概率是擊至左側的概率的九倍，但是從他整個職業生涯來看，這一數據相差更大，擊至右側的概率是擊至左側的十倍，大約兩千五百多個擊出的活球。

儘管如此，球員仍有疑問。他們心想，是的，資料很直觀，再清楚不過，但是，如果任由近半個內野無人防守，那打者會不會轉而專攻另一側呢？他難道不會調整嗎？畢竟人家是個大聯盟打者，他出個短打就行了。不過，教練人員解釋道，如果打者使出短打，那就意味著他放棄透過長打站上更多壘位的機會，這也使得他選擇放棄自己偏愛的打擊方式。教練還解釋道，由於揮擊面、揮擊路徑、揮擊角度，對本壘板外側的球，打者更容易把球打到地上，擊至其拉打側，也就是防守力量最強的地方；而且，投出的外角球被打到不習慣的一側，由於揮擊角度，更容易打到空中（因而容易接殺）。

對幾十萬個被打到場內的球的研究發現，幾乎沒有證據顯示打者改變其打擊風格的相關情況。依據以往的例子，即使是那幾個遭遇移防的左打者，仍舊把球拉打至右側，目的是打出全壘打，因爲球隊給他們薪水就是叫他們打出全壘打的，不是叫他們把球打出一壘安打的。「任他們改變方法吧！」有人對海盜隊說，任他們不用自己的特長。不過，訓練開始之時，有些人仍存疑慮。

這些會議之後數天，當時海盜隊還沒啓程前往布雷登頓城中心主場完成剩下的春訓任務，海盜隊各個內野手在海盜城基地的後方球場開始在不同以往的防守位置接起滾地球來。要使計畫得以進行，球員不僅得接受新觀念，還得重新建立神經反射和肌肉記憶。各內野手所站的位置，正是幾年前凱爾·斯塔克（Kyle Stark）用白漆噴奇怪的X記號的地方，只不過是給小聯盟球員標的。現在，站在記號上面的卻是大聯盟球員。

在其業餘球員生涯也罷，職業球員生涯也罷，這些內野手在老位置已經接過千千萬萬個滾地球。從球場某些特定位置扔來的球，他們已經習慣。然而現在，他們在熟悉新的位置、新的滾地球，以及新的投擲角度和距離。

海盜隊二壘手尼爾・沃克開始練習在一壘和二壘間靠近右外野防守區域處接滾地球，柯林特・巴默思則主要守在二壘後面，不過他的接球難度要大一點，因爲打出來的球常被跑者、裁判、投手的身子遮住，還可能被投手丘改變方向。三壘手佩卓・馬丁尼茲開始在傳統的游擊手位置練習接滾地球。爲對付右打者，球隊訓練巴默思接一個又一個打到六號位漏洞區深處的球，然後把球傳過球場，其傳球的距離是內野中最長的。訓練時，半個內野經常只留一個防守員，有時甚至一個也沒有。赫德爾和雷瓦相信，如果中間的內野手贊同計畫的話，其餘防守人員隨後也會贊同。

起初，沃克持觀望態度。他想看看其他人是接受新理念，還是拒絕、反駁新理念。他記得那年春季，自己看著巴默思的臉，問道：「你不是眞的要這麼做吧？」

所幸，海盜隊鎭守內野關鍵位置的是一名思想開明的球員。

對游擊手而言，球隊評估者首先想看的是他是否有強健的手臂，能否在其防守的漏洞區，即內野左側游擊手傳統防守位置和三壘手位置之間的區域把球傳出來。此外，球隊評估者們還想看看游擊手的橫向速度，看游擊手能否漂亮而快速的左右移動，看看他是否有靈活的手上動作，能像真空吸物一樣那般快速。可這些優點，巴默思一個也沒有。他步履速度不達精英水準，沒有敏捷的肌肉使他能夠立刻快速加速。他沒有亞特蘭大勇士隊游擊手安卓爾登·西蒙斯（Andrelton Simmons）一般精英游擊手的手臂，不過其手上動作能應付很多情況。這是他的一個先天優勢。

巴默思也明白，棒球這門運動還講究幾何學和時機。比起自己的隊友，他更清楚人員位置安排和角度的性質。明眼人欽佩巴默思的棒球直覺。直覺是與生俱來的，但棒球直覺不是。棒球選手生來就具備某些身體優勢，但所謂「直覺」，實際上是經驗，是經過反反覆覆練習而得來的東西。它從激烈而有意義的實戰建立出直覺喚醒記憶。要繼續當游擊手，巴默思就必須比其他游擊手更加了解游擊手防守位置的性質、在何處防守，以及比賽中的時機。因此，那年春季，當雷瓦第一次和自己的內野手湊在一塊兒，把「擊球噴射圖（spray chart）」（其中一張是海盜隊自己的擊球噴射圖，由福克斯和菲茨傑拉德繪製，直觀顯示了海盜隊對付各種類型投手時主要把球打到何處）發給大家的時候，巴默思毫不費力就看懂了，從心底開始擁抱這些資料。

「那些噴射圖很大。」巴默思說，「圖上所有（擊出的）球都可以看到。你可以看到有幾個球飛到了中間，但絕大多數球和線條都集中在某個特定的區域，然後你就想，『嗯，我得站在這個地方，這樣才有道理』。把這個東西畫在紙上，讓大家（直觀）看到太重要了。要說服那些還沒習慣新理念的兄弟更得靠這個。」

效力落磯隊時，脫穎而出的巴默思頭一回了解到棒球運動幾何學方面的門道。巴默思自認為，數年之前在落磯隊裡當小聯盟球員時，他就已經不完全遵循傳統了。當時他經常聽到兩句話：「注意投手丘上的人是誰……注意站在本壘板那裡的人是誰。」遇到己方的伸卡球投手對陣拉打型打者，巴默思會守在靠近三壘些的地方。為縮短從接球到傳球這一過程的時間，在額外的防守練習和打擊練習中，他訓練自己用反手接了無數的球。用反手接球的好處是，他不必先調整腳步再把球扔向一壘。對巴默思而言，他節約了寶貴的半秒。

「我在非傳統位置接球已經有很長時間了。這是我為什麼一直當游擊手的一大原因。我習慣向右移動，但對反手接球非常有信心。打到漏洞區的球以及中間的球我都能處理得很好。我會守在不同位置，以不同的傳球動作、不同的角度、不同的位置傳球。」巴默思說，「每天練，每天比賽，我已經找到訣竅了。主要還是靠肌肉的記憶，直覺反應。」

雖然起步速度、六十碼衝刺速度和手臂力量都比不上其他許多游擊手，但從高級防守指標來看，巴默思卻是行內效率最高的游擊手。二〇一二年至二〇一三年，巴默思的防守分僅次於布倫丹・賴安（Brendan Ryan）。防守分這一概念是BIS公司提出的，用於衡量防守隊員轉化成對手出局的球的數量與其同一位置的防守隊員相比，多出或低於多少。BIS公司追蹤了球被打到內野什麼地方，被打到的力度如何，並測量了防守員接到的球的數量，將之與游擊手的平均水準比較。從結果來看，巴默思是球員中的精英。二〇一一年賽季之後海盜隊之所以在自由球員市場看中了巴默思，主要是因爲這些統計資料。另一個原因是，他曾和赫德爾在落磯隊相處過，不僅尊敬，也信任赫德爾。

由於落磯隊主場庫爾斯球場（Coors Field）海拔高，加上落磯隊的人員組成，陣型顯得尤爲重要。該球場海拔超過一千五百米，空氣較爲稀薄，高飛球能飛更遠（更容易形成全壘打），不利於以製造打者打出高飛球而被接殺出局爲策略的投手，因此多年以來，落磯隊嘗試起用了多種類型的投手應付這個難題。巴默思在落磯隊時，落磯隊一直物色善於製造滾地球的投手，因爲在這個球場從來沒有出現過滾地球造成的全壘打。然而，空氣稀薄造就了乾燥的環境，意味著地面更硬，球滾動更快，因而縮短了內野手應付滾地球的反應時間和能照顧到的範圍。在各個大聯盟球場中，庫爾斯球場不僅出現的全壘打數量最多，而且穿過內野的滾地球數量也最多。巴默思不願再見到滾地球被右打者猛擊穿過內野，穿越他的右側防區。因此，碰到投手丘上是伸卡球投手，打擊區裡是右打者的情況，他就開始把他的游擊手防守位置向右移動。他握有大量的實戰證據，得益於此，二〇〇六年他幫球隊守住了二十五分，而到二〇一三年，當海盜隊推行全面移防理念時，他也很容易理解和接受。

然而，與他在落磯隊做的事情相比，二〇一三年海盜隊要他做的事情還是大有不同。跟許多球隊一樣，落磯隊並未在賽場上運用基於資料的防守理論。數據進不了落磯隊的大門。巴默思決定不在傳統位置打防守，多半是依據自己的研究發現，而且只用來偶爾對付幾個特定打者。現在效力海盜隊，情況大不相同了。

巴默思不願看到自己拿主意的機會減少，甚至被全部剝奪。海盜隊採用的移防將以資料爲依據，而且使用頻率極高。要實施移防策略，每個人都必須贊同每個投球計畫，不容許臨時違背計畫行事。這樣的要求，即使對巴默思這樣開明的球員也是個考驗。

「我覺得大家（在春季）都是非常開明的。但當時，我們並未意識到變化有多極端，直到參與進來，開始做的時候才發現。」巴默思說，「一個球員大調（防守位置）並不少見，可整支球隊大調防守位置的確罕見。」

雖然，海盜隊的內野手有時很難接受這新計畫，但最難接受的，恐怕還是海盜隊的投手。赫德爾清楚，最可能不服從新計畫的，不是內野手，而是投手。他認爲，把球員從傳統位置調到別處，留下大片內野無人防守，萬一偶爾有球跑到這個區域，他們看到難免抓狂。這樣一個球對防守員的傳統防守資料沒有不利，可投手會看到自己的自責分率、被安打數和可能被影響的未來收入。要各投手接受這點可是個大難題。

二〇一三年海盜隊公開防守計畫的時候，抵制力量主要是投手，他們習慣各防守員以相等間隔距離防守。放著大片內野無人防守似乎有違常理。精通數據的紅雀隊二〇一三年沒怎麼移防，原因之一就在此。該隊的投手想到移防就很不安。二〇一三年春季，海盜隊的工作人員也對此感到不安。

海盜隊中，最反對移防的是隊裡數一數二的一個球員——伯奈特（A. J. Burnett）。他是球隊裡有能力帶頭「謀反」的人。伯奈特三十六歲，身材高大，身體柔韌，有酷炫的髮型和漂亮的刺青，是隊裡的資深人士兼「一哥」。他面容冷峻，有時容易動怒，也常常藉此嚇唬記者和對手，是個有分量的人。

伯奈特入行多年，已經賺了不下一億美元，性格固執，想法不易受人左右。他曾接觸佛羅里達馬林魚隊（Florida Marlins），該隊教練人員很看重他，希望他能投第三種球——變化球，以更好對抗左打者。他沒答應。他只信兩種球，一種是他發出的時速九十多英里的快速球，另一種是在阿肯色州鄉下，他爺爺教他的彈指曲球。他從未改變握球方法，也從不覺得有投另一種慢速球的需要。馬林魚隊曾在他耳旁嘮叨，叫他投變化球，令他很煩，爲了給他們好看，某次比賽他開場就投了四十四個變化球，然後依舊我行我素。

對於完全不循傳統規矩的防守陣列，他是公開表示反對的一個。二〇一三年賽季某次在德克薩斯比賽，他不顧自己身處大庭廣眾之下，竟然公開表示鄙夷移防理念。當時，一個滾地球溜過內野左側，使得德州遊騎兵隊擊出一支一壘安打，得了一分。伯奈特見狀，怒叫起來，還衝著巴默思比畫，因爲他知道，如果用的是傳統陣列，這個球的結局就會是雙殺，從而結束這個半局。下場之後，兩人在球員休息區吵了很久，直至下局開始才停止。事後，伯奈特在球隊會所對一大群記者解釋道：「我跟柯林特．巴默思沒什麼過不去。我過不去的是那個移防！」

不過，那年春季，海盜隊的投手大多都把意見壓在心裡，沒有公開說多少不信任移防策略的話。可上了球場，看見球場半邊有一大幫人，另一邊卻跟沒人沒什麼差別，球員臉上就不由自主現出了疑惑的神情。

每次見到因爲移防而讓對方安打得逞，投手都不禁氣得抓狂，同時也往往就忘了移防把對方球員殺出局的次數。伯奈特是見此情景表現最爲煩躁的一個，他也是球隊裡最受年輕投手仰慕的前輩。他們都關注著伯奈特的一舉一動，準備隨時跟隨他的腳步。伯奈特會順從移防策略嗎？

海盜隊的教練不得不持續安撫投手，提醒他們，他們應該關注有多少投出的球轉化成了對方球員出局。「我認爲，剛開始，他們偶爾會四下看看（內野防守安排），之後就會說：『喂，等等。我們站的是什麼地方？』」赫德爾說，「這時，我們就只跟他們說：『你們必須經歷這個階段。』他們必須得信任，接受新理念。我們偶爾可能會遭遇挫折，但最後從整體看來，希望我們可以拿出實實在在的效果，讓大家看到用了移防，我們的球隊有多大進步。」

海盜隊的救援投手馬克・麥倫坎（Mark Melancon）的性格和脾氣與伯奈特截然不同，但對移防理念一樣也不敢苟同。在麥基奇尼球場和 PNC 球場都有一間錄影室緊挨海盜隊的會所。海盜隊鼓勵球員問福克斯和菲茨傑拉德問題，質疑他們的研究發現。和他們一起在電腦旁對著錄影螢幕次數最多的球員是誰呢？是麥倫坎。麥倫坎感覺，有許多一壘安打好像吃定了他，球被擊得很輕。他與海盜隊大多數投手不同，他投的是切球，這種球能躲避右打者的揮擊。麥倫坎暗想，制定移防策略是否不應拿打者的綜合噴射圖做依據，而應拿打者對陣某一特定投手的噴射圖做依據呢？問題是，研究這個，樣本太少。沒有幾個打者對陣同一投手的次數超過幾十次，對陣救援投手的次數就更少了。不過，麥倫坎倒是提出了一個好問題。由於麥倫坎的關切和好奇心，加上其他原因，福克斯和菲茨傑拉德開始深入研究。

他們建議的防守陣型綜合了每場全部打者和投手被打出來的球的趨勢。但對像麥倫坎這樣的非主力投手，福克斯和菲茨傑拉德在制定陣型建議時更看重投手被擊出之球的趨勢，而非某個特定打者打出來的球的趨勢。對於上場名單和打擊順序，他們也改進了相關建議。他們查看了海盜隊打者對陣對手十五位投手的情況，並根據當日對方先發投手的慣用手、速度、投球類型，提出自己進攻時的打者排序建議。透過自下而上的這種交流，資料和建議都有所進步和改進。分析師並非只管自己選個領域研究，然後交出研究結果。球員也可以問問題，給球隊帶來改變或讓分析師研究出有趣的資料結果。新舊兩派的這種交流不僅證明兩派可以和睦共存，更可以相互拉拔。福克斯歡迎球員質疑他，也喜歡藉此與球員交流，因爲這種交流有助於自己發現新的研究課題或捨棄某些研究課題。

「春訓期間是個很好的機會。你坐在錄影室裡，看見球員進進出出，就可以直接問他們：『嘿，像這方面你怎麼應付？』球員一般都十分樂意與你分享他們掌握的資訊。」福克斯說，「透過春季這類談話，我們了解到一些不同的有用資訊，並將之融合成情蒐報告和針對其他球隊的（比賽策略）建議。」

赫德爾知道，那個春季，大家心中有一堆疑問，所以，請福克斯和菲茨傑拉德伴在左右，也有這方面的考量。他承受不了球員「造反」及不服從計畫的後果，起碼現在承受不起。這是他最後一次翻身的機會。

他不時想起埃爾南・科爾特斯（Hernán Cortés）的故事：當年，這名西班牙征服者抵達新大陸海岸之後，下令燒光了輪船，藉以激勵手下，別無選擇，唯有勇往直前。讓人別無選擇，這也是避免球員「謀反」的一個辦法。赫德爾希望球員明白他們這麼做的原因，正因如此，這個春季給球員展示的資料編制得相當講究。但他也認識到，球隊還需要別的動力，球隊不能走回原來的老路，那些不成功的老路。投手要麼接受，把球投到指示的位置——後面幾章會詳細論及——要麼抵制計畫，眼睜睜看自己的自責分率和被安打數拉高，而對方打者卻因對面場地無人鎮守而占便宜。海盜隊的內野手明白，如果抵制移防，則不僅等於無視大量難以辯駁的資料，還要因爲自己投手採用的確定的投球策略，而讓對手擊出安打。赫德爾已經破釜沉舟，再無退路。

## 第六章

# 賽場移防

春訓是催生新希望之時。這位球員或許能再現當年之勇，那個候選球員或許能一鳴驚人，或許今年能有個好局面。但連續二十年來，如果一位球迷對海盜隊的希望和信心仍然只增不減，那別人要說他是傻瓜了。二〇一三年三月末，海盜隊春訓結束，辭別布雷登頓的豔陽和海灣的微風，前往天氣難測的匹茲堡。四月一日開賽日當天，陣雪不斷。與春訓期間的溫暖天氣相比，這裡顯然是另一個天地，似乎暗示三月間帶來的希望和美好願望至此幻滅。掌管天氣的諸神似乎在告訴海盜隊：「歡迎回到現實之境。」現在是時候奮力一拼了。對球隊裡許多人而言，這是翻身的最後機會。

不過，海盜隊裡，上至管理階層，下至球員，沒有一個人知道這個賽季會怎樣結局。球隊的移防方案會起作用嗎？翻身基本光靠阻止對方得分，也就是海盜隊即將實行的方案，聯盟裡還沒有先例。海盜隊知道，他們是在當小白鼠。多年以來，像海盜隊這樣財力不夠雄厚的小市場球隊很吃虧，因爲挑球員一旦看走了眼，代價不堪承受，而且他們也不像洋基隊、波士頓紅襪隊（Boston Red Sox）、道奇隊那樣能吸引到明星球員。於是，海盜隊打算轉而採用移防策略，以圖占點便宜。

有比賽的日子，赫德爾最喜歡的時間是投出第一球的前三十分鐘。那個時候，他喜歡去球員休息區，獨自坐在那兒，看著完美無瑕的球場，線條重新刷過，場地用水灑過；他喜歡看著人群魚貫進入球場，個個興高采烈；他喜歡一切都有可能的狀態。開賽日當日，人人顯得精神奕奕。這天是球票難得在匹茲堡一日賣完的日子，也是這座城市難得把對城中球隊的不滿拋諸腦後的日子。第一個球投出之前，匹茲堡人無不滿懷期待，欣喜萬分，煩悶釋然，因爲熬完賓夕法尼亞州西部的嚴冬，他們終於可以享受一下戶外運動的樂趣了。這賽前短短的時間裡，動感的音樂從音響傳出震天作響，烤肉的香味飄逸四散，賣啤酒的趁著觀眾入場，叫賣啤酒。天氣寒爽，赫德爾也來了一杯，心裡盡量不去想這是不是他最後一次以總教練身分觀摩開賽。

開賽幾小時前，雷瓦在狹窄的錄影室和幾位內野手開了個會，告訴他們，對付小熊隊的打者，他們應該在什麼位置防守。大家看了預測小熊隊開局打擊順序的重點；雷瓦拿出了資料，說明防守位置爲何要如此安排。雷瓦把自己系列賽之前所持的資料複印出來，給每個球員都發了一份。他給大家看了小熊隊主力球員的擊球噴射圖，對陣海盜隊今天先發投手伯奈特的擊球噴射圖，及對陣其他類似伯奈特的右投手的擊球噴射圖。其中，小熊隊一壘手安東尼·裡佐（Anthony Rizzo）是位慣用左手的拉打型打者，其噴射圖最爲引人矚目。圖上，內野左側線條寥寥無幾，右側則猶如全國廣播公司的孔雀標識，從本壘板出發的線條多不勝數，顏色深淺不一。顏色有標號，代表滾地球落於標號所示區域的頻率。裡佐打到地上的每個球跑到內野右側的概率都極大。

會後，球員各自回到儲物櫃，取了手套和球棒，開始打擊練習。現在，赫德爾和雷瓦得等好幾個小時看到投手投出第一個球後，才能看看球員是否確實按雷瓦給他們看的陣型防守。

PNC 球場主場球隊的休息區在三壘線後面，比球場低四英尺，有台階相連。赫德爾坐在海盜隊休息區的老地方，想看看試驗效果如何。爲防止平飛球擊傷球員和教練，休息區四周圍了一層三英尺高的尼龍護網，下邊接地。護網妨礙視線，從休息區凳子上看球場情況不很清楚，於是，赫德爾去了休息區離本壘板最近一角最高的台階。他雙手抱胸，倚在護網欄杆上一層薄薄的綠色襯墊上。在那裡，球場才看得清楚。一場比賽一般三個小時，他就都站在那裡嚼口香糖，沒離開過。他嚼口香糖的嘴巴幾乎沒歇過，好事者見狀，竟然在推特網站上用「#ClintHurdlesGum」作用戶名創建了一個帳號。嚼口香糖是他觀看球賽時的標誌，但這年開賽日，他嚼口香糖或許多半是因爲緊張，他站在那裡想：他們會改變防守位置嗎？內野手會接受陣型計畫嗎？

第一局上半局，解說員介紹該賽季第一名打者，左打者大衛・德赫祖斯（David DeJesus）時，赫德爾目不轉睛的盯著自己的內野手。他們會用移防策略嗎？他們會調整防守位置嗎？他們會「造反」嗎？當他看見游擊手巴默思移向他的左邊，赫德爾終於鬆了口氣。

巴默思帶頭靠近了二壘些，沃克隨即效仿，向右外野邊線移動，到了右外野的更深處。巴默思最後所處的地方緊靠二壘左側。他們所用的固然不是特德・威廉姆斯移防——此種移防須有三名內野手在二壘一側防守——但已大大調整陣列。然而，幅度還是不夠大。兩名打者打擊之後，伯奈特投出的球被裡佐擊成了一個老高的高飛球，越過中外野護牆，成了一支全壘打，同時使得憑藉一支安打上壘的斯塔林・卡斯楚（Starlin Castro）也返回本壘。小熊隊開始就以二比一領先，有了這個基礎，該隊先發投手傑夫・山馬茲亞（Jeff Samardzija）輕鬆完成了他的三勝一敗的勝投戰績。

球迷大爲掃興，嘴裡邊嘟噥道：「還是老樣子。」在陰沉的天底下，冒著寒冷，紛紛魚貫步出 PNC 球場。雖然開局不利，但好歹海盜隊的內野手移防了。他們順從雷瓦的指令，按計畫行事，看計畫能否奏效。現在，海盜隊只需一點證據，得到一點獎勵，證明他們奇怪的防守陣型有作用。他們馬上就可如願以償了。

休息一天之後，日子到了四月三日星期三。當晚天氣也很寒冷，海盜隊又上陣了。所有打者的手凍得發麻，揮棒擊球，必定感覺好像打在石頭上。海盜隊先發投手萬迪・羅德里奎茲（Wandy Rodriguez）在前六局裡未丟一分，安德魯・麥卡琴（Andrew McCutchen）和斯塔林・瑪律特（Starling Marte）則擊出多支打點安打，令海盜隊在進入第九局上半局時已經以三比零領先。觀眾台上，一半座位已經空著，剩下的人似乎凍僵在座位上。就在這時，本局第一位打者裡佐走上了打擊區，他的對面是海盜隊的新救援投手傑生・葛瑞裡（Jason Grilli）。巴默思又站到了二壘右側，沃克則走到他傳統防守位置右側二十英尺外的地方，然後後退幾步，站到了接近右外野的草坪邊。沃克站的位置非常好。

裡佐擊出的滾地球彈跳了一下，跑到沃克的左側。沃克一下子把球接住，扔向一壘，裡佐出局。這只是整個賽季中短短的一幕，卻第一次讓海盜隊隊員看到了移防的作用，增強了信心。如果沃克守的仍是他以前的位置，那裡佐必定安打成功，上了一壘。

「你是個居中的內野手，可某些時候，你感覺自己在一個無人區，」談到移防時，沃克說：「在這個地方接到球的時候，你有點不知自己在哪兒，感覺怪怪的。」

誠然，有些球隊運用移防對付某些力量型左打者已經有些年頭了，可是這個賽季，海盜隊開始針對幾乎每個左打者，也針對不少右打者，使用不同程度的移防。不管對陣哪位打者，海盜隊所用的陣型都與傳統陣型略有不同。這個賽季頭一個月就有大量證據顯示，移防使得許多打者被接殺出局。

「（移防有效的）例子多得你都懶得數，」赫德爾說，「賽季之初，有二、三十個叫人大開眼界的精采片段。什麼片段呢？球擊出之後，大家都認爲這下肯定沒法把打者接殺出局，可偏巧有個球員守的位置剛好。我現在仍然跟大家說，在我打球的那個年代，一個打到中間的強勁的滾地球，十有八九能成安打。現在呢，這個概率大概只有十分之二，眞是時移世易。有時，人要跟著棒球變，否則就落伍了。」

四月十日對陣亞利桑那響尾蛇隊（Arizona Diamondbacks），巴默思守在六號位深處，跟他以往守的游擊手位置相比，離三壘更近，沃克則幾乎轉到了二壘的正後面。海盜隊所用的並非特德．威廉姆斯移防——該移防須有三名內野手守在二壘一側——但仍與傳統防守陣列大不相同。海盜隊的防守陣型是依據具體打者而相應調整。打者開始擊球之前，海盜隊的內野手已經各就各位，對付不同的打者，其所用陣型絕不相同。響尾蛇隊強棒保羅・葛爾德史密特（Paul Goldschmidt）猛把一個滾地球擊至三壘游擊間深遠的位置，若是傳統陣列防守，這個球肯定變成安打，可這回巴默思正好就在那裡，被他守住，球傳到了一壘。

「內野手私下相問：『我們爲什麼要把四號區域（一壘手和二壘手傳統防守位置間的區域）和整個右側放著不管，任由右打者占便宜？我們爲什麼讓沃克站在正中間，那樣不是有時讓對方輕易拿分嗎？』這些情況，有時眞難一時令人接受，」巴默思說，「畢竟，別人也是大聯盟打者。他們可以用球棒較細處輕輕擊球，讓球穿過四號區域的防守漏洞而得分。我們爲什麼要給他們占這樣的便宜？」

不過，爲什麼要這樣做很快就明瞭了。

賽季之初與底特律老虎隊交鋒，左打者唐・凱利（Don Kelly）擊出了一個威猛的滾地球至內野中間。一百多年來，這樣的球一般會成一壘安打，然而那次沒有。巴默思正好守在那裡。他一把接住，持球觸二壘，來了個封殺出局，把球傳向一壘完成雙殺。有了這樣的經歷，海盜隊更加堅定實施移防的計畫。但海盜隊堅定信念，也非全因爲這些經歷。

海盜隊工作人員中，一位白髮教練與其他不同，他的角色有點像分析團隊和其餘人員的聯絡官。戴夫・傑斯（Dave Jauss），五十五歲，藍眼深邃，胡茬花白，看起來與其他教練並無不同，但卻從未進大聯盟打過球。傑斯是《芝加哥論壇報》（*Chicago Tribune*）一名體育記者的兒子，畢業於安默斯特學院，獲該校心理學學位，後又取得運動管理學碩士學位。他曾是安默斯特學院棒球隊的領導人，後來效力蒙特利爾博覽會隊，在丹．杜奎特（Dan Duquette）手下長期擔任教練和小聯盟評估人，並在此期間結識了亨廷頓。傑斯向菲茨傑拉德建議，每個系列賽之前，除了給球員基於資料的情蒐報告之外，還輔以近期的實戰案例，證明資料在比賽中確實有用。讓球員接受移防計畫，這個重要的建議功不可沒。

由於旁證愈來愈多，不僅球員開始相信移防有用，受二十世紀棒球思想培養出來的教練也開始相信了。六十歲的雷瓦一九七八年開始任職教練，當時效力阿帕拉契聯盟（Appalachian League）詹森城紅雀隊（Johnson City Cardinals）。他對《匹茲堡論壇評論報》說：「我當年來海盜隊的時候，你可以認爲我是老一派棒球人。但是，數字不會撒謊。二〇一二年上半年，我參考了上一年從資料人員那裡拿來的百分之五六十的資料。（二〇一三年）這個比例上升至將近百分之百。」

二〇一三年，海盜隊使用移防的次數增加了將近五倍。像棒球這種保守的運動，往往抗拒變化，如今海盜隊能做如此變革，可以說已經驚世駭俗了。二〇一一年，赫德爾任海盜隊總教練一年，海盜隊移防八十七次；二〇一二年稍多，移防一百零五次；到二〇一三年，移防次數則陡增至四百九十四次。次數一年之間增加如此之大，棒球界前所未見。

就在幾年之前，也只有釀酒人隊和光芒隊一個賽季移防超過一百次。海盜隊使用移防的次數從之前的倒數第三名突然上升到二〇一三年的第六名，得益於此，該年賽季頭一個月以勝結束。四月末，海盜隊的比分是十五比十二，仍然立於不敗之地。借助移防把對方球員殺出局的例子愈來愈多，移防計畫愈來愈被內野手接受。對於頭一個月中的一些案例，他們非常關注。五月，海盜隊又獲大勝，移防有效的證據層出不窮，還有球員的實際案例做佐證。

海盜隊總體成績陡然提升，主要歸功於防守隊員各個把打出來的球轉化成對手球員出局的效率大增。根據 BIS 公司的數據，海盜隊二壘手尼爾・沃克二〇一二年守住-4分，二〇一三年守住+9分，相隔僅僅一年，差別竟有13分，相當於贏1.3場。此一巨大進步其實完全是靠守住更多活球。與二〇一二年相比，沃克二〇一三年在二壘手傳統防守區域之外的區域多勝了三十二段比賽。由於防守位置調整得當，三壘手佩德羅・阿爾瓦雷茲（Pedro Alvarez）也有很大進步：二〇一二年使得海盜隊丟5分，二〇一三年則幫海盜隊守住了3分，而且儘管參與比賽的時間長短未變，卻較二〇一二年多打了七十一個局面防守。一壘手加勒特・瓊斯（Garret Jones）二〇一二年丟了5分，二〇一三年提高到了聯盟平均水準，也就是沒丟分，不過也沒守住分。儘管游擊手柯林特・巴默思由於受傷和新手球員喬迪・默瑟（Jordy

Mercer）出現，少打了四百局，但在傳統防守區域外打的局面數未變，而且守住的分數總量也未變。換言之，他的防守效率也有提高。

同時，海盜隊也調整了外野手的防守位置，只不過幅度不大。海盜隊中外野手安德魯·麥卡琴（Andrew McCutchen）二〇一二年丟5分，二〇一三年守住7分，同樣有進步。凡此種種，無異於多贏了場數，而球員未變。

「我認爲今後棒球比賽會普遍運用移防。」二〇一三年賽季之後沃克預言說，「但如果你問我什麼時候普及，勢必需要時間，因爲大多數人不願痛痛快快接受它。」

但情況發展之快，遠超過沃克意料。

當年棒球比賽移防次數總計是兩千零一十四次。棒球界使用移防的次數激增，原因之一當然是不少球隊看到海盜隊因年度移防使用次數陡增，防守水準大有改觀。根據BIS公司的資料，二〇一三年度移防的使用次數總計爲七千四百六十一次，而至二〇一四年七月一日，該年賽季剛過一半，各支球隊使用移防的次數總計已達到八千八百次。該公司的資料顯示，二〇一四年，各支球隊總共移防一萬三千二百九十四次，幾乎是二〇一二年四千五百七十七次的三倍！由於既可以多守住分數，又不用多支出一分錢薪水，贊同移防理念的球隊愈來愈多。

聖路易斯紅雀隊二〇一三年沒怎麼採用移防策略。談及原因，該隊經理邁克・馬瑟尼（Mike Matheny）說移防令自己的先發投手感到不舒服。但現在，紅雀隊已對外宣布將逐漸在大聯盟增加移防頻率。

「我們採用過移防。而且我們會繼續使用移防，因爲大家愈來愈了解它。」馬瑟尼說，「統計資料揭示的東西或許不全面，但它們不會撒謊。」

二〇一三年，與思想保守、排斥移防的落磯隊相比，注重移防的坦帕灣光芒隊被安打數較之少兩百三十個。重用移防的釀酒人隊被安打數比抵制移防的費城人隊少一百五十四個。折算一下，相當於一場少被安打一次。這比例看起來微不足道，可是棒球界已愈來愈注意到，安打疊加影響分數，分數疊加影響獲勝場數。二〇一三年賽季之後，辛辛那提紅人隊撤掉了抵制棒球資料統計分析學的總教練達斯迪・貝克（Dusty Baker），改任布賴恩・普萊斯（Bryan Price），因爲他思想開明，更願接受移防和資料分析。

太空人隊自傑佛瑞・盧諾（Jeffrey Luhnow）接任總經理之後，大力革新，已建立行內一流的資料分析部門，而且二〇一四年在移防次數上也創下了紀錄。

從棒球界的整體水準來看，到二〇一三年，打出來的球被轉化成對方球員出局的比例比二〇〇七年上升了1%，相當於一個賽季少了兩千五百四十個跑者。這些數字使得移防迅速風行起來。

根據 BIS 公司公布的資料，二〇一三年至二〇一四年，各支球隊使用移防次數增勢如表6-1所示。

**表6-1　各支球隊使用移防次數增勢**

| 球　隊 | 2013年 | 2014年 |
|---|---|---|
| 太空人隊 | 496 | 1341 |
| 光芒隊 | 556 | 824 |
| 洋基隊 | 475 | 780 |
| 金鶯隊 | 595 | 705 |
| 藍鳥隊 | 249 | 686 |
| 海盜隊 | 494 | 659 |
| 釀酒人隊 | 538 | 576 |
| 皇家隊 | 386 | 543 |
| 白襪隊 | 73 | 534 |

| 球隊 | 2013年 | 2014年 |
|---|---|---|
| 印地安人隊 | 312 | 516 |
| 紅襪隊 | 478 | 498 |
| 游騎兵隊 | 355 | 490 |
| 運動家隊 | 311 | 488 |
| 雙城隊 | 84 | 478 |
| 水手隊 | 261 | 411 |
| 紅雀隊 | 107 | 367 |
| 巨人隊 | 149 | 361 |
| 天使隊 | 249 | 357 |
| 小熊隊 | 506 | 316 |

BIS公司的約翰．迪萬說：「棒球這行裡，如果一支球隊用了什麼而且奏效，別的球隊也就會去嘗試……移防次數（二〇一三年）增長了不少。我們的分析結果也顯示，移防具有價值。」

然而，仍有部分球隊抗拒更為高明的防守陣列。二〇一四年賽季頭一個月，落磯隊沒有用過一次移防。費城人隊和聖地亞哥教士隊（San Diego Padres）也不願背棄傳統，結果二〇一四年他們的表現極差。

正當多數球隊在奮力追趕光芒隊、釀酒人隊、海盜隊等重用移防的球隊時，先進的資料分析團隊已經在利用下一代的移防策略了。二〇一四年對陣紅雀隊，首個系列賽中，海盜隊不僅根據每個球員移防，而且根據每次投球移防。譬如，紅雀隊三壘手馬特·卡彭特（Matt Carpenter）是位厲害的巧打型打者，對付他，海盜隊的內野手幾乎不停調整防守位置。在卡彭特不同的報數趨勢下——打者單次出場的壞球和好球數的趨勢——海盜隊不斷調整防守陣型，起先安排「重兵」鎮守內野某一側，配合某次投球，然後某次投球，又回到較為「老實」的陣列。

「還有很多東西有待挖掘。」約翰·迪萬說，「即使移防最為積極的球隊移防頻率還是不夠高，這是其一。此外，還有其他因素非常重要。比如，壞球好球報數。如果報數有利打者，則幾乎每個打者都會成拉打型打者；反過來，如果報數不利打者，則幾乎每個打者都會成非拉打型打者。這非常重要。還有投球類型。二壘手和游擊手須讀懂來自捕手的信號。如果是個快速球，被拉打的可能性就較小。這是基本常識，但並非各個球員都會讀來自捕手的信號，在心中預測球會去哪。我認爲，我剛剛講的有些方面，部分上進心特強的球隊已經在開始著手做了。」

二〇一四年，海盜隊也開始了積極調整外野手防守位置，左外野手斯塔林．瑪律特就有時守在距左外野邊線三十英尺的位置，調整幅度極大。

然而，比起內野移防，外野移防顯得較難以實施些。如果你看到內野某區域擊出之球的資料群集，你會發現那些球多是滾地球和短的平飛球：他們的擊出速度相近，而且不是在地上滾，就是離地面很近。但在外野，找出最佳防守位置就要困難些，因爲資料群集中，打出來的球的運行軌跡、滯空時間、速度都不相同。此外，確定最佳防守位置還須計算外野手的防守範圍、球場的大小。

「外野移防對我們來說要難一些，因爲你看到的資料群集並不一定對優化外野防守有多大作用。」菲茨傑拉德說，「對於外野的球，你可能看到左中外野的球的群集很大。但是，雖然我看到左中外野有十二個球，意義更大的卻可能是順著邊線跑的球（因爲它們可能變成製造更多上壘的安打）。」

海盜隊分析師利用圖畫直觀的優點，在上面標識出各類活球的區域和建議外野手防守的位置。對此，菲茨傑拉德說：「這樣非常直觀，球員一眼就看得明明白白。」

辛辛那提紅人隊強棒喬伊・沃托（Joey Votto）是業內最理智、最可怕的打者。不過，海盜隊發現沃托的高飛球具有明顯特點。輪到沃托擊球時，海盜隊便派瑪律特守在左外野邊線附近，擺出一副對付重度拉打型右撇子打者的架勢。

「外野移防有作用，我因此丟掉了很多安打。我丟掉的安打比得到的多，」沃托說，「海盜隊移防總是很狠。好多次……球被我擊至左外野，順著左外野線跑……本來一般都會成爲安打，但遇到海盜隊，最後卻成了我出局。海盜隊現在很能防安打。」

大數據引發的一個後果是，球隊大多偏重防守，因爲湧現的棒球大數據多用來研究如何防止對方球隊得分。移防風靡、移防頻率增加、情蒐資訊品質提高，這三者與進攻效率日漸下降都不無關係。移防與三振出局次數增多已經危及傳統的打擊率標準，而且影響到得分環境。二〇一三年，大聯盟的打擊率已降至0.253，是自一九七二年以來的最低水準。此前數十年，0.300的打擊率一直是衡量一名打者是否優秀的黃金標準，如今，這一標準已經大不如前了。

打擊率下降也與三振出局率有關。爲把移防的效用分離開來，不妨看看活球打擊率。二〇〇六年至二〇〇八年，大聯盟活球打擊率徘徊於0.303至0.300之間，與歷史水準相近。然而，活球打擊率二〇一一年降至0.295，二〇一三年降至0.293。降低十個點，看起來不算什麼，可卻相當於傳統防守陣型之下可以擊出的幾百個安打變成了打者出局。

大數據致使得分下降最確鑿的證據在記分板。單個球隊每場平均得分，二〇〇六年爲4.85分，自此之後，每年下降；到二〇一三年，已降至4.2分，爲一九九二年以來的最低水準；二〇一四年降勢依舊，降至每場得4.07分，爲一九八一年以來新低。大聯盟的打擊率也從二〇〇六年的0.269開始年年下滑，到二〇一四年，已降至0.251。雖然局面如此，但其實，大用移防的球隊只有四分之一左右，包括移防領頭羊海盜隊。海盜隊以及同樣重用移防的釀酒人隊和光芒隊，可謂一時出盡風頭。

二〇一三年春，海盜隊就發現移防確實奏效。該隊大獲成功，引得二〇一四年大量球隊紛紛效法。然而，如果赫德爾要保住工作，亨廷頓和福克斯要繼續留在前台部門，海盜隊光靠巧妙的安排防守員的防守位置還不夠。

# 第七章

# 失人失心

二〇一二年，海盜隊優秀投手從缺，因此用好幾位前程看好的候選球員——包括羅比·格羅斯曼（Robbie Grossman）、科爾頓·凱恩（Colton Cain）（亨廷頓曾許諾，如果兩人能獲選拔，可得一百萬美元津貼）——做爲交換條件，從太空人隊那裡換來了慣用左手的資深投手萬迪·羅德里奎茲（Wandy Rodriguez）。羅德里奎茲簽的合約，期限是兩個半賽季。海盜隊指望他在二〇一三年能成爲海盜隊投手輪換表中一股穩定球隊的力量。海盜隊中，除伯奈特之外，羅德里奎茲是唯一一位在單個大聯盟賽季中投了兩百局的投手。之前四個賽季，他每個賽季至少在一百九十一局比賽中擔任投手。

二〇一三年六月五日下午，天氣宜人，在佐治亞州亞特蘭大透納球場（Turner Field），海盜隊的前景變得渺不可測。輪到羅德里奎茲第十四次投球時，他投了一個快速球。球好像是從他手上溜出去的，飛得很高，是個內角球，朝左打者弗雷迪·弗裡曼（Freddie Freeman）奔去，擊中了弗裡曼的肩膀。羅德里奎茲投球極少有偏差，投出這樣一個怪球，實在很不尋常。他用戴著手套的右手向教練和替補球員休息區比畫示意，請教練過來，他們一看就明白了羅德里奎茲比畫是什麼意思。第一個到他跟前的是羅素·馬丁。當馬丁走到投手丘時，羅德里奎茲指了指自己的左肘，嘟噥了兩句。第二個到他跟前的是海盜隊訓練員陶德·托姆奇克（Todd Tomczyk）。他衝到球場中央，兩旁全是灰色球衣，因爲海盜隊的所有內野手都已圍了上來。羅德里奎茲又抬了抬自己的左肘。托姆奇克看了看，問了羅德里奎茲兩句，然後與他一道走下球場，朝海盜隊的球員休息區走去。隊友們在球場中央剛剛看了羅德里奎茲，個個滿臉愁容，表情凝重。球員和教練都清楚，投手肘痛，一般絕非小事。果不其然，那次成了二〇一三年羅德里奎茲最後一次投球。

海盜隊近年飽受球員傷痛困擾，羅德里奎茲的肘傷不過是其中一例。就在三天之後，先發投手金馬·高梅茲（Jeanmar Gomez）由於右前臂扭傷，也得退出比賽。高梅茲是從救援投手中選出的長中繼投手，參賽不滿一年，原本是來替代五月一日因肩部扭傷而入傷患名單的先發投手詹姆斯·麥克唐納（James McDonald）的。麥克唐納二〇一二年上半賽季表現非凡，但下半賽季卻和整個球隊一樣，不盡如人意。二〇一三年四月下旬，他的肩膀開始發出異響，速度和表現隨後便急轉直下。跟羅德里奎茲一樣，他也未能參加剩餘賽季的比賽。

令海盜隊雪上加霜的是，賽季之初，海盜隊比賽日投手輪換表中的另一名投手喬納森．桑契斯（Jonathan Sanchez）由於表現極差，四月三十日離開了球隊。短短三十五天，海盜隊比賽日投手輪換表中的投手就損失了60%，外加他們的首位儲備先發投手高梅茲。

海盜隊深陷危機。

球員傷病這種事，他們承受不起，也無法控制。他們可以設計無懈可擊的防守計畫，從自由球員市場上找出最具隱藏價值的球員，他們的前台部門和教練人員可以拿出各種好方法，但是，如果太多主力球員因傷病或表現奇差而離開球隊，那這些又有何用。除了球星安德魯．麥卡琴之外，先發投手輪換表中哪怕再有一個人受傷，海盜隊就沒希望了。

因此，海盜隊要取得好成績，就絕不能出半點差錯。賽季將近開始時，海盜隊的球員薪水資金只有六千六百萬美元，排名倒數第四，更慘的是受傷的投手又得分享近兩成，令海盜隊不堪重負。海盜隊簽合約不能簽走眼，也沒法去請明星自由球員幫自己洗掉霉運。失去一名球員之後，海盜隊通常只能著眼球隊內部，看有什麼方法，無力向外乞援，而他們又急切需要幫助。

羅德里奎茲受傷當晚，海盜隊以零比五敗給勇士隊，連續第三次輸賽。此時，海盜隊已在國家聯盟中部賽區（National League Central Division）落後於聖路易斯三場半、落後於紅人隊一場。海盜隊賽季開頭兩個月成績喜人，六十場比賽，贏了三十五場，令許多觀察人士大感意外，但是，如今球員負傷退賽，這美好的故事不知還能否繼續下去。或許，海盜隊的好賽績只是曇花一現？

除了球員受傷之外，還有一個問題困擾著海盜隊：匹茲堡人對海盜隊的興趣一日不如一日。二十年來，球迷的信任被海盜隊的差勁表現一層一層剝離殆盡。雖然賽季之初表現良好，但頭兩個月，PNC 球場的觀眾席一半都是空的。上層一大片深藍色座位依舊空無一人。在許許多多匹茲堡人看來，海盜隊開頭兩個月的勝利不過是走運而已。前兩個賽季，匹茲堡人被海盜隊「耍」了一回：兩個上半賽季成績都不俗，然而到了下半賽季，表現一落千丈，結果以連續第十九、二十賽季未能進入季後賽收場。雖然海盜隊認爲自己找到了或許能扭轉乾坤的玄機，還擁有防守計畫和新的自由球員，但是他們不能把這些東西公開，否則就不能出「敵」不意了。雖然海盜隊到處散播他們的計畫，但由於計畫所涉及的很多東西沒法簡單觀察出來，別人也不會認爲有什麼了不起，額外多在這裡多接一個球，額外在那裡多把某個壞球變成好球，遠不如花天價簽下一個強棒或王牌投手那樣引人矚目。海盜隊發現的價值，棒球記錄卡沒有印，也沒法借廣告牌四處張揚。海盜隊盼望多勝幾場能提高上座率，但球迷還是不買帳。

近二十年來，海盜隊的許多老闆都不信增加開支就能令球迷前來觀賽。球迷難再信任海盜隊，這一點從一九九〇年觀賽人次兩百萬降至一九九五年觀賽人次二十萬可看出端倪。近二十年來，觀賽人次唯一一次超過兩百萬的是在二〇〇一年，也就是PNC球場啓用的那個賽季。若不是一九九八年最後關鍵時刻簽下一份融資協議，保證匹茲堡北海岸（North Shore）將建一座新體育場，棒球可能就要跟匹茲堡再見了。自從二十世紀八〇年代末至九〇年代初以巴里·邦茲（Barry Bonds）爲「一哥」的球隊解體之後，球迷對海盜隊的喜愛就開始迅速降溫。許多事似乎一次又一次提醒海盜隊的各位老闆：匹茲堡是美式足球之城，即使不是美式足球之城時，也是冰球城。

雖然鮑勃·納廷（Bob Nutting）只當海盜隊老闆幾年，球隊接年輸球跟他沒多少關係，但在大眾看來，他對其他投資專案更感興趣，譬如他的七泉山莊（Seven Springs Mountain Resort）。這個山莊經常被當地的體育脫口秀廣播節目提到。球迷戲言，納廷沒把錢花在球員身上，看來一定拿來買滑雪纜車了。海盜隊管理階層常說，小市場球隊有小市場球隊的局限，但大家似乎沒聽過鋼人隊和企鵝隊找類似藉口，雖然美國職業美式足球聯盟和國家冰球聯盟爲促進平等，設有球員薪資上限。球員意識到，納廷不會花大價錢去換重量級球員或請有分量的自由球員。甚至長期持股較少的老闆傑伊‧盧斯蒂格（Jay Lustig）也懷疑納廷絕不肯拿足夠的錢出來支持球隊，令海盜隊再現雄風。於是，盧斯蒂格二〇一二年賣掉了自己所持的海盜隊股份。二〇一三年四月，盧斯蒂格在接受《匹茲堡論壇評論報》採訪時說：「如果你是一支小市場球隊，你想贏，就必須捨得花錢……納廷的問題是，他是一位理智的老闆，可棒球不是一門講理智的生意。很多人說，納廷是個小氣老闆，這一點也不對。他分配資金很有分寸。他希望我們能多掙些錢，避免出現財政赤字。」

「那我和納廷兩人性格上有衝突嗎？當然有。我找他談了一次又一次，力圖說服他現在最好找個肯接手又捨得花錢的億萬富豪，把球隊賣出去，看這樣球隊能否轉輸爲贏，揚眉吐氣。但是納廷跟我說，他爺爺有遺訓，傳給了他爸，他爸又把他爺爺的遺訓傳給了他。什麼遺訓呢？那就是他們納廷家族的家產，永遠也不賣出去。我就感覺是不是我太老了，我不知道這個永遠是多久。」

大眾的信心後來又因爲兩件事受到進一步考驗。第一件，海盜隊奉命按海豹突擊隊訓練方式訓練的事遭曝光，使得海盜隊管理層的工作能力大受質疑；第二件，海盜隊小聯盟布雷登頓春訓會所外面貼的一張海報遭泄，上面寫著「咬緊牙關」，被媒體大肆宣揚。「咬緊牙關」是軍事標語，是長官激勵部下做一些令人厭煩的任務時說的。海盜隊希望自己的小聯盟球員能秉持有益自身的態度，欣然吃苦。然而，到了媒體口中，這四個字成了一句好笑的標語，似乎是說海盜隊面對二十年來年年比賽失利，要咬緊牙關。

PNC 球場的空座似乎代表球迷的無言抵制、信任漸無、心欲求變。二〇一〇年赫德爾來匹茲堡時看到的就是這番信任支離破碎的景象。他常說，帶領海盜隊東山再起，恢復球隊和匹茲堡人的親密情誼，是他的使命。他起初了解的海盜隊是一支了不起的棒球隊。二十世紀七〇年代，「我們是一家人」的海盜隊有戴夫・派克（Dave Parker）、威利・史塔吉爾（Willie Stargell）等球星，拿過兩次職業棒球大聯盟總冠軍。匹茲堡並非一直是美式足球之城，也並非一座冰球第二流行的城市。

曾經，它是一座棒球之城。早在鋼人隊抱回超級盃，企鵝隊抱回史丹利盃之前，海盜隊已拿過不只一座冠軍獎盃。

赫德爾認爲，自己既然要當海盜隊的大使，做海盜隊的形象代言人，那就不應當個匹茲堡的臨時居民。因此，他買了一座宅子，常年就住在匹茲堡，就算冬天下雪，道路泥濘，也不做候鳥。他每天都到星巴克坐坐，雖然他在咖啡杯上寫了自己的名字，但從來也沒有哪位咖啡師過問。他家位於郊區，附近的北山（North Hills）雜貨店和理髮店也常有他的身影。他發現，每次外出，公共場所的小孩大多穿本・羅斯裡斯伯格（Ben Roethlisberger）的鋼人隊球衣和辛尼·克羅斯比（Sidney Crosby）的冰球服，相形之下，穿海盜隊球衣的小孩少之又少，好像這座城市的棒球隊令他們感到臉紅似的。赫德爾知道，如果自己想留在海盜隊，這種情況就必須改變。這也關係到賣門票、賣球衣、提高收視率等生意。海盜隊別無選擇，必須贏。

可惜，大眾並未看到基於資料的高明決定是如何在上半賽季改變比賽格局的。赫德爾相信，雖然鋼人隊和企鵝隊戰績傲人，廣受匹茲堡民眾熱愛，但是，如果海盜隊在下半賽季中能夠保持上半賽季的勢頭，不引人矚目也難。他認爲，如果海盜隊能贏下去，就能抓住全城百姓的心。他也知道，這個下半賽季，他再也輸不起了，這就好比一個打者兩次擊球失敗，第三次失敗就要出局了。由於多名球員受傷，赫德爾第三次「擊球」似乎注定失敗，果真如此的話，那海盜隊就會連輸二十一個賽季了。僅僅前三分之一個賽季，先發投手輪換表上的人員就痛失三分之一，要扭轉局勢，海盜隊和赫德爾必須找到化解方法。球員如此密集受傷，即使是對財雄勢大、群英薈萃的球隊而言，威脅也不可小覷。

棒球常被人稱爲一種人員損耗嚴重的運動。赫德爾知道，所謂「損耗」，原因就是投手受傷。投手因傷失誤幾乎是棒球運動中的一條規律。獲勝的球隊，要麼是運氣好，投手未遭受傷痛，儲備投手多，要麼財力雄厚，有錢在自由球員市場上多請投手，或換到一流投手。

道奇隊訓練主管斯坦·孔提（Stan Conte）是棒球界較早研究傷情資料的高級醫療職員之一。孔提發現，不論哪一個賽季，一名先發投手都有50%的受傷概率。因此，投手儲備不足就很難最終獲勝。先發投手是薪水最高的球員。在大聯盟球隊中，先發投手拿薪水都是拿大份。經記者和運動損傷專家威爾·卡羅爾（Will Carroll）調查，二〇〇八年至二〇一三年，所有球隊共花了十三億美元在因傷「致殘」的投手上。各類損傷之中，投球所用手臂的肘部尺骨韌帶損傷造成的損失最大，不僅要做手肘尺骨側韌帶重建手術，做完手術還需一年至一年半康復。

二〇一三年開賽日，總計所有球員名單，有三分之一的投手做過該手術。投手，尤其是年輕投手，做該手術的如今最多。二〇一四年，截至九月尾，七十六名投手做過手肘尺骨側韌帶重建手術，人數比二〇一二年的六十九人還多。在損傷預防方面，未見進步。

投手之所以身體損傷增多，相關人士認爲，這是因爲在運動專業化潮流培養起來的第一代投手剛剛進入賽場，而且手臂使用過度。今日的投手，從孩童時代就開始在一些常年項目中投球，到青少年時代，遇到在球探和大學球隊招募人員面前展示的機會，又往往過度消耗自己的身體。美國運動醫學研究所（American Sports Medicine Institute）曾研究過手肘尺骨側韌帶重建手術的流行情況，在二〇一三年一篇意見報告中發表了上述猜想。

速度可能是另一大因素。PITCHf/x 自從二〇〇七年起開始追蹤投球資料，所得資料顯示，從該年起，大聯盟投手所投的快速球速度每年都有上升。也許，要維持這樣的增速，人類身體根本就吃不消。二〇〇八年，大聯盟四縫線快速球的平均速度是每小時90.9英里，二〇一三年是每小時九十二英里，二〇一四年升至每小時92.1英里。二〇〇三年，休斯頓太空人隊（Houston Astros）中繼投手比利・華格納（Billy Wagner）是唯一一位投出不下二十五個時速達到一百英里的投手。CBSSports.com 報導，二〇一三年，投出不下二十五個時速達到一百英里的投手增至八位，其中，紅人隊終結者阿羅魯迪斯・查普曼（Aroldis Chapman）更是投出了三百一十八個時速不下一百英里的球。

與前一代投手相比，儘管今日的投手更高大、更強健，儘管他們可以使肌肉更加強韌，但他們無法令自己的肌腱和韌帶更加強韌。尺骨側韌帶長約兩釐米，寬約一釐米，由一束纖維組成，磨損起來跟繩索一樣。韌帶並不是投球一次就斷裂，之所以斷裂，是經久磨損所致。顯然，韌帶所受的磨損強度，如今也最大。

雖然，身體損傷之增加，記載十分完備，對於損傷爲何發生，也有了更深的認識，但是如何預防損傷，依舊沒有好方法。球隊仍舊普遍採用最原始簡單的方法來預防投球手受傷——控制投手投球的次數，即使用「原始投球數」指標。海盜隊知道，球隊需要有足夠投手塡補投手儲備名單，但又請不起能力有目共睹的優秀自由投手。要化解當前危機，談何容易，但海盜隊認爲，自己終於找到了一個化解之道。

# 第八章

# 造金

赫德爾是打者出身，曾是擊球天才，力量驚人，後來轉做小聯盟教練、大聯盟打擊教練，最後才做球隊總教練。雖然投球與其個人經歷並不大有關聯，但他對投球效率卻痴迷不已。也許，這是因爲他目睹過太多投手在空氣稀薄，不利投手的庫爾斯球場筋疲力竭，或在德克薩斯州阿林頓（Arlington）八月的烈日下如花草一般變蔫——他曾在得克薩斯效力落磯隊，做過一陣打擊教練。雖然在如今這個時代，三振出局總數屢創新高，但他並不迷戀三振出局數，鍾情的是把對方球員殺出局而「投球不超過三次」。他希望自己的投手更加傾向令所投之球接觸對方球棒，而非注重令對方揮擊失誤。他希望減少投球數，增加先發投手的局數，保持先發投手和救援投手的戰力不衰。自從來到匹茲堡，他就推薦過這個策略，但現在無疑是向各個投手推薦的最佳時機。

他曾帶領一群投手冒過險。庫爾斯球場位於科羅拉多，海拔高達一千六百米，空氣稀薄，極爲有利進攻方；赫德爾獲得優秀打擊教練的聲譽，乃至二〇〇二年賽季一舉升任落磯隊總教練，該球場都功不可沒。空氣稀薄大大妨礙投手投球的有效性和效率。自從一九九三年把一支特許新編球隊分到丹佛之後，就沒有出現過有效的方法使得投手在海拔一英里的庫爾斯球場投球更加有效。每個賽季，庫爾斯球場基本都是各大棒球場中最利全壘打和最利得分的棒球場。賽前把球放入保濕器使球充分吸收濕氣雖然不無小助，但庫爾斯球場仍然是打者的天堂。

起初，落磯隊決意重進攻，輕投球，但以這種策略很難取勝，特別是在季後賽中。之後，落磯隊花大價錢請了兩位自由投手——邁克·漢普頓（Mike Hampton）、丹尼·尼格爾（Denny Neagle），試圖改變局面，但也沒什麼成效，因爲球場海拔高，空氣阻力小，以致二人最拿手的變化球變向能力受限，威力大打折扣。因此，二〇〇五年八月十五日，赫德爾和落磯隊決定嘗試二十年來，無人嘗試過的方法：他們把第五位[1]先發投手從投手名單中剔了出去。在科羅拉多，吸引和培養投手都很困難，而且他們的兩個第五名先發投手實在令人不敢恭維。丹尼·斯塔克（Denny Stark）和傑夫·法瑟柔（Jeff Fassero）兩人合起來，勝零場，負三場，自責分率爲17.47。撤掉兩人應該能夠提升球隊的整體投球表現。要令四人投手輪換表中的投手保持戰力不減，落磯隊的先發投手每次上場就要少投幾次球。這點關係重大，因爲在單場比賽中打者會上場多次，面對先發投手，往往後一次上場的表現優於前一次，愈戰愈勇。打者目睹投手的釋球點和所投之球次數愈多，往往發揮就愈好。棒球資料統計分析學認爲，先發投手應該減少投球局數。落磯隊只用四位先發投手，如此一來，先發投手每次上場所投的局數就會略有減少，而打者和救援投手面對的局數就多了。

「那個時候，我們的第五名先發投手一年半以來的表現奇差，」赫德爾說，「自責分率差得離譜。總之，表現之差超出預期。我們相互看了看，然後說：『這種事得終止。看停止後局面如何發展。』傳統是個好東西。雖然我們理當尊崇傳統，遵循傳統，但傳統也會扼制創新。」一支球隊整個賽季只用四名先發投手，此前只有藍鳥隊在一九八四年這麼做過；至於大半賽季只用四名先發投手，此前則只有皇家隊在一九九五年做過。

「我們有這個想法已經兩年多了，但一直不敢用，」赫德爾當時告訴記者說，「現在是時候多來點創新，糾正我們投球方面的問題了。」

可惜，落磯隊的四人投手輪替表沒用多久，赫德爾也沒在落磯隊長久做下去。落磯隊的投手對四人輪換方案很不適應，落磯隊持續輸球。賽季結束，落磯隊放棄了這種方案。赫德爾無法找到在庫爾斯球場提升投球有效性的方法，二〇〇九年，落磯隊解雇了他。然而，這並非赫德爾最後一次在投手身上使用他的「激進」理論。他仍堅信，自己的方法沒錯，如果此前有支球隊用他的理念獲得成功，那大家早就有用此理念的動力了。棒球是一種模仿比賽，成功球隊所用的方法和手段，往往被別家球隊模仿。二〇一三年春，赫德爾又一次無計可施，準備嘗試另一種激進的方法。海盜隊不僅把內野手安排在異於傳統的防守位置，還命投手改變主要球型和投球位置。要是此舉不僅能提升投手把對方球員殺出局的效率，以更少的投手投更多的局數，還能多產生滾地球，那會如何呢？要是這些滾地球被擊至海盜隊精心設計的陣型之中，那又會如何呢？可別忘了，打者打出滾地球的概率爲80%。

赫德爾和投手教練雷．西瑞吉（Ray Searage）、球隊投球技術指導吉姆．本尼迪克特（Jim Benedict）商議了這個想法：「要是有更多滾地球自投羅網，闖進移位防守陣型，那會怎樣？」赫德爾、西瑞吉、本尼迪克特無不贊同採用投球三次或低於三次的信條有好處。他們可以跟投手說，如果這樣，投手就可以多投數局，因而有更多機會增加獲勝投數，藉以向投手「推銷」此建議。

「那麼說聽起來就有些道理，」赫德爾說，「而且，如果你專注這個，眞正付諸實踐，接受它的話，那二縫線快速球就會成爲你的撒手鐧。」

有些人認爲，一個投手是高飛球型投手還是滾地球型投手，其實是天生的。差別的產生，往往在於投球的類型、投球的方式、投球的角度、球的位移等不同，而這些特點，相關人士認爲是很難改變的。而且，自棒球運動誕生之後許多年，無人記錄打者和投手的滾地球率。

直到二十世紀八〇年代，有人開始詳細記錄全程比賽資料，才出現滾地球資料。BaseballReference.com 上各投手的滾地球與高飛球比率，最早的也只記錄到一九八八年。從被打出的球的記錄資料可以看出，毫無疑問，不論投手還是打者，他們被擊出或擊出的球，不是高飛球更多，就是滾地球更多。有了擊出之球的資料，再憑藉 PITCHf/x 這項偉大的棒球科技發明，就可解釋投手被擊出的球爲何滾地球偏多，或者高飛球偏多。PITCHf/x 不僅證明投手可以改變，還可藉以看出投手是如何改變的。PITCHf/x 不僅測量每個球的速度、軌跡、位置，還精確標記其類型。

有史以來，分析人員第一次可以清楚看出某些球型和某些結果（包括球型和滾地球）之間的統計學關係。一個人只要能上網，就可查出投手投某類球的頻率和滾地球率兩者每年的變化情況。雖然自棒球運動誕生之日起至現在，快速球一直是最爲常見的一種球型，然而，與四縫線快速球相比，下沉的二縫線快速球及其變種產生的滾地球更多。

四縫線快速球可以最大速度投出，因此長久以來，一直是一種最爲常見的投球類型。以直覺而論，投手投快速球，總想速度盡量快，但是，由於四縫線快速球朝本壘板行進之時，處於一個較直的平面，因此更易被打者迎頭痛擊，抬至空中。此類球之所以稱四縫線快速球是由於投手的握球姿勢，即握球之時，食指和中指與球的縫線垂直。球脫離投手的手時，球的四條縫線全在旋轉，球面朝前，兩端輪轉，向打者奔去。二縫線快速球速度較四縫線快速球稍慢，但由於握球之時，投手的食指和中指與兩條縫線重疊，因此其旋轉和所受空氣阻力會令球低一些，更加水平一些。二縫線快速球打者要擊得俐落，並不容易，因而產生的滾地球更多。

僅靠改變握球姿勢，有的投手就能改變打者擊出的活球性質，這對某些人來說，不過是常識，但 PITCHf/x 用資料清楚的向人展示，投手靠改變握球姿勢最終能使活球的類型有多大改變。因此，如果一名投手能夠多製造滾地球，加上身後高明的防守陣型，那理論上他就可以減少被安打數和失分數。

多製造滾地球是棒球史上第三大激進的防守策略，可與移防和偷好球配合使用。那年春季，球隊絕少談如何多拿分，恰恰相反，整個非賽季期和春訓期間，球隊談得最多的是如何防止丟分。福克斯、亨廷頓、赫德爾相信滾地球就是機會之所在，三種策略都有資料做依據。

好奇與無奈是赫德爾職業生涯中反覆出現的兩大驅動力，不僅促使他在科羅拉多試驗四人投手輪替表，進入美國職業棒球大聯盟電視網，研究 FanGraph.com 等棒球資料統計分析網站，最後還促使他嘗試研究二縫線快速球。好奇與無奈這兩大驅動力綜合之後，不僅改變了他如何做人，也改變了他如何做球隊總教練。他相信，他的投手也有能力改變，因爲他有 PITCHf/x 資料可以證明投手能夠改善自己的滾地球率，而且海盜隊已經有一位投手脫胎換骨。

二〇一三年六月十三日下午，天氣陰沉悶熱，查理・莫頓（Charlie Morton）從匹茲堡北部郊區家中出發，驅車前往 PNC 球場。此時的他，已經一年多未在大聯盟賽場上投球了。做了手肘尺骨側韌帶重建手術，總算恢復不錯，再過幾個小時，是他術後首次出現在賽場上。汽車在I-279號公路上往南行駛，曲折前進，穿過匹茲堡北部重重丘陵時，莫頓已在流汗。

莫頓不知道，現在自己右肘內側多了個六英寸長的疤——手肘尺骨側韌帶重建手術難免留下的標記——手臂還能不能跟以前一樣威風。二〇一二年五月，就在他以爲事業漸入佳境之時，一下子陷入困境：不堪回首的二〇一〇年賽季過後，二〇一一年他在海盜隊中的表現大有恢復，自責分率爲3.83，勝負各十場，然而不幸的是，二〇一二年五月下旬對陣辛辛那提紅人隊，上場沒多久，他突然感覺右肘扯痛，經醫生檢查，是尺骨側韌帶撕傷，面臨手肘尺骨側韌帶重建手術和漫長的康復期。

莫頓於是前往阿拉巴馬州伯明罕，請詹姆斯·安德魯斯醫生（Dr. James Andrews）給他做韌帶重建手術。新韌帶取自莫頓膝蓋下方的肌腱，穿過肱骨和尺骨末端所鑿的小孔，將兩骨與肘相連。莫頓回匹茲堡待了一周，隨後便去了佛羅里達海盜城基地開始康復治療和鍛鍊。康復期苦就苦在遠離「聚光燈」和許多熟悉的面孔，也不能與教練和隊友相伴左右。而且，康復期的生活很單調。頭幾周是做等長收縮肌肉鍛鍊，須做簡單的動作，同時保持姿勢不變。在海盜城基地的後方訓練室，莫頓靠牆而立，以不同角度、不同力量做推牆動作。

「在後方訓練室，我和牆壁成了好朋友。」莫頓說。

不僅做了手術的肘部痠痛僵硬，左膝下方取韌帶的地方也不舒服，沒力氣，須加以強健。復健既乏味，又痛苦，三兩天又看不到明顯的效果。對莫頓而言，最難熬的或許是缺乏透過比賽發洩的管道。他之前在布雷登頓買了一座帶四個臥室的獨棟房子。爲打發空虛時間，他把其他做復健訓練的球員請到家中，一起打電子遊戲，一打就是半天，打得最多的是軍事題材的射擊類遊戲「使命召喚」。每逢周四，他們會去一家名叫「壁虎記」（Gecko's）的當地酒吧兼便裝餐館，玩分組競答遊戲。爲與健康球員區分開來，他們一律身著紅色短袖衫，並自稱「紅衣男爵隊」（Red Barons）。

「做復健簡直快把我們逼瘋，因爲我們生性就喜歡比賽。現在做復健，怎麼跟人比呢？」莫頓說。

莫頓和他的隊友不同，在職業棒球隊中是一個異類。他身材瘦長，高六英尺四英寸，中學參加多種運動造就了其運動員的體魄。雖然他看起來是一位十分典型的右投手——他的父親曾是賓夕法尼亞州立大學的一名籃球運動員——但他不僅理智，而且經常內省。回應記者時，爲找一個恰當的字眼道出心中所想，他寧願搔頭苦想一陣，也從來不用千篇一律的陳腔濫調敷衍了事。他覺得，爲人必須誠實，做人必須有趣。他原本想上大學，如果不是勇士隊在二〇〇二年第三輪選秀中把他從康乃狄克州雷丁（Redding）的喬爾·巴羅中學（Joel Barlow High School）選上去的話，他也就上大學了。他是把投球當一門科學來看的。他喜歡數字和研究資料，不僅對結果感興趣，還喜歡尋根究底，把造成結果的原因過程弄得清清楚楚。他是一個愛思考的人。藉著復健期的大把時間，他正好可以想想自己未卜的將來。

二〇一二年夏，莫頓不得不擔心以前他從未擔心過的一些事。關家中的門，關車的後備廂，他都得小心翼翼，生怕傷了自己的新韌帶。他呵護肘部極爲小心，好像裡面藏了一枚法貝熱彩蛋。他知道，手肘尺骨側韌帶重建手術一般可讓投手重返賽場，但該手術並非完美，有的投手手術之後也可能回不了賽場。他甚至擔心海盜隊可能不肯和他簽二〇一三年賽季的合約。他正進入薪資仲裁模式，身價愈來愈高。然而，他最終還是同意以兩百萬美元的價錢和海盜隊簽一年的合約，幫海盜隊打二〇一三年賽季。二〇一二年賽季，他拿了兩百四十萬美元，薪水首次超過聯盟平均水準，但這下又下降了。

現在駕車前往球場，他的思緒又飛回了海盜隊大聯盟球隊離城北上之後，自己首次在正式比賽——一場春訓加時賽——登上投手丘的那年初春。面對多倫多藍鳥隊一眾小聯盟球員，那局自己投得有多賣力，他已經不記得了。他只知道，自己投球的時速如果不到九十英里，那就麻煩了。在海盜城基地寧靜的後方球場，他已不記得自己的手臂以前究竟有多厲害，投完一局，只覺得自手術以來，投球第一次眞切感到了無拘無束。在臨時搭建的有鋼絲網的球員休息區，他找到了海盜隊的投球技術指導和總經理特別助理吉姆·本尼迪克特。本尼迪克特在莫頓的整個復健期都在和莫頓打交道，幫他重建身體運動技能和信心。在莫頓心中，本尼迪克特不僅是教練，也是朋友。本尼迪克特身長肩寬，留著鬍鬚。他站在本壘板後面，手持雷達槍，瞄準了莫頓術後歸來首次投的幾個球。投完球後，忐忑不安、迫不及待的莫頓立馬問雷達槍最高讀數如何。本尼迪克特微微一笑，告訴他：「你的球時速一般爲九十四到九十六英里，最高時數有九十八英里。」莫頓激動不已，不禁抱了抱本尼迪克特。

「我擁抱本尼迪克特，一是因爲我很高興，終於放下心中一塊石頭，」莫頓說，「二是因爲（整個復健期）他一直都和我在一起，幫助我，投入了許多時間。」

這天，莫頓的伸卡球時速穩定在九十五英里上下，由此可見，他的肘部韌帶已重建成功，手術與難熬的復健期沒有枉費，終於少了一件令他擔心的事。然而，六月那天下午，當他穿過匹茲堡遠郊重重丘陵，天際線在他眼前展開的時候，他心中又擔憂起另一件事來：他能把大聯盟打者殺出局嗎？這就不僅僅和他的康復情況有關了。他知道，海盜隊如今表現不錯，但由於羅德里奎茲和麥克唐納兩人均受了傷，因此海盜隊很需要自己。前一天，在3A級比賽中對陣印第安那波利斯印第安人隊，麥克唐納先發投球投了六局，丟了五分。麥克唐納肩膀仍痛，速度仍在下降。頭號救援投手高梅茲也因傷而愛莫能助。海盜隊的投手愈來愈不夠用。莫頓康復期在3A級比賽中對陣印弟安納波里斯印第安人隊，四次上場任先發投手，表現尚可，但離海盜隊的期望還有一段距離。

在國家聯盟中區的比賽中，海盜隊不能出半點錯誤。紅人隊前一年在季後賽中已創佳績，現在又是自一九九五年以來開局最好的一年。紅雀隊也許是棒球界的模範球隊，二〇一一年聯盟總冠軍上奪冠，現在勢頭也非常好。五月結束，海盜隊、紅雀隊、紅人隊勝率均不下0.600，自從一九七七年以來，這在國家聯盟各區尚屬首次。不僅如此，六月份開頭十二天，這三支球隊仍然保持不下0.600的勝率。可如今，海盜隊傷患累累，還能繼續保持佳績，打完這個賽季嗎？

莫頓和捕手羅素．馬丁從投手賽前練習區走了出來，這是賽前投手完成熱身之後例行做的事。莫頓想放鬆放鬆，擺脫緊張的情緒。棒次已經定下，球迷在陸續入座，PNC 球場的喇叭中傳出了賽前音樂。當莫頓穿過外野草坪，朝球員休息區走去時，球場上人聲嘈雜，他沒聽到這種聲音已經一年多了。入行五年，表現一直起起落落。從某些角度來看，這可能是他最後一次效力海盜隊。加上妻子已有七個月的身孕，更令他倍感壓力。他別無選擇，如果奮力掙扎仍無起色的話，海盜隊就可能不再要他。這些年，他已經掙了不少錢，要過舒適的生活，並非難事，但是他想繼續當投手，想和人一較高下，不甘平平凡凡。球隊請他主要是認爲他有潛力，可這麼久了，潛力仍未顯現，那這個賽季到底能不能發揮出來呢？莫頓心想。他知道，迫於形勢，海盜隊沒法再長久跟他耗下去。

不過，海盜隊還是把勝敗押在莫頓身上。海盜隊需要投手群。雖然莫頓的肘做了手術，已經重建，不過海盜隊的投球教練也「重建」了莫頓這位投手：他們調整了莫頓的投球類型、投球進球點、投球方式。這些會起作用嗎？

二〇〇六年，效力勇士隊下屬一支高級1A級球隊麥爾托海灘鵜鶘隊（Myrtle Beach Pelicans）時，莫頓首次嘗試投二縫線快速球。一天下午，天氣炎熱，在南卡羅來納州海岸邊，他在上場間隔期的練球期間試驗了這種球，一個又一個二縫線快速球脫手而出，直如箭發。在投手賽前練習區靜靜觀看的是時年六十四歲的投球教練布魯斯·達爾·坎頓（Bruce Dal Canton），一位與棒球結緣一生的棒球界元老。起初，達爾·坎頓在賓夕法尼亞州西南部的柏傑次鎮中學（Burgettstown High School）當科學老師，並在一個業餘聯盟裡打球，不料被海盜隊球探發現，將他招攬進來，擔任一九六七年至一九七〇年海盜隊的投手。後來，達爾·坎頓還效力過皇家隊、白襪隊、勇士隊。結束球員生涯之後，他當起了教練，一路節節高升，後來在一九八七年當上了勇士隊的投手教練，一九九〇年卸職。勇士隊培養出投球悍將湯姆·葛拉文（Tom Glavine）、約翰·史摩茲（John Smoltz），他功不可沒，各種投手，各種問題，他沒有沒見過的。他和善、耐心且善於觀察，但歲月流逝，他已然銀髮蒼蒼，一副長臉也不如以往豐滿，甚至還罹患食道癌，時日無多。

他叫莫頓暫停投擲，自己頂著烈日，走過投手賽前練習區碎裂的紅磚和人造草皮，想給莫頓示範如何把力注入球中。也就是說，如果你慣用右手，把球拿在身體正前方，則你的力量施在球內左側。達爾·坎頓給莫頓示範如何在球心遠端握球。莫頓依樣畫葫蘆，然後返回了投手丘，開始投球，球立刻開始下墜起來。

他愈投愈有信心，並在二〇〇七年的2A級比賽中開始投下墜球（伸卡球），到二〇〇八年格溫列特勇士隊（Gwinnett Braves）3A級比賽中，他投下墜球已經十分頻繁。二〇〇八年下半賽季，他進了大聯盟，以先發投手身分上場十五次，滾地球率爲51%，超過平均水準。由於一個又一個打者總擊中他投的球的上半部分，結果把球打得似乎要鑽進本壘板前的土裡，於是莫頓想，他的二縫線快速球或許可以成爲他的撒手鐧之一。他一上場，每次都給人以本壘板前的「紙人兵團」獲得「炮火網」支援的感覺。可惜，他的「新武器」不久就被「沒收」了。

二〇〇九年六月，海盜隊從亞特蘭大勇士隊換了兩位年輕球員過來，一位是莫頓，另一位是傑夫．洛克（Jeff Locke），做爲條件，海盜隊把自己的外野手內特．麥克勞斯（Nate McLouth）換給了勇士隊。麥克勞斯當時成績不錯，擊出了二十支全壘打，十九次成功盜壘，打擊率爲0.256。他在海盜隊裡廣受歡迎，然而，由於他的合約期限並不長，所以不大可能繼續留在海盜隊。痛失投手的海盜隊需要投手。他們看中了莫頓，莫頓的四縫線快速球時速能達到九十五英里左右。二〇〇九年效力勇士隊下屬3A級球隊，莫頓勝七場，負兩場，自責分率2.51；效力印弟安納波里斯印第安人隊，同樣勝七場，負兩場，自責分率更低，爲2.29，令海盜隊大爲青睞，想請他幫忙打完當年賽季。

然而，海盜隊請來莫頓之後，很快就命他不再投二縫線快速球。海盜隊多位教練對莫頓的各種思維方式、各種調整來調整去，以及各種球型有點感到頭疼，他們想幫莫頓把有些東西簡化一下。海盜隊對另一樣東西也深感興趣，那就是雷達槍讀數。莫頓的四縫線快速球時速穩定在九十五英里左右，二〇一〇年，快速球平均速度爲每小時九十三英里，四縫線快速球速度夠，但很直。

「球隊開會研究決定，我以後再也不能投二縫線快速球。」莫頓說，「他們要我投四縫線快速球、曲球、變化球，我沒提什麼意見。我認爲，他們覺得我的二縫線快速球跟我的四縫線快速球沒什麼區別，只是慢一點而已。所以我也就聽了他們的話。當時做的決定就是這樣。」

這個決定引發的不啻是一場災難。二〇一〇年是莫頓首次離開一支大聯盟球隊的賽季，他打了十七場，任先發投手，勝二場，負十二場，自責分率7.75。其勝率和自責分率有史以來最差，被打者擊出的高飛球也比以往多。他投出的快速球被狠狠擊打，飛出很遠，被擊成的高飛球18%都成了全壘打。那個賽季，他一個二縫線快速球也沒投。

「我尊重球隊的決定，可惜，決定並不奏效。這個決定等於把我的一件武器給沒收了。我認爲，那年確實暴露了我的一些弱點。」莫頓說，「我得更猛一點，得成長、得成熟，不能得過且過。我不想做一個毫無特點的人。」那年夏天，莫頓被降級發配到小聯盟，不過海盜隊告訴他，他可以自己摸索試驗。於是，二〇〇六年效力麥爾托海灘鵜鶘隊時學的下墜球，又成了他試驗的目標。二〇一一年春，莫頓結識了一批新教練，並很高興聽到一個新的聲音——海盜隊新投球教練雷．西瑞吉（Ray Searage）沙啞的長島口音。

二〇一〇年下半年，赫德爾上任做海盜隊總教練時，他的一大要務就是組建自己的人馬。跟其他公司領導層人士一樣，總教練必須放權，而且身邊必須有一批能幹的助手。在棒球這一行裡，各種助理人員中，最爲重要的可能還是投手教練。他們不僅必須通曉心理學，還必須通曉運動力學。投手教練負責投手在投手賽前練習區的練習時間，在賽場處理相關事情，更要及時發現並解決投手運動方面的問題。他必須藉上投手丘的機會，即時調整策略和投手心理狀態。

赫德爾剛任海盜隊總教練時，並不熟悉西瑞吉。西瑞吉二〇一〇年賽季末獲海盜隊任命爲臨時投手教練。他與赫德爾的球員生涯和教練生涯基本沒有交集。赫德爾面試了西瑞吉及其他外部候選人員。西瑞吉天生溝通能力強，而且熟悉許多新出來的，可能在赫德爾任內影響海盜隊的年輕投手，赫德爾與西瑞吉和認識西瑞吉的人說話時，常被這兩點吸引。

此外，西瑞吉還有一樣東西十分引人矚目——他的故事。西瑞吉生於長島（Long Island）東南岸的自由港村（Freeport）。孩童時代，西瑞吉常在周六陪父親去村子附近的建築工地。他的父親掌握百貨公司等商業大樓建設的指揮大權。他記得，下至汗流浹背、渾身木屑的底層工人，上至跟父親一樣西裝革履的高層人士，父親都以同樣的方式稱呼，待人不因對方身分不同而有別。父親待人接物的方式在西瑞吉小小的心靈上留下了深刻的印記。按他的說法，他的父親有一顆慈愛之心。

西瑞吉也記得，在自己的棒球生涯中，每位投手教練都力圖改變他，弄得似乎人人都知道他應該是個什麼樣的投手。他曾是白襪隊、道奇隊、釀酒人隊、大都會隊、印第安人隊的左撇子中繼投手。每到一支新球隊，教練都試圖改變他。最極端的一個改變出現在他的球員生涯末期，也就是一九九一年效力印第安人隊時。當年春季，印第安人隊希望西瑞吉採用倫恩．巴克（Len Barker）的高腿踢。西瑞吉按指示照做，可投好球卻變得十分艱難。到了冬季，他被交換到大都會隊，一九九一年賽季之後便結束了球員生涯。截至那時，他共計只打了二百八十七局職業棒球賽。他發誓，倘若有朝一日能當棒球教練，他一定不要像自己的教練一樣。他當過投手，明白投手的處境，不想令投手經歷他經歷過的事情。如果當上投手教練，他希望投手保持自己的特點。

特點，正是莫頓尋求的東西。西瑞吉希望莫頓能回到感覺自在的狀態。西瑞吉覺得，他之所以和球員十分談得來是因爲投手遇到的很多事情，他都感同身受，這是他最厲害的一個技能。他知道身爲球員，被降級是什麼滋味，二〇一一年上半年，被降級的莫頓被交托到他的手上。

西瑞吉和特別助理本尼迪克特研究了莫頓的影片。他們首先就注意到，莫頓投球時臂角不自然。這不足爲奇。投手經常聽到的教導是，理想的投球姿勢首先要握球高出頭頂，也就是說，投手要在球大大高出頭頂時鬆手送球出去，意在盡量造成一個俯角或向下的坡度。然而，西瑞吉認爲，投手有自然的臂路，不能令其像機器人一樣機械投擲。觀看錄影、與熟悉莫頓的一些人談話之後，西瑞吉他們還發現，莫頓被之前的教練禁止投二縫線快速球。莫頓的球速快到測速槍發亮，但他的四縫線快速球太直。

二〇一一年二月，西瑞吉和本尼迪克特召來莫頓，想把計畫攤開跟莫頓談談。他們告訴莫頓，他們想讓他把臂角放低，繼續投他的二縫線快速球。莫頓很是信任西瑞吉和本尼迪克特，直覺也告訴他，他應該相信他們。西瑞吉和達爾．坎頓有點相似，耐心，說話柔和，在投手賽前練習區練習時傾向於多觀察，少說話。西瑞吉給人以積極的作用，不會弄出一堆東西令人無力應付。莫頓感覺，西瑞吉他們很關心自己的成敗。莫頓之前賽季成績奇差，除了聽從西瑞吉他們的建議，還有什麼辦法呢？他在海盜隊的機會已所剩無幾，不是成功，就是失敗。

西瑞吉他們給莫頓看的資料中，有投球高手洛伊．哈勒戴（Roy Halladay）的錄影，西瑞吉他們希望莫頓模仿哈勒戴的臂角。跟莫頓一樣，在棒球職業生涯早期，哈勒戴也曾數次奮力掙扎，不見起色，於是被降級發配到小聯盟。後來，他終於發現一條新臂路，由此得以有機會在二十一世紀頭十年後期經常角逐賽揚獎。西瑞吉他們告訴莫頓，哈勒戴放低臂角之後，便能大幅扭身投球，而頭保持基本不動。西瑞吉他們推斷，如果頭動，則目標也動，從而使球不聽使喚。當時，莫頓投球時身體扭轉，頭部左傾，以期投出自己想要的投擲面。他同意嘗試本尼迪克特和西瑞吉各自的計畫。試驗的地點是海盜城基地的二號後方球場，沿著左外野邊線。這個球場就是當年凱爾．斯塔克噴漆做防守位置標記的地方。這個莫可名狀，常年風吹的球場，四周有鐵絲護欄圍繞，一般是做小聯盟春訓和灣岸聯盟（Gulf Coast League）比賽的地方。莫頓就在這裡改用新方法投球，四周無人看他，也沒有壓力，只覺得投起來十分自然，不禁大爲驚異。

「我當時激動壞了，心裡自言自語道：『啊，我的天，要是我早知道這個該多好呀！』」莫頓說，「西瑞吉他們的幫助主要就是這個：令我手臂隨身體而動，頭不動。這個方法實在不可思議，可以說立竿見影。我知道，我已經不同往日了。」

西瑞吉計畫的第二個關鍵部分，就是讓莫頓用下墜的二縫線快速球替代四縫線快速球。於是，莫頓又開始改用達爾．坎頓教他的二指夾球法。莫頓上了投手丘，身子扭轉蓄勢，然後猛然把球送出，球向前飛行，待至本壘板附近時，才忽然下沉，時速仍有九十三英里。

「簡直不可思議！我上了投手丘，不敢相信自己的眼睛。」莫頓說，「下墜球正是我需要的那種球。西瑞吉他們知道投手丘上的我是一個怎樣的投手。我是一個完全與眾不同的人。」

那年春，海盜隊一壘手賴爾．歐佛貝（Lyle Overbay）奉命配合莫頓訓練，負責打擊。在多倫多，歐佛貝與哈勒戴曾爲隊友，他告訴莫頓，莫頓的動作與哈勒戴一模一樣，後來又對《體育畫報》說：「莫頓是一位更有料的洛伊．哈勒戴。哈勒戴的投球位置控制能力使得他成了精英中的精英。以莫頓的投球位置控制能力，他還沒到那個水準，不過一旦他達到的話……」

身爲投手，莫頓現已今非昔比。他的四縫線快速球基本已用下墜球取代。

是什麼令莫頓下墜的二縫線快速球十分特別呢？

「是旋轉角。是其角度的旋轉，」莫頓說，「主要是球的角度、旋轉方式、轉速，還有空氣是如何阻擋球的、縫線是如何旋轉的等。這些東西使你的球前行，下墜。非常有趣。如果你慢速回放下墜球的鏡頭，就可以眞眞切切看見它是如何旋轉的。球幾乎像繞軸旋轉一樣。兩條縫線旋轉，好像在畫一條無色的鐵軌。」

二〇一一年首次上場，莫頓對陣的是紅雀隊。首局開始，因二〇一〇年賽季的遭遇而信心仍然很弱的他，面對的對手是國家聯盟中最令人畏懼的打者亞伯特・普荷斯（Albert Pujols）。這對他的下墜球是第一個大考驗，唯有放膽一拼。莫頓得到了投下墜球的指示。他以新方法扭轉身體蓄勢，然後猛力投出，使得兩指的力量全部注入球內。此球起初朝本壘板內三分之一處奔去，然後猛然下沉，轉而向右。這個球沒有被擊成滾地球，也沒有令對方揮擊失誤，甚至連好球也不是，不過，其運動十分怪異令普荷斯猝不及防，結果被球擊中，跪倒在地。面對一名大聯盟打擊精英，莫頓終於頭一次看見自己下墜球的不凡之處。

莫頓的隊友在球員休息區觀看，也不禁入迷。他們也是先發投手，沒輪到自己出賽時，通常聚在球員休息區一端的護欄附近觀賽。看見莫頓的球急劇下沉，個個臉上都笑了起來，議論紛紛。他們叫莫頓賽後看看這個球的錄影。在錄影裡，莫頓看到了球的運動情況，也看到了數一數二的棒球打者面對此球是如何反應慢了半拍的。他意識到，如果他能把下墜球投進好球帶，由於球的行進路線大異一般的球，則可造成打者揮擊失誤和滾地球。令莫頓信心大增的不光只有錄影。二〇〇八年，PITCHf/x 被引進了每個大聯盟球場，使得前台部門、教練、球員、球迷首次有了速度、位移、釋球點的測量標準。PITCHf/x 不僅可以標注投球類型，準確報告速度，還可讓莫頓這樣好奇心強的球員心中有底，信心倍增，並爲通曉資料的球員提供競爭性優勢。

從二〇〇九年開始，莫頓就已開始利用 PITCHf/x 工具研究自己的釋球點和球的旋轉與速度。他的父親也研究了他的 PITCHf/x 讀數。父子倆相互討論，查找變化和進步。跟以前赫德爾的情況一樣，這是一段啓蒙期。莫頓研究的是客觀的資料，這些資料又促使他接受海盜隊的計畫。

PITCHf/x 爲莫頓提供了一個用以評估自己的基準，而一般來講，評估一名投手是很難的，因爲投手無法掌控的變數太多，譬如身後的防守力量、所在的球場、對方球隊的擊球順序，投手都無法掌控。投手可以在兩次上場時投一模一樣的球，但可能得到完全不一樣的結果。表現得起起落落，有時令人抓狂，特別對莫頓這樣的分析型投手而言。不過，有了 PITCHf/x 資料，莫頓就有了一個客觀的標準。他可以看見球的位置、釋球點、位移、速度等可掌控的因素，然後據以評估自己的表現。他知道，令球下沉、飛奔，他可以做得跟其他任何一名投手一樣好。譬如，根據 BrooksBaseball.net 網站發布的 PITCHf/x 數據，二〇一三年，莫頓的二縫線快速球平均速度爲每小時93.1英里，水準位移爲9.63英寸。這樣的速度與位移結合，可謂罕見。二〇一三年，莫頓可以即時看到結果了。

多年以來，投手雖然可以在記分板看到自己的速度，但二〇一三年，PNC 球場沿一壘和三壘正面上層看台的外牆上，丹・福克斯掛了一個薄條狀的輔記分板，每次投球經 PITCHf/x 測出水平位移和垂直位移之後，他就會將結果發布在上面。PITCHf/x 給出的大數據，包括球的位移，帶給了莫頓信心。

PITCHf/x 還給莫頓上了重要的一課。二〇一一年，莫頓的曲球平凡無奇，變化球毫無殺傷力，切球不夠狠，四縫線快速球又太直。他發現自己只擅長一種球，但他的這球水準勝過一般的球，而且可以改變海盜隊的命運。

二〇一〇年，莫頓只投四個四縫線快速球。二〇一一年，他投的四縫線快速球的比例降至6.6%，下墜球的比例爲65.8%，得益於此，其滾地球率升至58.5%，滾地球與高飛球比率爲3.1:1，非常了不起。由於該比率前一年只有1.5:1，所以如此一比，愈加顯得難得。這一個賽季，莫頓勝負各十場，自責分率3.83，僅憑調整球型和臂角，就一躍從國家聯盟的蹩腳投手成了投球高手。有些人開始叫他「滾地球君」。

此番脫胎換骨，就是得益於重拾自己用起來得心應手的球型，這對赫德爾和海盜隊而言，是一個有趣的案例。自二〇一二年春起，赫德爾和海盜隊就開始想辦法提高投球效率，二〇一三年，又想提高打進海盜隊內野移防陣型的滾地球數量。莫頓有點像一名試驗物件，並使得大家對二縫線快速球有了信心。如果其他投手也可以像莫頓那樣，那會如何？如果海盜隊可以透過使用一種球型，提升自己的投手，並防止對手得分，那會如何？如果海盜隊每位投手都令對方球員擊出更多滾地球，跑到海盜隊高明的防守陣列之中，那會怎樣？海盜隊既已把莫頓改造爲一名主力滾地球型投手，還能改造誰呢？伯奈特成了第二名試驗對象。

二〇一二年二月十七日，離伯奈特價值八千兩百萬美元，爲期五年的合約到期還剩兩年。此時，洋基隊已迫不及待想把伯奈特扔掉，於是同意付給伯奈特一半薪酬，用他從海盜隊換了兩個水準一般的候選球員。伯奈特在洋基體育場（Yankee Stadium）和美國聯盟東區（American League East Division）好像都水土不服。二〇一〇年和二〇一一年連續兩個賽季，他的自責分率都超過5.00。伯奈特性格固執，執意使用自己的方法。職業生涯早期效力馬林魚隊時，伯奈特是投手中一名年輕的厲害角色，快速球快如離弦之箭，但如今速度已有所下降。海盜隊的分析部門發現，伯奈特下沉的快速球雖然有效，不過未加充分利用，現在是「低買」這名投手的好機會，當然，此發現部分歸功於海盜隊自己的資料庫。分析部門人員認識到，在美國聯盟東區狹小的球場上面對一群棒力強勁的打者時，伯奈特已變得滿腹狐疑，意欲竭力避免對方碰到球，因此，伯奈特把心思全放在令對方揮擊失誤上，力圖投四縫線快速球，而不用較慢、下墜的快速球誘使對方擊出軟綿綿的擦棒球和滾地球。

「把這些添加到投手的『武器庫』需要共同的努力。」丹．福克斯論及滾地球和二縫線快速球時說，「以可能具備此能力的人爲目標是計畫的一部分。投手滾地球率增加，此這一改變我們已經看到了……這也是雷．西瑞吉和吉姆．本尼迪克特告訴我們的。」海盜隊的分析部門認爲，伯奈特如果重用二縫線快速球，便能獲得更大成功，不過想辦法令他用二縫線快速球，就是教練的事了。伯奈特的右臂紋有三個拉丁字，中文意爲「忠之力」，是愛妻和家人而紋的。伯奈特也極其忠於自己的兩種球型組合：四縫線快速球和曲球。不像其他球齡高的投手，他從未發展第三種球。不過，現如今，他已連續有三個賽季被全壘打率超過10%。

西瑞吉自知事情棘手，但他只想讓伯奈特明白一點：西瑞吉無意全面改造投手，只圖改善一兩個因素。換句話說，西瑞吉喜歡微調，不喜歡重建。

伯奈特接受西瑞吉的主張了嗎？請比較伯奈特二〇一一年效力洋基隊時所用球型的比率與二〇一二年效力海盜隊時所用球型的比率，如表8-1所示。

**表8-1 比較伯奈特所用球型的比例**

| | 2011年效力洋基隊時所用的球形比例 | 2012年效力海盜隊時所用的球形比例 |
|---|---|---|
| 四縫線快速球 | 42% | 24.6% |
| 下墜球 | 13.6% | 35.7% |
| 變化球 | 11.1% | 5.6% |
| 曲球 | 33.2% | 34.4% |

跟莫頓的情況一樣，與之前相比，伯奈特效力海盜隊期間球型比例發生了巨大變化。跟莫頓的情況一樣，伯奈特的成績也大有進步，滾地球率陡增。而他之前在洋基隊，三個賽季中，每個賽季滾地球率均低於平均水準。到二〇一二年，其滾地球率已達56.9%，爲預選賽合格者中第二高。他好像又成了職業生涯早期叱吒風雲的自己。

西瑞吉和赫德爾使得莫頓聽從自己的意見並不令人驚異，畢竟，莫頓性格和善，勤於思考，而且也需要幫助。不過，西瑞吉和赫德爾能讓伯奈特聽從自己的意見，的確令人刮目相看，因爲伯奈特生性固執，桀驁不馴，而且是一位戰績輝煌的老手。搞定伯奈特，可不是件容易事。伯奈特的球隊朋友傑夫·洛克（Jeff Locke）談到他時，對《匹茲堡論壇評論報》

說，世上有位「A. J.伯奈特」，也有位「J. A.伯奈特」。這個「J. A.」，代表英文字jackass，意近強驢。好在西瑞吉和赫德爾能跟各式各樣的人打交道，不論是頑固不化的猛男伯奈特，還是深思熟慮型的莫頓。這兩位球員可謂截然相反的兩個人，既然西瑞吉和赫德爾能把他們兩個都搞定，那麼能否改變其他人呢？

令球員接受自己的投球理念，重在溝通。這個理念不僅是多投許多二縫線快速球，投球位置也十分重要。海盜隊的教練告訴自己的投手，不僅所投球型得變，投球位置也得變。第三種防止對方得分的策略，即投球方法，與移防和偷好球的理念不同。移防和偷好球，其相關資料是由處於球隊上層的前台部門發現或者製造，然後下發給教練和球員的，而投球方法則主要以球員做依據。

赫德爾希望，也需要其他教練認同自己的想法，即與赫德爾的整個理念——從防守陣型理念到投球理念——完全相同。唯有如此，才能取得最好效果。赫德爾希望下屬感到他們自己有自主之權，希望大家予以配合。他要求教練和投手接受投球不超過三次的信條。西瑞吉和本尼迪克特贊同部分想法，不過他們也還有自己的一些想法和疑問。赫德爾希望下屬——從雷瓦至西瑞吉——多提問題。他不想光自己下命令，想讓自己的下屬也參與進來，共同改進全盤計畫。這樣，大家才有主人翁的感覺，方能眾志成城，把計畫付諸實施。

赫德爾反反覆覆跟球員、教練、前台部門人員說：「我們必須合力把這件事情做好。」在那個非賽季期和春季，赫德爾希望大家想辦法改進計畫，測試並分享理論，讓這些計畫更好、更細緻。他最希望，大家不僅問他問題，也向發出成堆資料的分析人員問問題。他希望教練請分析人員測試教練的理論，而非僅僅接受從上面傳下來的理論。他希望教練和分析人員相互尊重。這是大家將資料融合，使之充分發揮作用的唯一辦法。要令內外野手乖乖服從，要把投手個個搞定，赫德爾必須建立同一陣線，必須有所有教練的支持。必須使教練接受基於資料的理念，也必須使他們接受傳達理念之人。創造一個相互尊重，利於溝通的氛圍仍然是件頗爲棘手的事。

赫德爾的助理教練均資歷很深。四十年來觀看投球無數，西瑞吉的髮際線已經愈來愈後。尼克．雷瓦的黑髮已成銀髮。赫德爾手下的臨場教練傑夫．巴尼斯特（**Jeff Banister**）是德克薩斯人，在棒球這一行幹了一輩子，做了很久的小聯盟捕手。他身材高大，肩膀寬闊，且因爲在棒球場上成千上萬個小時都頂著烈日，皮膚已經起了皺紋。巴尼斯特效力海盜隊的時間比其他人都長。他是一九八六年選拔時，在第二十五輪中被海盜隊選進來的。在其職業生涯中，巴尼斯特在大聯盟擊球只上場過一次，當時是一九九一年，面對丹．佩特裡（**Dan Petry**）他擊出了一支安打。從一九九三年開始，巴尼斯特開始在小聯盟當教練。進入二〇一三年，他在海盜隊的系統裡已經待了二十八年，不過幾乎沒嘗過勝利的滋味。

在這些教練眼中，分析人員進入球隊會所，無疑等於入侵了他們的「聖地」。若要消除他們對分析人員所懷的鄙夷之意，若要資料從前台部門出來之後，順利應用到球場，那他們的聲音不可不聽，分析人員也必須細緻解答他們的問題。二〇一三年，海盜隊之所以把福克斯和菲茨傑拉德派到春訓基地，並命其常駐球隊會所，用意就在這裡。他們整個賽季在那裡，就是爲了方便解答球員和教練人員的疑問，同時和他們混熟。

二〇一二年，赫德爾對福克斯和菲茨傑拉德伴在左右，已經十分習慣，而且非常信任他們；到二〇一三年，赫德爾希望他手下的所有教練和球員也能跟他一樣。

每位投手棄用四縫線快速球，改用二縫線快速球對付大聯盟打者，這一方法是否奏效，部分教練半信半疑。他們覺得，說服投手採用該法，他們必須有實實在在的證據，換言之，要的不是那種普遍適用的萬能證據，而是單個打者與投手組合的相關具體資料。因此，教練人員要求分析人員分析出投球類型、投球位置及投球速度，才最有可能挫敗每位大聯盟打者。

福克斯和他的團隊還有一個任務。西瑞吉和本尼迪克特一直認爲內角球很好，不過因爲各種原因，投手大多不肯相信。對先發投手而言，如果球未投到本壘板內側，卻跑到本壘板中間上方，則在球場日益縮小，打者愈來愈強的現代，球很可能被打擊至深處，變成全壘打。到時，投手只能獨自站在球場中間，等本壘裁判送上一個新球，眼睜睜看見對方球員興奮的跑壘。身爲一名棒球選手，難道還有比這更加屈辱的事嗎？此外，投手大多不願看到內角球沒投成，反而擊中打者。如果球擊中打者，那麼打者報復，隊友遭殃，也不是不可能的事。儘管如此，西瑞吉和本尼迪克特仍然覺得內角球很重要，不僅可以提高滾地球率，也有利於移防計畫。他們只需拿出有力的統計學證據給投手看。教練們想看看，每位大聯盟打者上場擊球之初遭遇內角球之後，面對投至本壘板另一半區域的球，表現會如何。內角球對心理和表現會產生怎樣的影響呢？

帶著這些問題，幾位教練找到了福克斯和菲茨傑拉德。幾位教練有些意外，因爲兩位分析師非常高興他們能帶著問題而來。他們毫無搪塞之詞，也沒有表露出鄙夷的態度，他們對幾位教練的理論很感興趣。福克斯和菲茨傑拉德認爲自己和自己的運算法則並不能給出所有答案，他們想聽聽問題。

「我不僅得想出辦法鼓勵他們，還得想出辦法在不同的領域啓發他們，考驗他們，從而在某些領域把他們搭配起來，使其能夠盡情施展所長。」赫德爾談到下屬時說，「他們當中，有些人覺得和分析師共事非常有趣，不過這種感覺可能沒有進入他們的內心。」

如果不是教練提出疑問，有些問題福克斯和菲茨傑拉德可能也就不會去研究。如果每位分析師從事分析工作，用的並不是相同的大數據（如 PITCHf/x 或 TrackMan 提供的數據），那問對問題就極爲重要。

「教練還有其他人經常會想到一些東西，但他們就是不寫電子郵件。他們不會把某個東西寫出來，然後給你。」福克斯說，「但他們會到你這裡來，跟你說：『從球員發展的角度看，不妨追蹤這個指標。我想看看這個和球員（發展）有何關係。』我盡量隨時恭候他們，盡量讓他們能找到我，因爲你不知道從他們那裡能得到什麼。他們知道眾多球員的差別、情況、策略，但我未必知道。」

福克斯和菲茨傑拉德研究了教練關於內角球的問題，二〇一三年賽季之前，他們發現，內角球的確對打者能產生心理作用，使其擊出更多滾地球，進一步促進海盜隊計畫實現。數字顯示，打者若在上場打擊之初遇到內角球，就更加可能把外角球拉打成滾地球。被投內角球之後，球員積極揮棒去打外角球的意願就會減弱。如今，教練有了說服投手投內角球所需的資料，但是，投手會按教練的想法去做嗎？

二〇一三年六月十三日見到莫頓回到大聯盟，海盜隊無人不犯起了嘀咕。自手術之後重返賽場，他頭次上場的表現並不麼怎樣。短短五局，他丟了四分，其中兩分爲自責分。救援投手更加不堪，結果海盜隊勝零場，負十場。不過，莫頓拿出了證據，證明手術之前取得的進步並未喪失：他兩次使得打者擊出高飛球而被己方接住，從而出局，並使得打者擊出了六個滾地球。他的球速穩定，時速在九十英里多一點。儘管從比賽記錄表中無法看出，但莫頓的球技又回來了。

六月十八日在辛辛那提有利全壘打的球場，莫頓的滾地球率依然不減。第一局中，莫頓投出一個時速爲九十二英里的下墜球，被對方打者紮克·柯薩特（Zack Cozart）猛擊之後，變成一個滾地球，朝三壘手佩德羅·阿爾瓦雷茲（Pedro Alvarez）奔去，讓阿爾瓦雷茲來了個雙殺。第四局中，莫頓的下墜球時速達到九十四英里，這回打者雖然換成了布蘭登·菲利普斯（Brandon Phillips），不過仍被擊成滾地球，滾向莫頓，莫頓將球接住，輕輕投至一壘，菲力浦斯出局。到第五局，海盜隊以三比零領先，不過莫頓遇到了頭一個大難題：對方雖有兩名球員出局，不過此時二壘和三壘都有跑者，而且輪到了左打者傑克·漢娜罕（Jack Hannahan）登場。莫頓投了一個狡黠、時速九十三英里的下墜球，球被擊中後，如飛鏢一般離漢娜罕而去，重重的落在游擊手喬迪·默瑟（Jordy Mercer）身前的地上，默瑟拾球傳向一壘，球劃過內野，結束了第五局。

莫頓頭兩次上場，便啓動了對手整個賽季擊出滾地球的趨勢。莫頓成了大聯盟中數一數二的滾地球投手，而且在該賽季日益強悍。如果莫頓沒有錯過該賽季開頭的兩個月，打的局數夠多，符合排名要求的話，其62.9%的滾地球率將無人能及。八月，莫頓上場五次，滾地球與高飛球數量之比爲43:5，前所未見。

不過，該賽季，不止莫頓一人的滾地球率自入行以來最好，其他每位海盜隊先發投手也如此。幾乎每位海盜隊投手都降低了四縫線快速球的使用比率，提高了二縫線快速球的使用比率，而且幾乎每位海盜隊先發投手的滾地球率都達到了入行以來最高水準。根據BrooksBaseball.net 分析 PITCHf/x 數據所得結果，整個二〇一三年賽季，法蘭西斯科．利里安諾（Francisco Liriano）一個四縫線快速球也沒投，投的全是下墜球。

六月十四日，傑夫．洛克上了 PNC 球場的投手丘，對陣洛杉磯道奇隊。與前一賽季上場十次，自責分率爲6.00相比，此時的他表現正突飛猛進。被第一位打者亞希爾．普伊格（Yasiel Puig）來了支一壘安打之後，洛克引誘尼克．龐托（Nick Punto）把他所投的下墜型快速球重擊至巴默思那裡，巴默思完成雙殺。到第三局，一枚二縫線快速球投到了普伊格的球棒上，這名道奇隊新秀人物揮棒沒有打實，球成了滾地球，朝二壘滾去，結果被殺出局，結束了本局的進攻。普伊格走過一壘，兩手上指，望天直翻白眼，悔恨不已，氣得直搖頭。

第四局時，海盜隊以二比零領先，漢利．拉米瑞茲（Hanley Ramirez）按順序上場擊球，此時道奇隊一人上壘，一人出局。拉米瑞茲把洛克的又一個二縫線快速球打到地上，最終又被海盜隊製造雙殺，海盜隊成功化解了道奇隊本局製造的威脅。

洛克上場三次，完成了二十三個滾地球出局，對方球隊接連十六局未得一分。洛克憑藉這種策略的投球和良好表現，入選全明星陣容。

「截至目前，我們的投球計畫取得的效果是幾個計畫中最好的，」亨廷頓說，「雖然前台部門對其有所偏愛，不過此計畫也是一個理念的焦點所在。我們喜歡能投好球，引得對方擊出滾地球的好手……如果球未離開（球場），你仍有機會把對方殺出局。」

七月，海盜隊的綜合滾地球率爲驚人的53%，勝十七場，負九場，連續第三個月領先其他球隊，平均下來，每九局被全壘打數僅爲0.7。高滾地球率的趨勢延續了整個賽季。二〇一三年全年，海盜隊的綜合滾地球率高達52.7%，爲滾地球和高飛球資料有記錄以來最高——BaseballReference.com網站上有一九八八年以來的滾地球和高飛球資料。二〇一〇年，海盜隊的滾地球率爲44%，位居第十五位；二〇一一年，赫德爾上任頭一年，排名上升至第七位；二〇一二年升一位，排名第六；二〇一三年，經海盜隊全體努力，海盜隊的滾地球率排名一躍升至第一位，比緊隨其後的聖路易斯紅雀隊還高4%！

看看表8-2和表8-3，即可發現各個投手的變化之大。

**表8-2 滾地球比率（滾地球占有效局面的百分比）**

| 投　手 | 2010年 | 2011年 | 2012年 | 2013年 |
|---|---|---|---|---|
| 查理・莫頓 | 46.8 | 58.5 | 56.5 | 62.9 |
| A.J.柏奈特 | 44.9* | 49.2* | 56.9 | 56.5 |
| 佛朗西斯柯・利里安諾 | 53.6* | 48.6* | 43.8* | 50.5 |
| 杰夫・洛克 | 不詳 | 34.5 | 49.0 | 53.2 |
| 萬迪・羅德里奎茲 | 47.9* | 45.2* | 48.0 | 42.3 |
| 賈斯廷・威爾遜（Justin wilson） | 不詳 | 不詳 | 20.0 | 53.0 |
| 托尼・沃森（Tony Watson） | 不詳 | 32.4 | 40.3 | 43.8 |
| 金馬・高梅茲 | 46.8* | 52.8* | 48.4* | 55.4 |
| 文・曼匝柔（Vin Mazarro）** | 42.9* | 43.1* | 45.9* | 52.2 |
| 馬克・梅蘭森（Mark Melancon）** | 45.8* | 56.7 | 50.0* | 60.3 |

*非在海盜隊。

**馬克・梅蘭森加盟海盜隊之後滾地球率提高是靠用切球代替四縫線快速球；文・曼匝柔滾地球率提高是靠多把四縫線快速球投到本壘板內側。

**表8-3　海盜隊投手各年的二縫線快速球比率（占所有球型之百分比）**

| 投　手 | 2010年 | 2011年 | 2012年 | 2013年 |
|---|---|---|---|---|
| 查理・莫頓 | 27.3 | 61.1 | 42.3 | 57.4 |
| A.J.柏奈特 | 19.6* | 13.6* | 35.6 | 36.5 |
| 佛朗西斯柯・利里安諾 | 24.9* | 26.3* | 27.9* | 41.0 |
| 杰夫・洛克 | 不詳 | 10.2 | 6.5 | 28.8 |
| 萬迪・羅德里奎茲 | 17.3 | 22.0* | 27.7 | 37.1 |
| 賈斯廷・威爾遜（Justin wilson） | 不詳 | 不詳 | 1.9 | 24.1 |
| 托尼・沃森（Tony Watson） | 不詳 | 0.0 | 66.9 | 64.3 |
| 金馬・高梅茲 | 54.2 | 60.1 | 44.9 | 61.1 |

資料來源：PITCHf/x 資料來自 FanGraphs.com 和 BrooksBaseball.net。
*非在海盜隊。

四縫線快速球是大聯盟投手傳統上頗受青睞的球型。二〇〇八年，PITCHf/x 開始追蹤並標注每一投球的頭一年，投手所投快速球以四縫線快速球為主，占所有投球類型一半有餘。到二〇一四年，這一比例降至34.6%，降幅巨大，其中部分原因與海盜隊有關。根據FanGraphs.com 的資料，二〇〇八年，二縫線快速球在所有投球類型中的比例僅爲3.8%，然而二〇一四年，這一比例已增至14.7%。海盜隊不僅借二縫線快速球令投手脫胎換骨，而且建立了寶貴的投手深度管理。

不過，這也出了一個問題：爲使對方球員擊出更多滾地球，海盜隊投的內角球比其他任一球隊都多，結果，二〇一三年，海盜隊投手的球擊中了七十名打者。在大聯盟中，這數字非常驚人了。無獨有偶，海盜隊的打者也被對方投球擊中八十八次，同樣多得驚人。到六月中下旬，對手球員已明顯對此策略感到不快。

六月十七日在辛辛那提紅人隊主場對陣海盜隊的一場比賽第九局中，紅人隊終結投手阿羅魯迪斯·查普曼擲出一枚嗚嗚作響、時速一百英里的快速球，一下將海盜隊二壘手尼爾·沃克擊倒在地。

「證據不足時，你總力圖說服自己別人是無辜的，但是，鑑於我們和紅人隊之間的過往，你還是不禁心生疑竇。」沃克後來告訴記者說，「球，怎麼都不能讓它接近人的頭部。我在我們隊的球場被麥特·拉托斯（Mat Latos）的球擊中過一次，不過那次打中的是屁股，所以沒事……我這人從不輕易發火，但當你看到一個時速上百英里的快速球逼近你的臉，心中怎會沒有想法。」

第二晚，莫頓一上場便投出一個快速球，重重打在紅人隊第一棒打者秋信守（Shin-Soo Choo）的小腿肚上。紅人隊和海盜隊的仇怨那年持續了一年。儘管如此，海盜隊的打者對於自己遭受報復，被球襲擊，絕少在人前說。他們知道，他們的投球計畫起了作用，帶他們走向勝利。

海盜隊的防守效率——被擊出的活球轉化成出局的數量——在二〇一三年大半年裡在聯盟裡均處於領先水準。賽季結束，海盜隊成績排名第五，與「亨廷頓時代」前些賽季排名第二十幾的成績相比，已大有改觀。

「鑑於我方人員倚重滾地球，移防大大提高了我們把活球轉化成出局的數量，影響巨大。」亨廷頓說。

由於被打到海盜隊移位防守陣型中的滾地球增加，二〇一三年上半年與二〇一二年同期水準相比，海盜隊把擊出之球轉化成出局的比率上升了2%。這個百分數看起來似乎微不足道，不過一個賽季下來，四千五百個打進場內的球變成了活球，於是，這個百分數也就相當於把九十支安打變成了出局。二〇一三年上半年，海盜隊的防守效率，即把擊出之球轉化成出局的比率，排名第一。可就在二〇一〇年，該隊的防守效率還是最後一名——第三十名；二〇一一年排名也不過是第二十一名。藉由誘使對方擊出更多滾地球，海盜隊二〇一三年的被全壘打數比二〇一二年減少了五十二個，爲一百零一個，在大聯盟中屬較低水準。得益於採用移防策略，海盜隊雖然沒有一位「金手套」（Gold Glove）水準的內野手，但還是把對手的滾地球打擊率死死限制在0.224，在聯盟中屬第五好的水準。海盜隊在防守方面的進步在棒球史上雖然不是絕無僅有，但能與之媲美的球隊，也可說是寥寥無幾了。一支棒球隊每得十分，或者守住十分，就大致相當於贏一場比賽。由此推算，海盜隊二〇一三年守住六十八分，與二〇一二年丟二十五分相比，提升了九十三分，大致相當於多贏了9.3場。

如果用錢來衡算，讓我們看看自由球員市場上，單位勝利貢獻值（WAR）的成本。勝利貢獻值是一項高級統計資料，用以統一衡量一名球員的總價值。二〇一二年至二〇一三年的自由球員市場上，購買一分勝利貢獻值，一支球隊須花費五百萬美元。舉例來講，一位勝利貢獻值爲三分的球員爲普通球員，在自由球員市場，請這樣一名球員，一個賽季得支出一千五百萬美元左右。因此，如果請自由球員來多贏這9.3場，那一支球隊一個賽季得多花費五千萬美元左右。海盜隊多贏這9.3場，完全是透過移防和多投滾地球而做到的，沒多花一分錢，海盜隊在「造金」。

二十年來，缺人少錢的海盜隊終於首次加入中部賽區錦標爭奪戰，當年，賽季剛過一半。進入七月，海盜隊連贏九場，登上賽區冠軍寶座。賽季過一半時，海盜隊勝五十一場，負三十場，領先紅雀隊二場，領先紅人隊五場。二縫線快速球改善了靠不住的投手的成績，幫助海盜隊撐過了投手接連受傷，以致危及球隊的考驗，移防則幫海盜隊守住了分數。

然而，由於海盜隊的多數改變看不見，摸不著，匹茲堡人並不買帳。沒錯，大家能夠實實在在看見移防而且有作用，但這又有多大影響力呢？晚間比賽電視直播節目和報紙上都沒有追蹤其價值的統計資料。直到二〇一四年季後賽時，美國職業棒球大聯盟網路（MLB Network）和福克斯體育頻道（Fox Sports）才開始使用即時圖表展示防守陣型。至於滾地球理念，它們的「雷達」則完全沒有捕捉到。這畢竟不像在自由球員市場請了位全壘打強棒回來，來得影響力明顯。

所謂「一朝被蛇咬，十年怕草繩」匹茲堡人不再輕易相信。他們目睹過海盜隊前兩個賽季的上半賽季表現出眾，可到了下半賽季，卻突然一蹶不振，慘澹收場。他們心想，既然球員組成並未有大幅度改變，這個賽季爲何會有所不同呢？匹茲堡人不敢輕易把感情投入一支耍了他們兩次的球隊，因爲他們不想被再耍一次。儘管截至六月末，海盜隊的表現在聯盟中最好，但在主場比賽三十八天，海盜隊平均每場觀賽人數只有兩萬三千人，比上一賽季同期每場少一千六百人，在聯盟中排名第二十三。同區對手釀酒人隊該賽季雖然表現奇差，但在米勒球場（Miller Park）觀賽的球迷平均每場仍有三萬一千人。

匹茲堡人仍然疑心甚重。要贏九十四場，打進季後賽，保證赫德爾和亨廷頓二〇一四年仍能執掌海盜隊，海盜隊就還要挖掘出更多隱藏價值，獲得更多場勝利。

## 注釋

【1】一般大聯盟比賽由五名投手輪流在連續的五天比賽裡分別擔任先發投手，每人投一場，休息四場，在一百四十多場常規賽中輪流先發上場。這五名投手以外的其他救援投手在比賽中根據不同的情況，由總教練選擇時機出場投球。

# 第九章

## 全明星賽上不見身影

二〇一三年七月十五日，海盜隊陣容強大的五人代表團出席了在紐約花旗球場（Citi Field）傑基·羅賓遜圓堡（Jackie Robinson）舉行的全明星賽記者會。這場仲夏經典大賽，海盜隊共派出了五名球員：中外野手安德魯·麥卡琴（Andrew McCutchen）、終結者傑生·葛瑞裡（Jason Grilli）、布局投手馬克·麥倫坎（Mark Melancon）、三壘手佩德羅·阿爾瓦雷茲（Pedro Alvarez）、先發投手傑夫·洛克（Jeff Locke）。上次海盜隊派出如此多球員參加全明星賽（All-Star Game）已是一九七二年的事了。五名球員在前半賽季的表現均十分優異，使得海盜隊僅落後紅雀隊一場。

花旗球場傑基·羅賓遜圓堡的外形設計，包括拱形窗戶，明顯沿襲自富有傳奇色彩的布魯克林埃貝茨球場（Ebbets Field）。圓堡內十分寬敞，主辦方在那裡給五位明星球員每人設了一個講台，上面放著各自的姓名牌，台下則是幾百名記者，他們擁簇著球員，把會場圍得水泄不通。記者們追問五位球員在匹茲堡發生的情況。他們如何能夠解釋，海盜隊在聯盟中所開薪資總額第四最少，但卻僅落後於紅雀隊一場呢？

葛瑞裡、麥倫坎、阿爾瓦雷茲、洛克四人是頭一次參加全明星賽，其中，最末緩過神來的是洛克。他在二〇一二年賽季末打完，自責分率為5.50，不得不在春訓中拚命努力，以爭取在投手輪換表中有一席之地。

「我們上了去紐約的飛機。我環顧四周，發現整個頭等艙都被我們占了。全是我們的人。」洛克對記者說，「我是說，很多人都帶了家屬，但要我說，這仍是個好兆頭。」

然而，飛機上明顯缺了一個人。誰呢？羅素．馬丁。洛克知道，以馬丁在當年賽季發揮的作用，球隊理應考慮派其參加全明星賽。海盜隊前半賽季成績傲人，馬丁起的作用舉足輕重，然而馬丁大部分的價值並不明顯，遭到了低估。被派參加全明星賽前幾周裡，洛克對馬丁手套的依賴變得十分明顯。

六月九日下午，豔陽普照，在芝加哥北部的瑞格利球場（Wrigley Field），洛克登場投球，馬丁站在本壘板後，雙腿下蹲，屁股幾乎快要觸地。二十世紀九〇年代末至二十一世紀初，曾有多位身材高大、注重進攻的捕手進入棒球界，身材高大似乎成了捕手新的典型體格。不過，像僅高五英尺十英寸的馬丁這樣身材不高的捕手則認爲，這不過是一時的風潮，捕手身材不高，接起球來反而有優勢。

馬丁對於洛克非常重要，因爲這名年輕的左投手速度達不到精英水準。在大聯盟賽場上，他制勝得靠擦邊球。擦邊球使得他在當年賽季取得了好成績，不過投擦邊球，他靠的是馬丁偷好球的本事。其實，海盜隊所有投手或多或少都依賴馬丁。

第一局，洛克向小熊隊右打者科迪·蘭塞姆（Cody Ransom）連投了兩個好球，之後，馬丁便示意洛克把一個二縫線快速球投至本壘板內側——二〇一三年海盜隊投手經常這樣投。洛克背部朝著打者方向微轉，增加扭矩，然後將二縫線快速球猛力送出。球嘶嘶作響，從蘭塞姆身旁一越而過，剛好偏離本壘板內側。見狀，馬丁沒有把手伸向左邊接球，然後來回動動停停，把球帶回本壘板，他使出了偷好球的本領。他把手套朝裡，移至打者附近，手飛快而微妙的往好球帶移去。他用手套接住球，同時微微托至本壘板內側，這樣，一個本來離本壘板有好幾英尺的球被判爲第三個好球。蘭塞姆很是不服。他嘴裡嘟囔了幾句，一時拒離打擊區，以此小小的行爲表示抗議。終於，他還是走向了球員休息區，不過眼睛卻久久瞪著本壘裁判保羅·納爾特（Paul Nauert）。

第二局下半局開始，小熊隊右打者斯科特·海爾斯頓（Scott Hairston）又吃了兩個好球，馬丁又示意洛克投一個快速球至本壘板內側。洛克依計投出快速球，但球再次稍稍偏離了本壘板。馬丁用手套做了一個雖小但快如閃電的動作，使手套從接近打者處移至本壘板上方，微妙的把球接住，經馬丁這麼一弄，球看上去好像擦著了好球帶的邊一樣。海爾斯頓從落球處跳了回來，希望自己大幅的身體語言能夠動搖裁判的決定，可結果徒勞，納爾特轉身，左手往前一伸，同時右手握拳彎肘，一個拉弓動作，宣布該球爲第三個好球，又一個三振！海爾斯頓垂頭簡直不敢相信眼前這一幕。他直接看了看此球無形的軌跡，仿佛球留下了一條飛機的蒸汽尾跡。他只看到無形的軌跡之下是土，而非銀白色的本壘板。

洛克第二局用快速球把小熊隊兩位打者投殺出局之後，輪到了小熊隊左打者賴安·斯威尼（Ryan Sweeney）登場。眼見左打者上場，壞球好球報數爲一比二，馬丁示意洛克投一個彈指曲球。這種球遇到左打者會突然大幅下沉且拐向打者外側。洛克扭身蓄勢，將球送出。球到達本壘板中間上空之後，突然急劇朝外角下沉，離斯威尼而去。斯威尼無能爲力，所以根本沒去揮棒擊球。這個球剛好擦著本壘板外角，經 PITCHf/x 位置追蹤系統判定，勉強算個好球。偷好球技術平平的捕手可能用手套接住球，隨手從本壘板上移開，給人這個球是壞球的印象。然而，馬丁的雙手不僅敏捷，而且強健。當球穿越本壘板時，他伸手一把就把球給接住，像體操中漂亮的騰空落地動作，乾脆俐落，手套似乎給凝固了一樣，一動不動。但馬丁以迅雷不及掩耳之勢把球接住，沒讓球繼續下沉，離打者更遠。如果馬丁不加介入，雖然該球是投在好球帶，但其最後幾英寸的行進路線還是會使該球看起來像個壞球。納爾特再次轉過身來，握緊拳頭——又是一個三振出局。

在馬丁的有力幫助下，洛克將對方球員一個個殺出了局。在開頭兩局中，洛克三次三振都有馬丁偷好球的功勞；第六局中，洛克一直沒讓對方球隊安打得逞，後來戴歐尼・納瓦諾（Dioner Navarro）擊出一支一壘安打至左外野才打破零安打的局面。

這只是個開始。此後一個月，洛克戰績輝煌，六月三十二局中，僅有六分的自責分，自責分率爲1.67，穩穩拿下了參加全明星賽的席位。馬丁用他不爲人識的絕技幫助左撇子的洛克在前半賽季取得了令人驚歎的成績：勝七場，負一場，自責分率2.06；其他投手因有馬丁默默相助，成績也大幅改觀。馬丁前半賽季比普通球員多幫海盜隊贏了三場，使海盜隊和他簽的價值一千七百萬美元的兩年合約等於是撿了個大便宜，必須一提的是，偷好球的價值還未計算在勝利貢獻值內。可以說，馬丁是海盜隊上半賽季的最具價值球員，可惜飛往紐約的航班上卻不見他的蹤影。

馬丁隱藏的價值剛開始並不爲人知曉，不過也情有可原。他的父母一位原是蒙特利爾的街頭音樂人，一位原是建築工人，共同積攢了足夠的錢供他上棒球營和棒球學堂，讓他能夠向夢想前進。地鐵乘客稀少時，父親會帶著他去發展他的天賦。雖然馬丁開始打的是魁北克的最爲流行的冰球，不過愛的卻是棒球。第一次打棒球是在綠樹環繞、房屋爲雙棟聯式的聖母格蕾絲住宅區（Notre-Dame-de-Grace）。他就讀的蒙特利爾中學絲毫不是打棒球的好地方，畢業之後，便想找個氣候溫暖、可以常年打棒球的地方，彌補在魁北克長大錯失的練球時間。於是，他去了美國佛羅里達州瑪麗安娜（Marianna）的齊伯拉學院（Chipola College），在該校棒球隊裡主要打三壘或游擊，不過最後一個賽季，有幾場比賽他也當過捕手。

馬丁在齊伯拉學院是位明星，二〇〇二年被道奇隊錄用爲內野手。他是天生的運動員，有鮮有人及的工作欲。那年夏天，身爲新人的他任道奇隊的三壘手，打得非常好，不過遇到一個問題：道奇隊有棒球界首屈一指的年輕三壘手艾德里安・貝爾崔（Adrian Beltre），所以他沒有機會。道奇隊也想知道身材粗短、高僅五英尺十英寸的馬丁是否打擊出色，並且能否守在本壘。道奇隊也需要捕手群。道奇隊的球探暗示，馬丁有轉做捕手的各種素質——手臂、智慧、運動才能。

因此，二〇〇三年春訓，馬丁開始了他的捕手訓練。道奇隊的小聯盟助理捕手教練喬恩·德布斯（Jon Debus）起先的訓練內容不同尋常，跟彎腰站在本壘板後接球毫無關係。在佛羅里達道奇隊春訓主場維羅海灘（Vero Beach）的後方球場舉行的小組賽上，德布斯在捕手身後放了一個打擊練習屏，並在捕手身後放了兩把椅子。在這裡，馬丁第一次接觸到了操縱壞球好球報數的高超手段。

捕手偷好球，必須具備某些天生的素質，譬如雙手必須天生柔軟、強健、敏捷，動作乾脆俐落，能逃過裁判的火眼金睛。身爲一名出色的運動員和前內野手，馬丁有一雙柔軟而鎮定的手，但獲得捕球技能還是主要靠成千上萬次練習。捕手必須深諳投出之球的行進角度，能以敏捷而流暢的動作製造作用巨大的假象，迷惑裁判。馬丁曾對《匹茲堡論壇評論報》道出了他很早從德布斯那裡學到的一個重要理念：「我就是全力阻止球的運動趨勢。如果來的是個滑球，正在下墜，跑開，我就會把它接住，不讓它再下墜。如果來的是個二縫線快速球，正在向外，我就要盡量在好球帶的深處把它接住，使它看起來像個好球。」

馬丁在道奇隊春訓基地的後方球場接受的培訓爲他奠定了重要基礎，然而要成爲一名出色的捕手，馬丁還須在此基礎上努力。他生性好奇心強，對他幫助不小。他從平時的觀察和經驗之中，了解和學到了許多重要的細節。他明白，左投手所投的變化球如果威猛無比，就會令手套無法靠近，也就偷不成好球。他明白，接這種球，必須單膝跪地，以使手套在好球帶有更大空間水平移動。

二〇一四年春天，在海盜城一間儲藏室，馬丁單膝跪在地毯上，向一名記者演示了單膝跪地之後，捕手戴手套的手能獲得多少自由運動空間。效力海盜隊期間，由於海盜隊投手主要依靠下墜球和二縫線快速球，接位置較低的球對馬丁而言尤爲重要。此外，PITCHf/x 資料也顯示，與高的擦邊球相比，低的擦邊球更易被裁判判爲好球。

「善於偷位置偏低的好球的人，手也能伸得低，如果往上接球，就會使球看起來像個好球。」馬丁解釋道，「但是，如果你的手伸得高，往下接球，那看起來就像個壞球。」

洛克很早就目睹了馬丁對捕手技術用心之深，深爲馬丁對細節的重視而折服。一年又兩個月，洛克首次在布雷登頓後方球場的投手賽前練習區練習時，看見馬丁竟因沒按某種方法把球接住咒罵起自己，詫異不已。當時，球從馬丁的手套上掉了下來。其實，當時除了洛克和投球教練西瑞吉之外，一個觀眾也沒有，只有鐵絲防護網和擋風牆。「沒有人在看，沒接到一點關係也沒有。他是在和自己較勁。」洛克說。

馬丁試圖使每個小時的練習能起最大的作用。他的每個動作都已經練習成千上萬次，爲的是創造肌肉記憶，這種神經迴路是提高技能的所在，甚至是天生技能的所在。他認爲，成爲偷好球的高手主要依靠學習，並且還必須具備學習的意願和激情。

「我在投手練習區裡接球時，並不僅僅是在接球。我是在不斷訓練自己的接球技術。」馬丁說，「我不需要想太多，我在做接球練習，而我認爲每個人都應該做。」

馬丁還試圖和各個裁判建立關係，常在兩局和兩次投球的間隔期和裁判聊上幾句，這對他左右裁判裁定結果的本事也沒什麼影響。馬丁還是一個錄影狂，喜歡透過觀看錄影研究其他捕手。國家聯盟中區不僅有一批出類拔萃的捕手，還有一批偷好球的好手。除了紅雀隊捕手雅迪爾·莫里納（Yadier Molina），馬丁最愛研究的另一個捕手是釀酒人隊的喬納森·路克羅伊（Jonathan Lucroy）。他認爲路克羅伊接低球的技術，在棒球界稱得上數一數二。馬丁固然對路克羅伊的技術欽佩無比，而路克羅伊也十分欣賞馬丁的技術。兩人就好像兩位大畫家，所創作的藝術形式晦澀難懂，外人無從欣賞，唯有惺惺相惜。

「我擊球的時候（對方捕手是路克羅伊）發現球有點低的話，往往不禁扭頭看他，他像是在說粗口。」馬丁說。

跟馬丁一樣，路克羅伊發現偷好球的技能跟身體素質不無關係。儘管身為職業運動員，路克羅伊四英尺十一英寸的身高和一百九十五磅的體重不免顯得不足，卻有大力水手般的前臂，時速九十八英里的球，也能被他立馬攔住不動。「前臂的力量要大，要非常大，」路克羅伊一邊說，一邊伸出左手，模仿如何把球攔下不動，「不論投來的球在哪裡，我做的主要是力圖把球弄到對的地方。如果你能做到這點的話，裁判就會判為好球，因為他能看到。」

儘管海盜隊所有投手幾乎無不受惠於馬丁的絕技，但從大眾投票選舉全明星賽球員的結果可以看出，大眾沒有看出馬丁對海盜隊的貢獻有多大——與海盜隊之前的幾位捕手相比，馬丁光憑接球方式就幫海盜隊守住了四十分，相當於贏四場比賽。海盜隊這一巨大進步與馬丁的打擊和強壯而傳球精準的手臂毫無關係，也不可能印刷在口香糖棒球卡背面，這完全有賴於馬丁偷好球的本事，只是這種本事的價值不明顯，也正因如此，海盜隊才得以沒多花多少錢就請到馬丁，並取得這樣的進步。

移防、滾地球策略，加上馬丁偷好球，這些隱藏價值合起來在二〇一三年為海盜隊做的貢獻相當於幫海盜隊贏了十三場。截至全明星周末時，海盜隊共丟三百一十一分，為丟分最少的球隊。雖然，馬丁偷好球的本領惠及海盜隊的所有投手，但受惠最大的還是海盜隊請的自由球員法蘭西斯科・利里安諾（Francisco Liriano）。跟馬丁一樣，他在全明星賽中也不見蹤影。

由於手臂受傷，利里安諾一直在佛羅里達療養，五月歸隊之後，海盜隊損失嚴重的投手輪換表終於得到了補充。他是第一位歸來的好手。五月十一日上場代表海盜隊出戰大都會隊，五百一十三局裡僅丟一分，奪九次三振，保送上壘兩次，投球速度經花旗球場上的雷達槍測量，最快達到時速九十五英里，看起來非常厲害。他的快速球速度已經恢復，滑球也頗具殺傷力。此役之後，上半賽季接下來一戰表現又非常出色，仿佛肘部受傷之前廣受追捧的投手利里安諾又回來了。他的進步得歸功於自己在教練人員指導下的練習，教練人員當然也功不可沒。利里安諾二〇一三年抬高了臂角，投球偏離好球帶的概率由此減少，而且他把四縫線快速球換成了下墜球，在賽場上與他搭檔最多的是馬丁。

全明星賽開始幾周前六個月的一天夜晚，天氣清爽，薄霧濛濛，海盜隊對陣辛辛那提紅人隊。在賽場上，利里安諾和馬丁展示了兩人非同一般的搭檔關係。第一局，利里安諾已把對方一名球員殺出局，並以零比二的壞球好球報數領先紅人隊右撇子三壘手陶德·弗雷澤（Todd Frazier），弗雷澤被迫保護並擴大自己的好球帶，但如此一來，又使他更易受滑球威脅。馬丁示意利里安諾投一個內角滑球。這種球開始朝本壘板中間行進，然後在距其六到八英尺處會突然朝打者腳的方向下沉。利里安諾按馬丁的意思投了一個完美的滑球，弗雷澤揮棒一擊，不料落空，球從球棒底下鑽過，差點擊中弗雷澤的右腳。

紅人隊球星喬伊・沃托（Joey Votto）繼弗雷澤之後登場。沃托是聯盟中極爲挑剔的一名左打者，極少追擊好球帶之外的球。利里安諾再次以零比二的壞球好球報數領先，當然，這部分歸功於馬丁使的手套「幻術」。投出兩個好球之後，利里安諾又使出一個來勢洶洶，稱得上絕世好球的滑球。沃托一擊未中，球遠遠跑到了好球帶之外，一局結束。沃托搖頭痛恨不已，但無濟於事。利里安諾在壞球好球報數上領先的時候再投滑球，十分厲害，所投滑球接近打者時才突然變向，令大多數打者難以將之與快速球區分開來，紛紛中招。加上本壘板後有馬丁做他的搭檔，一個又一個打者都被他三振出局。第三局，左撇子德里克・羅賓遜（Derrick Robinson）追擊了利里安諾跑到好球帶外的一個變化球，成爲連續第七個被三振出局的打者，追平了海盜隊的一個紀錄。

除了兩個，所有三振出局都是因爲利里安諾厲害非常的滑球。那天，利里安諾共將紅人隊十一位球員三振出局，是當年賽季自己第二高的紀錄。馬丁善於偷好球是投手能在壞球好球報數上領先的重要因素，也使得裁判面對變向跑到好球帶的球時屢屢中招，利里安諾的三振滑球就是一例。

二〇一一年，利里安諾所投快速球只有52.9%爲好球，遠低於大聯盟的平均水準。在其難以忍受的二〇一二年賽季，他所投變化球只有42%爲好球。打者如果在壞球好球報數上領先，一般就能更好的對付利里安諾的滑球。他們也可以耐心些，等他投快速球和較平的變化球。不過，二〇一三年，由於與利里安諾搭檔的捕手是馬丁，利里安諾的好球總數突增。他所投的快速球58.1%爲好球，爲其職業生涯中第二高，所投變化球爲好球的比例更是比前幾個賽季高出20%。

由於錯過了賽季的頭一個月，利里安諾總成績不達標，無緣全明星賽，但他在前半賽季是海盜隊最優秀的投手，自責分率僅爲2.00。每九局，他平均把9.7名打者三振出局，僅保送1.7名打者上壘，可見其掌控能力和表現都有巨大進步。此外，利里安諾的滾地球率也有增加，這得謝謝海盜隊的教練勸他用二縫線快速球和伸卡球代替四縫線快速球。

海盜隊曾公開對外說過，請不起能力媲美利里安諾的自由投手，因爲這樣的投手一般都具備角逐賽揚獎的能力。不過，海盜隊一下子卻讓利里安諾成了賽揚獎的角逐者之一。誠然，利里安諾來海盜隊之前就能投出有三振出局威力的滑球和變化球，然而，他是來海盜隊之後用了新理念，滾地球率才得以提升；調整臂角，而且有馬丁做搭檔之後，自己的控球能力才有所提高。

七月，利里安諾對陣奧克蘭運動家隊強大的陣容，七局比賽，對方未得一分。海盜隊電視解說嘉賓鮑勃．沃克（Bob Walk）在解說賽事時說：「今年賽季開始以來，他的表現出奇穩定。」從來沒有人這樣說過利里安諾，部分原因是，利里安諾——海盜隊其他多數投手也一樣——從未有像馬丁這樣的好捕手做搭檔，使他看起來能力超群。

二〇一三年，利里安諾達到海盜隊給他定的目標後，海盜隊給他和馬丁共付了一千零二十五萬美元的報酬。這對搭檔賽場上的表現價值有三千九百萬美元，給海盜隊帶來了三千萬美元左右的剩餘價值。剩餘價值即球員所創造的市場價值減去該球員的實際薪酬所得的數額。像海盜隊這樣的小市場球隊，與別家球隊財力懸殊，找到能多創造剩餘價值的球員方能獲勝，換句話說，海盜隊的投資必須能夠收到巨大回報。他們在馬丁身上發掘出的價值不僅使利里安諾創造出更多價值，也使其他投手創造出了更多價值。馬丁的巨大作用可以從最傳統的資料——自責分率中看出，如表9-1所示。

雖然大眾仍然沒有充分認識到馬丁的才能，然而利里安諾、洛克以及海盜隊其他多數投手的成績的確令人刮目相看，遲遲不肯相信海盜隊的匹茲堡人終於開始相信，海盜隊確實不可同日而語了。

**表9-1　海盜隊下半賽季投手輪替表中投手之自責分率**

| 球　員 | 2012年自責分率（無馬丁） | 2013年自責分率（有馬丁） |
|---|---|---|
| 利里安諾 | 5.34 | 3.02 |
| 洛克 | 5.50 | 3.52 |
| 伯奈特 | 3.51 | 3.30 |
| 科爾 | 不詳 | 3.22 |
| 莫頓 | 4.65 | 3.26 |

七月上旬，海盜隊接連五次球票售罄，在海盜隊長達一百三十二年的歷史裡，尚屬首次。參加全明星賽前夕，海盜隊在前半賽季的成績是勝五十六場，負三十七場，在本賽區各支球隊的競逐中，處在可以獲得外卡的位置。在匹茲堡郊區，掛上海盜旗的人家愈來愈多，這印有骷髏加交叉腿骨的旗子正是海盜隊的標誌。觀眾也愈來愈頻繁聽到海盜隊的電台與電視節目主持葛列格．布朗（Greg Brown）在節目末尾歡呼道：「升起海盜旗來！」這是他勝利的呼喚。匹茲堡地區的雜貨店也出現了奇特的一景：海盜隊的商品、T恤、球衣等赫然擺在收銀台附近的貨架上，卻不見鋼人隊和企鵝隊裝備的蹤影。根據Forbes.com發布的資

料，七月上旬，海盜隊商品的銷售額增加了一半，在所有棒球隊中排名第二。赫德爾甚至注意到，在當地雜貨店和星巴克，身穿海盜隊T恤和球衣的人也多了起來。而且，人們買的並不光是安德魯．麥卡琴的球衣。印有海盜隊五名全明星賽球員名字，甚至馬丁名字的T恤也開始在匹茲堡大街小巷出現。沒錯，這裡就是反應冷淡，飽受棒球之痛，賽季頭三個月還一直懷疑海盜隊的匹茲堡。匹茲堡人終於相信海盜隊了——雖然許多人還是搞不明白這支組合奇怪的球隊爲什麼會贏，是怎麼贏的。

第十章

# 球場與測量

棒球場獨具一格，與其他各類職業運動球場有明顯區別：球場各邊長度並無統一標準。每個大聯盟球場的面積均不相同，有的界外地區較大；有的左外野或右外野遠處有特色標誌，有的外野有隔離區。跟足球場、美式足球場、籃球場、冰球場不同，大聯盟棒球場的平均面積雖然爲2.5英畝，但其具體大小並無統一標準。

視覺編輯婁．斯皮裡托（Lou Spirito）利用 Google 地圖和球隊提供的球場尺寸資料標出了每個大聯盟球場尺寸的輪廓，即外野擋牆以及分開觀眾席和界外地區的擋牆。他發現，PNC 球場的左外野最深，甚至比庫爾斯球場寬廣的外野還深，由「凹口」至左外野界外邊線標誌杆附近的草坪組成。凹口是中外野擋牆上向外凹進的地方，在投手賽前練習區旁形成一個三角形，離本壘板有四百一十英尺。由於這個凹口，PNC

球場極爲不利拉打型右打者在左外野擊出全壘打，也極爲不利左打者在右外野擊出全壘打。由於球場的尺寸，跑得慢的球員防守左外野也十分棘手。

二〇一三年，海盜隊使用移位防守策略和以誘使打者擊出滾地球爲中心的投球策略，彌補內野球員體能上的不足。與外野相比，棒球場內野的尺寸是統一的，占地面積也遠比外野少。然而，在PNC球場外野，海盜隊卻無法掩飾其外野手的不便。大聯盟打者往往希望打出較多的飛球、較少的滾地球。根據BIS公司的資料，普通大聯盟打者拉打出滾地球的概率爲73%，拉打出高飛球的概率僅爲40%。對於海盜隊而言，這又是一個棘手問題。

打從在丹佛時，赫德爾就知道外野防守的重要性。由於高飛球在海拔一英里、空氣稀薄的丹佛飛得更遠——飛行距離比在海平面多5%左右——庫爾斯球場把外野設計得很深，以盡量抵消高海拔對全壘打數的影響。庫爾斯球場的尺寸設計無意間造成了一個問題：由於各外野手防守的範圍變大，防守的位置在外野更深處，一壘安打和二壘安打的概率明顯增加。因此，不僅飛越外野手頭頂的球多了起來，而且球在他們身前或身前與所站位置之間的空檔區落地的概率也大了起來。

赫德爾不是一位步伐飛快的跑者，他缺乏速跑的能力。在庫爾斯球場，赫德爾開始欣賞起步伐快、能夠防守大片區域的外野手。棒球場的中外野一般爲防守面積最大的地方，所以球隊往往挑選跑得最快、身材最爲瘦長的外野手鎮守中外野。但是，PNC 球場的左外野卻比中外野還大。赫德爾知道，必須再安排一位中外野手來守左外野。內野手的不足可以透過移防調整位置而加以掩飾，但是，如果一名鎮守外野的球員速度不夠，或者截高飛球和平飛球經常走冤枉路，那麼即使根據資料調整外野手位置也掩飾不了。海盜隊需要一名精英球員來鎮守左外野，身爲總教練，赫德爾則需要一個人找到這麼一位球員。這個人就是雷內・加西歐（Rene Gayo）。海盜隊能夠克服球場尺寸帶來的難題，他的貢獻最大，而且充分發揮了被棒球界低估的技能——速度和體能。

因爲在美國本土每年六月的球員選秀會上，許多本土頂級業餘球員往往選擇投身其他項目，因此很難找到價值被低估的球員。於是二〇一三年，亨廷頓准許加西歐透過在拉丁美洲聘雇的二十四名全職和兼職球探，以超過一倍的數量擴大在當地挑選國際球員。拉丁美洲沒有球員選秀會，因此好的球探能夠物色到薪酬低廉、價值被低估的好球員。海盜隊老闆鮑勃・納廷有一次造訪多明尼加共和國，參觀了海盜隊的多明尼加學院，這是海盜隊多明尼加夏季聯盟隊（Dominican Summer League Team）和受邀來此受訓的其他候選球員比賽的地方。見到學院條件奇差，納廷大吃一驚，於是出資五百萬美元修了一個嶄新的學院，二〇〇八年正式啓用，獲《時代》雜誌盛讚爲「多明尼加奢華學院」。由於新學院在多明尼加同類學院中鶴立雞群，使海盜隊在招募球員時有不小優勢。不過，解決海盜隊外野防守的困境，關鍵還是得靠加西歐的理念和眼光。

棒球是由美國傳到古巴的。後來，古巴兄弟伊格納西奧．阿洛馬（Ignacio Aloma）、烏瓦爾多．阿洛馬（Ubaldo Aloma）逃離古巴，把棒球也傳到多明尼加。兩人在那裡建了一片甘蔗種植園，並於一八九一年組建了多明尼加第一支棒球隊。據作者小艾德里安．伯格斯（Adrian Burgos Jr.）所說，按單位人口產生的棒球人才計算，當今世界，占據伊斯帕尼奧拉島（Hispaniola）東部一半面積的多明尼加共和國產生的棒球人才之多，沒有一個地方能比得上。儘管多明尼加人口只有區區一千萬，與俄亥俄州相當，但在大聯盟裡面，11%的球員都是多明尼加裔。多明尼加人酷愛棒球。跟在美國的情況不同，在美國，出類拔萃的運動員從事何種運動，有很大選擇餘地，但在多明尼加這個島國，棒球卻是唯一的運動，而且對某些人而言，棒球打得好就能過上更好的生活。

加西歐是一名古巴移民，身材肥胖，留著鬍鬚，魅力不凡，愛與人交往，不論在哪裡總能引起觀眾矚目。他是海盜隊負責拉丁美洲球探工作的主管，在這一地區發掘出的價值之多，沒人比得上。在多明尼加頂級球員動輒簽上價值七位數的合約——譬如棒球選秀會中第一輪被選上的球員——的時代，加西歐幫海盜隊以十五萬美元的價格簽到了海盜隊的頭號綜合候選球員葛列格里・波朗科（Gregory Polanco），還以區區九萬美元的津貼簽到了海盜隊的優秀內野候選球員阿倫・漢森（Alen Hanson）。

加西歐的成名故事是一個奇蹟。身爲一名第二代美國人，他常說自己是「古巴製造」，但卻「生」在美國。二十世紀六〇年代初，加西歐說自己的父母是學生革命指揮部（Student Revolutionary Directorate）的成員。該組織是古巴反革命組織，專門密謀針對卡斯楚的活動。加西歐的義父是學生革命指揮部的副主席，曾與中央情報局（CIA）聯手，試圖推翻古巴共產主義政府。他仍記得自己年幼時無意聽到大人在餐桌旁說已把機關槍拆卸，把炸藥放好的話。他感到很奇怪，自己的父母、姑母、叔伯竟然都是游擊隊員。

「我眞不想這麼說，但他們基本上就是反對卡斯楚的恐怖分子。」加西歐說，「他們就跟電影裡面演的一樣，偷偷摸摸，搞伏擊。他們是我的親人，眞難相信他們做過那個。」

豬灣事件告敗之後，他們舉家逃離了古巴，在邁阿密定居下來。不久，加西歐的母親就發現自己有了身孕，一九六二年便生了加西歐。加西歐的父親能融入當地得力於自己愛好的棒球，後來這一興趣也傳給了兒子。他一直在古巴棒球聯盟（Cuban League）中打球，古巴棒球聯盟是第二早的職業棒球聯盟，歷史僅次於美國職棒大聯盟，他唯一一次中止打球是在美西戰爭期間。加西歐的父親曾目睹巴比・魯斯（Babe Ruth）打球，也曾見到湯米・德拉・

克魯茲（Tommy de la Cruz）一九四四年效力紅人隊時是如何突破膚色障礙的。加西歐的辦公室中，照片很少，其中一張就是他父親與克魯茲的合影。

加西歐只見過父親哭過兩次。第一次見到父親哭是父親某次聽海盜隊名人堂球員波多黎各裔外野手羅伯托．克萊門特（Roberto Clemente）致辭時。當時，克萊門特對著一群大聯盟球員，先用西班牙語致辭，然後才改用英語說了一遍。克萊門特一九五五年入行，一九七二年退役，致力宣導改善種族關係。爲對他的崇高人格表達敬意，棒球界設立了羅伯托．克萊門特獎（Roberto Clemente Award），每年頒發給賽場之外多行善舉的棒球選手，以示表彰。

第二次見父親哭是自己從德克薩斯州聖安東尼奧的聖瑪麗大學畢業，獲經濟學學位時。

加西歐和父親的夢想相同：他想做一名職業棒球員。在聖瑪麗大學念書時，他在校隊裡面當捕手。雖然參加選秀未獲成功，但紅人隊球探工作主管卡姆．博尼費（Cam Bonifay）簽了他——博尼費後來當上了海盜隊的總經理。在加西歐職業生涯中，他共上場當過三十次打者，之後膝蓋便出了問題。他希望繼續做棒球這一行，博尼費也發現這個年輕人很有棒球方面的天分。一九八九年，博尼費雇加西歐兼職幫海盜隊情蒐德州遊騎兵隊和聖路易斯紅雀隊。一九九四年，他迎來了一個大轉折：印第安人隊時任球探工作主管傑西．弗洛裡斯（Jesse Flores）建議印第安人隊請加西歐爲全職球探。加西歐於是負責起德克薩斯州南部、路易斯安那州、新墨西哥州等地的球探工作，爲工作驅車勞累，行程以萬里計。

加西歐說，許多人總說人要努力工作，可眞正努力工作的人少得可憐。有時，他會看看坐在他身旁的其他球探，也就是他的競爭對手，發現這些人無精打采，時不時抬腕看錶。加西歐稱他們是「看錶人」，認爲有自己在，那些人物色好球員根本就希望渺茫，因爲他們沒有尋覓寶貝的耐心和欲望。

加西歐曾說，他在拉丁美洲致勝的法寶就是工作起來比對手賣力。他說，多明尼加許多球探和球探工作主管往往只在首都聖多明哥或是在自己住的豪華酒店附近閒逛。

加西歐不同，爲了工作，他甘願跑到偏遠窮困的鄉鎮，住一晚六百比索的廉價旅館，只要床單乾淨。總而言之，加西歐願意蒐集更多球員資料。華盛頓國民隊國際球探工作主管約翰尼・狄波利亞（Johnny DiPuglia）對《棒球美國》說：「許多人不會（像加西歐）那樣拼命。要他們住在沒有有線電視，甚至沒有電視機，自來水汙濁的旅館，他們辦不到。我自己經歷過，但以後再也不想經歷了。我經歷很多次，經常弄得鬧肚子，早就受夠了。」

冬天沒有大聯盟球賽，如果出國物色球員的加西歐回家了的話，他會在自己的平板電視上播放老舊的錄影帶，研究湯尼・關恩（Tony Gwynn）如何揮棒。在中學時代，他就看過洛伊・哈勒戴（Roy Halladay）的帶子，見識了拿下賽揚獎之前，這位投球時打嗝的不凡棒球運動員是何風采。觀看錄像看似浪費時間，不過，加西歐卻是在大腦中比較不同球員，累積資料。對很多人而言，比較是危險的，因爲比較得出的結論不過是主觀的看法。對加西歐而言，做球探工作首先是了解歷史，了解各個球星成名之前是什麼樣子。這些就是他的資料點。

「我會坐在那裡看這些東西，甚至投手（投完一個球後）走幾步放鬆放鬆也不錯過。」加西歐說，「我坐著就看這些東西，看了很多年了。你可能覺得我有點匪夷所思。」

加西歐在大腦中儲存了許多球員的資料，供自己比較，不過也創建了自己的理念。二十年來，當球員、看錄影、做球探，透過反覆實踐，他終於發現自己偏愛的球員類型。這些球員有一個共同的特點——能跑。加西歐雖然跑不快，膝蓋也不好，和這些球員一點也不像，但他喜歡看他們跑。他記得在奧本（Auburn）看見博·傑克遜（Bo Jackson）跑的樣子，當時對他而言不啻是一場視覺盛宴。加西歐推崇速度，部分影響來自懷狄·赫爾佐格（Whitey Herzog）率領的那支以速度見長的紅雀隊和二十世紀八〇年代的皇家隊，這兩支隊是他最愛看的。

他一直尋覓跑得快、擊球出色的運動員。在濫用類固醇的二十世紀九〇年代至二十一世紀初期，力量一直廣受球隊青睞，速度和體能則「貶值」了。一些球隊比賽，幾乎光靠塊頭超大的打者，看誰打擊更猛。如今這個年代，加西歐喜歡說：「用藥不行了。」二〇〇四年開始興奮劑檢測之後，速度和體能重要起來。然而，進入二〇一三年賽季，防守值仍然未被充分認識，所以重要性很可能被低估了。球員能夠控制多大範圍，是否有快速跑位的能力，仍然主要靠主觀判斷和經驗案例來佐證。控制範圍大，會跑位，價值又被低估的球員便是加西歐物色的對象。

「打棒球，必須得會跑，」加西歐說，「不論在進攻還是防守裡面，會跑都是一個很重要的標準。不光是速度本身，速度的威懾力也能改變戰局。」

雖然西班牙語和英語說得都很流利，但直到一九九九年印第安人隊前總經理約翰・哈特（John Hart）晉升加西歐爲隊裡的拉丁美洲球探之後，加西歐才開始在拉丁美洲做球探工作。加西歐是這一職位的理想人選。當拉丁美洲球探兩年，加西歐以低廉價格簽下了威利・塔瓦瑞斯（Willy Taveras）、喬尼・佩拉爾塔（Jhonny Peralta）、羅伯托・赫南德茲（Roberto Hernandez）、拉斐爾・佩雷斯（Rafael Perez）、愛德華・穆吉卡（Edward Mujica），這些人後來都成了大聯盟中的好手。

二〇一一年，印第安人隊高層換血，迎來新任總經理馬克・夏皮羅（Mark Shapiro）。新官上任，夏皮羅改組了球探部門，並不再任加西歐爲拉丁美洲球探。這個消息曝光之後，第二天便有七支球隊聯繫加西歐，第一個表明意向並和加西歐通話的是海盜隊。

今天，海盜隊在外人眼中是一支重用資料、思想前衛的球隊，決策倚重資料分析。雖然亨廷頓並未雇用加西歐，但還是把他放在一個高級位置，因爲亨廷頓相信，傳統的球探工作在招攬業餘球員方面仍舊舉足輕重，尤其是在拉丁美洲。

爲在蒐集候選球員情報方面不落人後，海盜隊往加勒比海地區派了大量球探。多明尼加的情況不如美國，其球賽缺乏組織性，沒有像大學第一級聯盟（Division I）比賽那樣產生有意義的統計資料。球場簡陋，外野時不時還能看到吃草的牛羊，根本沒法指望運算法則和資料庫能幫忙在這樣的球場上發現棒球人才。在多明尼加，球探必須找到身材瘦長、營養不良、年紀在十六歲的少年，並準確預測其潛力如何。這種預測能力，有幾成大概是與生俱來的，然而大半卻是經由多年潛心觀察培養出來的。

「這是球探工作最爲原始的形式。」紅雀隊國際營運主管莫伊塞斯．羅德里奎茲（Moises Rodriguez）對《棒球美國》說，「沒有統計資料可用。如果你手下的球探懂得如何評估，而你也創建好了一個評估球探找來的球員的體系，那你獲得成功就容易得多。」

憑藉吃苦耐勞、認眞鑽研的精神，加西歐找到了斯塔林．馬爾特（Starling Marte）。

多明尼加首都聖多明哥有兩座機場，一大一小。大機場是美洲國際機場（Las Américas International），位於聖多明哥以東，是商業飛機進出的主要機場。較小的機場是伊莎貝拉國際機場（La Isabela International Airport），在聖多明哥以北，只有一條跑道，供小型飛機和包機起降。在該機場出口附近有一座簡陋的棒球場沿出口的道路而建，內野是紅色黏土。在聖多明哥市郊，這樣的棒球場有多個，加西歐每去一個，都會帶上一把草坪躺椅、兩個新球。他管球叫「珍珠」，分給兩支球隊各一個，然後就坐在烈日下觀看兩隊比賽。

多明尼加許多球探和球員評估人員喜歡待在學院裡面，叫人把球員和球隊帶來學院練習或者比賽，自己觀看。這些人是代表多明尼加年輕球員的僞經紀人，有時是教練或地位相當於家長的人物。加西歐對這種方式從來不感興趣。他是一名球探，認爲球探就應該去自己物色人才，而非叫人把「人才」送到他這裡鑑定。此外，球員如果被帶來學院，那麼控制環境的人是帶球員來的人，他會盡量展現球員好的方面。加西歐希望握有掌控權的是自己。他最想看的是球員實實在在的在球場上比賽，而非做打擊練習和投快速球表演。

他常用的砍價手段是這樣的：有人會找到加西歐，然後大力推薦自己的游擊手，卻不知加西歐意在右外野手。加西歐於是告訴那人，洋基隊喜歡那位游擊手，出的價格一定比海盜隊高。你的游擊手太貴了，右外野手價格怎樣？你想要兩萬美元？2.5萬美元怎樣？用這種手段，加西歐簽到了威利・塔瓦瑞斯。跟塔瓦瑞斯一樣，瑪律特也是加西歐在聖多明哥市郊一處棒球場上發現的。二〇〇六年春，沒幾個人料到瑪律特未來能進大聯盟。

價值被低估的瑪律特之所以被加西歐找到，主要是因爲自己在加西歐面前以游擊手身分展現過。第一次見到馬爾特，加西歐對瑪律特印象平平，看法與其他球探一樣——這位球員缺乏內野球員應當具備的直覺和手臂，因此不想簽他。但加西歐突生好奇之心，想看看瑪律特若在外野，表現又會如何。

「我想起了歐尼斯特・海明威，他曾經談過鬥牛士，還談過鬥牛士動作如何優雅，我一直很喜歡。克萊門特就很像鬥牛士，勇猛無比，卻很優雅。瑪律特也一樣，在賽場上很優雅。」加西歐說。

加西歐請瑪律特到外野打打看。雖然這名十八歲的少年體重一百六十磅，營養不良，還跟許多多明尼加青少年候選球員一樣受寄生蟲困擾，但其向內野傳球之猛，卻快如雷射，令加西歐大開眼界。之後，加西歐便叫瑪律特跑跑看。球場相當邋遢，夾在牧牛放羊的草地和錫皮鐵皮頂的一排房屋中間，加西歐看完瑪律特速跑好幾次六十碼的距離之後，目瞪口呆。瑪律特跑完六十碼，其中一次只用6.48秒！要知道，一個人跑完六十碼若只用6.6秒，那就非常快了；如果只用6.5秒，那等於快飛起來了。

「不光快，只用6.48秒，」加西歐說，「還有，即使你在他頭上放塊水晶玻璃，那玻璃也不會掉下來。他跑的時候，你不禁驚歎：『動作漂亮。』我以前從沒見過那麼漂亮的奔跑動作。」

但瑪律特能打擊嗎？

在打擊練習中，瑪律特擊出的平飛球在球場上呈扇形分布，十分均勻。然而，加西歐仍有疑問。雖然一名年輕球員是否對好球帶有足夠認識，擊球是否夠力度很難看出，但加西歐發現，瑪律特能夠打擊。當瑪律特打擊時，加西歐發現，瑪律特的肩膀、腰、膝蓋、手腕配合得非常好。加西歐想，如果飲食健康規律，在健身房鍛鍊一段時間，瑪律特的力量就可以增加，日後將大有可爲。

瑪律特還有個優點令加西歐也很喜歡，那就是沉著冷靜。在賽場之上，如果被殺出局或者打得不好，或者做了糟糕的決定，瑪律特下次上場不會帶著情緒，信心也依然不減。加西歐被征服了。他給瑪律特開價八萬五千萬美元。二〇〇七年一月四日，瑪律特與海盜隊正式簽約。其他球隊由於看到瑪律特的不足，也就是當游擊手的能力尚嫌不足，結果錯過了他。加西歐則看中了瑪律特的特長：瑪律特像鹿一樣靈活快速，能防守大片區域。

加西歐眼力不錯，瑪律特很快從海盜隊的系統中脫穎而出。海盜隊中，安德魯·麥卡琴是球隊的重要人物，鎮守中外野的地位穩固，瑪律特雖然是天生的中外野手，但二〇一二年賽季將近結束，首次奉召到海盜隊大聯盟球隊時，卻被安排鎮守左外野。儘管一名候選球員沒被安排到中外野通常被人認爲不妙，但鎮守 PNC 球場左外野比鎮守中外野更爲棘手，所以，價值更大，二〇一三年首次以大聯盟球員身分打完整個賽季，瑪律特防守左外野，表現果然不負所望。

八月十八日，延長比賽的第十二局上半，海盜隊對陣亞利桑那響尾蛇隊（Arizona Diamondbacks），響尾蛇隊二壘手艾倫·希爾（Aaron Hill）擊出了一個高飛球到左外野較淺的位置。在旁人看來，這個球會落地，輕鬆讓二壘上的跑者幫響尾蛇隊贏一分，從而領先。然而事情出乎意料，瑪律特不知從什麼地方冒了出來，反正是從電視攝影機的視野之外冒了出來，以閃電般的速度把球給接住，終止了該局。由於速度太快，他的身體還在地上滑行了一段距離。

如果瑪律特是在美國長大，那很可能在美國職業美式足球聯盟某支球隊裡面做接球員或者後衛。他身材健美，六英尺高，體重一百九十磅，肌肉有型，身體類型在大聯盟球隊中難得一見。在八月十八日這天晚上，瑪律特將身體衝出，力量猶如炸彈爆炸，加上他所選的路徑完美，往往能一舉把球截住。整個賽季，瑪律特就是這樣幫海盜隊鎮守球場的。他的防守範圍廣闊是海盜隊在八月中旬仍能領先紅雀隊一場的主要原因之一。

統計資料顯示，二〇一三年，與左外野手平均水準相比，馬爾特多守住二十分，在左外野手中排名第一。防守分的得出依賴了影像偵測和分析學，意在測算外野手的防守範圍。隊友麥卡琴守住了七分，在中外野手中位居第六。從極限防守範圍評估值（一項統計資料，計算方法與防守分類似，英文簡稱 UZR）來看，二〇一三年，二十名頂級外野手中，海盜隊占了兩名。除匹茲堡海盜隊之外，只有奧克蘭運動家隊、亞利桑那響尾蛇隊、波士頓紅襪隊各占兩名頂級外野手。波士頓紅襪隊曾摘得大聯盟總冠軍的桂冠，奧克蘭運動家隊在美國聯盟中的勝場數則首屈一指。由此可見防守之重要，外野球員實力之重要。

截至二〇一三年八月十八日，國家聯盟中區球隊排名情況如表10-1所示。

表10-1　截至二〇一三年八月十八日國家聯盟中區球隊排名情況

| 球　隊 | 勝—負 | 勝　率 | 落後於第一名球隊的勝場數 |
|---|---|---|---|
| 海盜隊 | 72-51 | 0.585 | — |
| 紅雀隊 | 71-52 | 0.577 | 1 |
| 紅人隊 | 70-54 | 0.565 | 2.5 |
| 釀酒人隊 | 54-70 | 0.435 | 18.5 |
| 白襪隊 | 53-70 | 0.431 | 19.0 |

不過，八月十八日那場球賽是瑪律特將近一月以來最後一次代表海盜隊出戰。八天之前在科羅拉多，落磯隊後援投手喬希·奧特曼（Josh Outman）投出一個快速球，擊中了瑪律特的左手。瑪律特當即跪倒在地，握住了受傷的手。海盜隊的訓練人員趕到打擊區查看他的傷勢，只見他痛苦難忍。他帶傷繼續打了一周，雖然防守沒受影響，但握球棒全力擊球卻十分艱難，再也沒法不顧一切的往壘上衝。

八月十八日的球賽結束之後，瑪律特又抱怨起手疼痛不已。於是，八月二十四日，海盜隊把瑪律特列入了傷患名單。暫時失去了瑪律特的海盜隊隨後勝負數拉平。到九月十八日，二十九場比賽，海盜隊輸了十四場，從原先在全國棒球聯盟中區領先紅雀隊一場，淪爲落後於該隊兩場，比紅人隊僅僅領先半場。在外卡晉級賽中，海盜隊領先的優勢已縮減爲領先華盛頓國民隊五場，領先亞利桑那響尾蛇隊七場。雖然海盜隊看似拿到兩張外卡中的一張很有把握，但晉級再不是必然的事。眾多球迷在熱線廣播、推特網站、網路論壇上紛紛抱怨道：「又要輸了。」、「老闆太摳。」、「大敗三！」

儘管二○一三年賽季，由於負傷錯過了三十場比賽，但因爲他的防守值，瑪律特仍獲評爲第二十八名最具價值的外野手，勝利貢獻值爲4.6。可是，如果瑪律特不能握棒打擊，那就不能做先發打者——這無疑是巨大的損失。還有，由於評估防守表現沒有完善的方法，很難精確的說瑪律特的作用有多大。但這種局面就要改變了。

精確衡量防守是賽場分析學最後幾大前沿研究領域之一，包括傷害預防和一些軟性科學，比如球員競爭欲望、球員改進球技能動性、球員受球隊氛圍影響等。

整個二十世紀，大眾和球隊評判防守球員的方法基本是主觀的。測定防守的指標幾乎沒有。能算得上的一個指標是守備率，即球員成功完成助殺或使對方球員出局的次數，占助殺機會和造成對方球員出局的機會總數的比例，但這個指標有很大缺陷，因爲它並未考慮球員的防守範圍。譬如，某位球員的一個失誤或許是因爲另一球員沒有把球接住，而且，失誤是由聯盟指定的記錄員主觀判定的。

約翰·迪萬不僅想改變棒球界對球隊整體防守的看法——藉由防守陣型和移防，也想改變棒球界對單個球員防守值的認識，於是，他發明了防守分這個指標。跟迪萬的體系一樣，海盜隊自己的防守價值評估系統也是依據球員把打到某區域的球，轉換成出局的能力而加分或者減分。然而，跟迪萬一樣，福克斯認爲，迄今發明的各種體系本身並不足以完全準確的衡量一名防守球員的能力。福克斯注意到，評估一名防守球員的能力時，海盜隊想把球場和與該球員搭檔的投手也考慮在內，但即使如今最好的衡量指標，也充滿了偏差和未知。由於當前尚未去測量球員在球場上的運動情況，所以也無法準確評估其能力。準確評估球員能力需要新的球員追蹤系統——Statcast。

二〇一四年三月一日，在麻省理工學院斯隆分析學大會（MIT Sloan Analytics Conference）上，美國職業棒球大聯盟高級媒體公司（Major League Baseball Advanced Media）的喬·因澤裡羅（Joe Inzerillo）走上了波士頓海因斯會展中心（Hynes Convention

Center）的講台，做了一場大家期待已久的演講。這場演講跟斯蒂夫．賈伯斯（Steve Jobs）發布蘋果產品的演講很像，只不過是棒球版的。他身後台上是一塊下拉式投影幕，與投影機相對。當時，美國職業棒球大聯盟高級媒體公司以做好數位化、改善用戶體驗爲重心，成了棒球行業內舉足輕重的公司。每支大聯盟球隊都持有該公司相同數量的股份。據 Bloomberg.com 估計，二〇一三年，每支球隊所持股份的市值在1.1億美元左右。媒體報導，有幾家股權公司出價十億多美元購買該公司的股份，但均被這家棒球界的數位公司一一婉拒。然而，由於與運動大觀公司（Sportvision）的 PITCHf/x 系統合作很成功，美國職業棒球大聯盟高級媒體公司萌生了自己製造資料的想法。二〇一四年斯隆分析學大會上，因澤裡羅宣布了迄今爲止該公司最爲激動人心的項目。

站在棒球界一群通曉分析學的觀眾面前，因澤裡羅語出驚人，宣布他和自己的團隊已經解開最大的棒球之謎。他說，很快，棒球場上球員的每個動作、每個步伐、每次投擲，都可以測量並量化了！

「用實證方法來認識我們的防守員、跑者，一直是我們夢寐以求的事。」因澤裡羅對台下觀眾說，「如今，這終於快變成現實了。屆時，我們可以分析資料，看它究竟代表什麼……棒球比賽，勝敗往往就因爲那麼幾英寸，很快，我們就可以告訴你究竟是幾英寸了。」

隨後，因澤裡羅用手中的平板電腦打開了一段精采影片：二〇一三年勇士隊和大都會隊在花旗球場的一段比賽。第九局下半場，勇士隊以二比一的微弱優勢暫時領先大都會隊。勇士隊的一流救援投手克雷格．金布雷爾（Craig Kimbrel）已把對方兩名球員殺出局，但也擊中了一打者，並保送了另一名球員上壘。大都會隊的札斯廷．特納（Justin Turner）把球擊出時，大都會隊不下一位跑者已在壘上，蓄勢待發。球一脫離球棒，奔左中外野空檔區而去，看形勢，似乎大都會隊即便不贏，也會打成平手。然而事情出乎意料，勇士隊通常守右外野的中外野手傑森．海沃德（Jason Heyward）突然一躍而起，把球接住，結束了比賽，幫勇士隊奪得勝利。這一比賽片段本已十分精采，但螢幕上海沃德和特納的相關圖表卻更令人歎為觀止。

圖表上顯示了海沃德的即時資料。他的最高時速為18.5英里，加速度為每秒15.1英尺，起點在離攔截點80.9英尺處——如果球在那裡落地，就成了一支安打——走的路程共83.2英尺，也就是說，路徑效率為97%，近乎完美。海沃德的反應速度也非常快，球離棒僅僅0.2秒，就已開始邁步。被即時追蹤的不僅是海沃德，一切都有被即時追蹤：球離開特納球棒的速度是每小時88.3英里，角度為24.1度，共行進三百一十四英尺，滯空時間為四秒鐘。這箇直是 PITCHf/x 的超強版。

自棒球運動誕生以來，美國職業棒球大聯盟高級媒體公司終於首次證實，像這樣精采的比賽片段，每個細節都可以測量了。棒球大數據即將向前邁出一大步。屆時，每個賽季產生的資料點不再以百萬計，而是以十億計。

「我們現在不過剛到初級階段。」因澤裡羅說。

Statcast 是怎麼工作的？Statcast 從不同的系統接收資料，然後將資料整合在一起。Statcast 利用基於雷達的 TrackMan 系統追蹤球和球的運動，同時利用兩組蔡潤合古公司（ChyronHego）的雙套攝影機追蹤賽場上的球員，由於攝像機爲立體布局，因而具備三維追蹤能力。這些攝影機追蹤賽場上每位球員的運動，並與 TrackMan 的都卜勒雷達讀數同步，然後，球員和球的運動由 Statcast 系統的軟體轉化成具體資料。二〇一三年花旗球場已經安裝 Statcast 系統，並蒐集了大都會隊與勇士隊的比賽資料，另有三個球場計畫於二〇一四年安裝。美國職業棒球大聯盟高級媒體公司力爭該系統在二〇一五年結束前安裝在每個球場。PITCHf/x 能夠追蹤所投之球的運動、位置、速度，Statcast 則能追蹤賽場上的一切運動。

然而，雖然該系統可以即時追蹤並分享資料，卻沒法即時生成圖表。原因是每場比賽產生的資料極多，達好幾兆位元組（TB），別說即時處理，即使傳輸也很費時。與使用

PITCHf/x 的情況不一樣，球隊不願公開 Statcast 資料，目的是以便自己發明專有衡量指標。假定該系統真正投入使用，分析師就須用其產生的數以十億計資料點發明有意義的指標。

這對棒球比賽會有什麼影響呢？原先只能憑肉眼主觀判斷的東西終於可以量化了。正如約翰．迪萬改變了棒球界對集體防守表現的看法一樣，Statcast 有潛力改變我們對具體防守球員的表現及其價值的看法，並說明我們進一步認識集體防守。

紅雀隊總經理約翰．莫扎列克（John Mozeliak）感覺 Statcast 將產生巨大影響。「憑直覺就論斷哪位球員防守真的多棒以後是不可能了。」莫扎列克說，「有了該系統，某個球員能防守多大面積，是如何防守的，你能知道得清清楚楚，但這些我們現在仍然主要靠主觀分析。一旦突破極限，這類追蹤系統將真正改變人們對防守的看法。」

Statcast 系統問世之後，防守範圍、準確度、路徑效率等防守值將顯得更加重要，手臂力量也將首次得以準確量化。海盜隊在二〇一三年就已「下注」，打賭個人防守值比其他球隊料想得重要。

然而由於八月中旬瑪律特負傷，這一競爭性優勢喪失了。現在，海盜隊有點豁出去的意味：他們要在沒有瑪律特的情況下帶給匹茲堡遲了二十年的禮物——一場在匹茲堡主場舉行的季後賽。沒有了瑪律特，海盜隊得找個人頂替他。

## 第十一章

# 投手競賽

二〇一三年九月上旬，匹茲堡市中心附近，夾在倉庫和露天市場間的著名運動品店匹茲堡人（Yinzers）在店外掛了一塊巨型牌子，提醒人們海盜隊再勝六場，勝場總數就會達到八十二場，迎來二十一年來首個季後賽。每贏一場，該店就會把相應的一個數字——如77、78、79等——劃掉。由於該店地處星期六早市的路段，所以這個牌子每周都有數千人經過，也就成了匹茲堡民間的一塊倒數牌。

然而，九月九日出了個問題：一連五天，匹茲堡人店沒有打一個叉，因爲海盜隊未贏一場。勝場數卡在了八十一。雖然從數學上看，勝八十二場似乎是必然，但既然還沒勝，匹茲堡人不免多少有幾分疑慮。

海盜隊上次取得賽季勝利，是在一九九二年九月十二日，當時格瑞特·科爾（Gerrit Cole）滿兩歲才四天。在滿二十三歲一天之際，匹茲堡萬眾忐忑，期盼海盜隊創造歷史，科爾在得克薩斯州阿靈頓登上了投手丘，對陣德州遊騎兵隊的王牌，美國聯盟中的投球好手達比修有（Yu Darvish）。他要終結海盜隊連輸二十個賽季的歷史。遊騎兵隊爲請達比修有和他的日本團隊效力，支付了將近一億美元。在自由球員市場上，不論國內還是國際市場，像達比修有這樣的投手，海盜隊絕對請不起。唯一能請到此類人才的地方，是選秀會的首輪，科爾就是在這裡面被發現的。繼羅德里奎茲對陣勇士隊肘部受傷之後，科爾於六月上旬加入投手輪換表，上場十五次，表現大體良好，但還不夠，海盜隊需要科爾表現更加出色，因爲近幾周來，海盜隊的一流老投手利里安諾和伯奈特的表現都有所下降，瑪律特則因傷仍未歸隊。整個海盜隊似乎選了個不當的時間失常，遲遲不能再勝一場，以勝八十二場的成績取得賽季勝利。

赫德爾曾說，自己的「每日所思」電子郵件收件人動輒以百計，不是專門寫給某位球員或受眾的。他認爲，這種電子郵件的內容常是自己需要領會的話，因此常常感覺他是在給自己寫郵件。曾對現實視而不見的赫德爾現在終於開始內省求眞了。儘管如此，九月九日赫德爾發出的郵件，好像還是特地寫給加州大學洛杉磯分校「出品」的科爾的。這封電子郵件最先發表於 ESPN.com 上一篇赫德爾的人物故事中，當時全國各地湧來的記者愈來愈多，開始圍著海盜隊和海盜隊引人入勝的故事轉，在賽前採訪時把赫德爾的辦公室擠得水泄不通。郵件內容是這樣的：

前加州大學洛杉磯分校美式足球員蒂姆．賴特曼（Tim Wrightman）曾說過一個故事，講的是當年在美國職業美式足球聯盟身爲新手前鋒的他，是如何不畏對陣傳奇突擊手勞倫斯．泰勒（Lawrence Taylor）的。泰勒不僅力量威猛，速度飛快，而且深諳心理戰術。他看著蒂姆的眼睛，說道：「小子，可準備好，我往左邊來，你奈何不了我。」

蒂姆冷冷答道：「泰勒大爺，你得搞清楚，到底是你的左邊還是我的左邊？」

經這麼一問，泰勒倒怔住了，蒂姆借機完美的阻止了他。

由此可見，人一旦克服恐懼，往往能發揮驚人的能力。恐懼，不論是懼怕痛苦、失敗，還是懼怕被拒，都是一種有害情緒，會在我們心中催生魔障，把我們的信心消磨殆盡，令我們裹足不前，而不奮勇拼搏，甚至試也不試。

今天就來點改變吧。

愛你們的赫德爾

赫德爾希望手下球員不論攻守，都無所畏懼，希望科爾投球時也無所畏懼。他常說的

「敬而無畏」四字，也是針對比賽來說的。他也曾說，一名球員理想的心態，應該跟在自家後院打球的兒童一樣，毫無壓力。他覺得，如果做到這點，就等於脫離恐懼，能在賽場上不受拘束，恣意而行。

海盜隊需要科爾在這天改變局面，更上一層樓。由於球員接連受傷，球隊的投手群受到了很大考驗。由於瑪律特受傷不能參賽，海盜隊不需那麼多活球了，需要的是投手——尤其是二〇一一年選秀會第一名獲選新秀科爾——多投出三振出局。

科爾看起來有一名主力投手的部分素質，身高六英尺四英寸，體重二百五十磅，肩膀寬闊，好似球場中央的一名美式足球中後衛。他留著濃鬚，在投手丘上眼神威凜，而且絕非裝腔作勢。他的技能毋庸置疑，只不過他的能力未加提煉，雖然厲害，但還沒出什麼成績。他投的球將近70%都是快速球，球型過於單一，之所以能有一席之地，主要靠球速罕見。他的快速球平均時速爲96.3英里，在二〇一三年大聯盟先發投手中屬於上層水準。該賽季早前對陣洛杉磯安納海姆天使隊，科爾投出了八個時速達一百英里的球，其中最高時速爲101.8英里。那晚在南加州，科爾可能有點激動，因爲是自己首次以大聯盟球員身分在家人和朋友面前參賽。

然而，雖然球速驚人，科爾的三振率卻低於平均水準，賽季頭兩月參加印弟安納波里斯印第安人隊的3A級比賽，平均每九局三振數僅爲6.2。他是一名球型單一的球員，要改善，就必須改變，在德克薩斯那個宜人的晚上，他做到了。

預測一個人的才能如何發展與發展一個人的才能是兩碼事。二〇一三年賽季之初，關於科爾的那個問題，早在他念大學的時候就有人問了，這個問題就是：他的三振在哪裡？他的優勢在哪裡？當年早些時候記者問及這個問題，科爾很是不悅。有些評估人員隱晦的說，科爾的問題，出在不論投什麼球都非常猛。這話並非無憑無據，科爾的變化球和滑球的投擲速度都在每小時九十英里。不過九月九日，他終於一反平常，三振數也提高了。

在德克薩斯，科爾亮出了一件新武器——曲球。由於正是亮出新招的時機，赫德爾和海盜隊也許希望科爾投新球型時不再心有恐懼。

科爾第十六次登上投手丘——這也是他年輕的職業生涯以來最爲重要的一次，心中明白隊裡的資深先發投手近來登場發揮都大不如前。頭一局，科爾擲出了一枚時速九十八英里的快速球，擦本壘板外角而過，艾維斯·安德拉斯（Elvis Andrus）被三振出局。在春訓中以及3A級比賽中，快速球投擲位置一直是他努力的焦點，果然也有進步。第三局，科爾讓棒球界見識了他的新武器——曲球。第一枚曲球變向急劇，令萊尼斯·馬丁（Leonys Martin）一擊未中。隨後伊恩·金斯勒（Ian Kinsler）登場，科爾投出一枚八十三英里的曲球，伊恩更是連球的影子也沒碰著。第五局，米奇．莫爾蘭（Mitch Moreland）面對科爾時速八十四英里、變向陡劇的曲球，依舊揮棒未中。賈瓦尼．索托（Geovany Soto）仍然敗北，球棒揮出，科爾的變化球從棒下飛過。科爾的曲球屢屢令對手中招，並非只因球的動作特點，也是因爲他的曲球比快速球時速慢十五英里左右，令德州遊騎兵隊的打者屢屢誤判擊球時機。

「怎麼使對方擊球不中？得把對方弄得心神不寧，心想『我得防著這邊。』」科爾說，「三振是有門道的。（釀酒人隊先發投手）瑪律科．埃斯特拉達（Marco Estrada）投球時速八十五英里，我們隊裡九個人都被他三振出局了。顯然，他對部分人用了些手段。他是如何使他們心神不寧的？」

科爾把每位打者弄得心神不寧靠的是其時速一百英里的快速球，之後就可以趁對方心神不寧，投速度較慢的曲球。

接下來半局，科爾依然未丟一分，媲美達比修有。第六局，艾德里安．貝爾崔（Adrian Beltre）把時速九十九英里的來球擊成了內野滾地球，成爲該局最後出局的一個人。科爾手套和右拳互擊，興奮不已，走下投手丘，朝球員休息區而去時，難掩激動，不禁邊走邊在潮濕的空氣中望空呼喊。

第七局，一枚時速九十七英里的二縫線快速球脫手而出，到本壘板上空行進遲緩，竟有折返之勢，對手莫爾蘭被三振出局。這是科爾職業生涯中第九個最出色的三振。他只被安打三次，保送兩人上壘，未丟一分。兩局中間的休息時間，隊友紛紛祝賀他。

同在第七局，佩德羅．阿爾瓦雷茲（Pedro Alvarez）擊出一支二壘安打，使巴默思幫海盜隊奪得本場比賽唯一的一分，結果一比零，使海盜隊終於贏足八十二場，結束了北美職業運動史上連輸最多賽季的屈辱歷史。第二天，《匹茲堡論壇評論報》體育版的封面上印上了一個簡潔有力的金色數字「82」其底色爲黑色，用的是海盜隊的統一字體。

球迷紛紛爲海盜隊慶祝，在社交媒體網站上分享各自的慶祝照片，有的甚至還在家裡開了冰鎮香檳。海盜隊卻平靜得很：沒有在賽場上即興狂舞，也沒有在客隊會所用塑膠罩把衣櫥罩起來，以免香檳啤酒四處飛濺，弄濕衣櫥。海盜隊沒有計畫回到匹茲堡之後沿同盟大街（Boulevard of the Allies）遊行慶祝，科爾也沒有被眾隊友抬在肩上。隊裡的球員多半都沒有經歷海盜隊連續多年的敗績，只有尼爾．沃克從小在匹茲堡郊區長大，中學即被海盜隊招募進來，親身經歷了海盜隊二十年連續敗北的歷史。這場勝利令廣大球迷欣喜不已，相形之下，球隊裡面大家的反應並不一致。誠然，勝賽八十二場對於陷於困境的海盜隊前台部門和教練而言，的確是件天大的喜訊，但那晚對海盜隊而言，最爲重要的是看見科爾邁出了下一步，在各隊的競逐中幫海盜隊贏了關鍵的一場比賽。可有個麻煩的問題：二〇一三年，科爾還能繼續投多久？

就在一年前的九月上旬，一場錦標賽正在如火如荼的進行，華盛頓國民隊突然決定不再讓該隊中與科爾同樣曾爲第一名獲選新秀的年輕王牌投手史蒂芬·史特拉斯堡（Stephen Strasburg）投球，因爲他所投的局數已經達到了該隊自我設定的上限。史特拉斯堡事件的陰影正在逼近科爾。年輕棒球投手普遍飽受傷病之苦。二〇一四年，投球最爲用力的十位先發投手中，只有科爾和天使隊的先發投手加勒特·李察斯（Garrett Richards）自入行以來沒有做過手肘尺骨側韌帶重建手術。保護投手、防止投手受傷的通用方法只有兩個，一是限定投手每次上場投球的次數；二是限定投手每個賽季所投的局數，但這兩種方法效果如何，飽受質疑。國民隊爲避免自己術後第二年的年輕王牌投手投球過度，給他主觀設定了參賽局數，這引起了大家對科爾的揣測。科爾是否會跟李察斯一樣，在競賽中途離賽場而去呢？

跟關注海盜隊的勝利場數一樣，大眾也在密切關注科爾的投球局數。時間到了九月，科爾參加大聯盟比賽和3A級比賽所投局數達到一百九十局，與其二〇一二年的一百五十局相比，所增局數超過25%。是否如此大幅增加年輕投手的投球量，大聯盟球隊往往猶豫不決。海盜隊跟國民隊不一樣，國民隊早在一年之前就公開了爲史特拉斯堡制定的計畫，而就如何安排科爾，海盜隊仍舊口風甚緊。有記者問海盜隊總經理亨廷頓，是否爲科爾限定了投擲局數，亨廷頓答：「到時候自然告訴你。」

大家誤以爲二〇一三年的海盜隊球員都很年輕，如果不年輕，海盜隊的勝利如何解釋呢，匪夷所思？大家都以爲海盜隊是找到了方法，成熟了，而不知海盜隊其實是一支中年球員球隊。其球員名單中的二十四名球員，平均年齡爲28.4歲，在各支球隊中排名第十二。海盜隊的同區對手，第一名的紅雀隊，連贏六個賽季，球員平均年齡小得多，在大聯盟中第四年輕。雖然建立農場系統是亨廷頓主計畫的一個主要宗旨，但亨廷頓繼承的農場系統二〇〇八年在《棒球美國》的排名中位居第二十六，亨廷頓旗下的五級培養體系中，沒什麼有分量能夠打動大聯盟球隊的人物。跟美式足球和籃球不一樣，棒球這一行，候選球員，即使是首輪的候選球員，培養也需多年。

多年以來，在招募球員一事上節約再節約之後，亨廷頓終於說服了老闆增加資金投入。對於一個小市場球隊而言，這方面的開支根本不可節省，而且農場系統也可能是以較低成本發現未來明星球員的地方。

這一策略調整始於二〇〇八年，海盜隊在選秀會第二輪選拔中選擇阿爾瓦雷茲之後。他被《棒球美國》評爲當年選秀會上的頂級人才，後以六百萬美元和海盜隊簽約，創下了該隊的簽約價格紀錄。亨廷頓和球隊總裁弗蘭克·康納利（Frank Coonelly）開始實施一項計畫，令海盜隊奮起直追，把兩個選拔等級合成一個。他們鼓勵多投資金在招募球員方面。按他們的想法，海盜隊不僅要答應第一輪中所選的重磅球員所開的價格，而且還應該大力超額請人。具體而言就是，選秀會上，有些能力出眾的球員由於開價過高，乏人問津，被放進了後幾輪選拔，海盜隊要以豐厚的簽約金吸引他們，金額超過大聯盟建議的標準。丹．福克斯奉亨廷頓之命辦的頭幾件事中，有一件就是研究業餘球員的招募。二〇〇八年至二〇一二年，亨廷頓上任的頭五個賽季，海盜隊在簽約金方面共花了五千一百四十萬美元，高過其他任何球隊，在那五年創下了紀錄。

此外，亨廷頓和海盜隊自知財力不濟，無法在自由球員市場上爭奪首屈一指的投球好手，於是轉而注重在選秀方面投入重金。二〇〇九年至二〇一一年，每次選秀會頭十輪，海盜隊所選的前三十名球員有二十二名都是投手（而且十七名是從高中挑選來的）。簽其中的十八名投手所用的簽約金總額爲兩千五百六十萬美元，比該隊二〇一三年爲其大聯盟先發投手開的總薪資還高。

海盜隊出手慷慨，以價值七位數的合約簽下了不少高中投手，包括科爾頓．凱恩（Colton Cain）（一百二十萬美元）、斯特森．艾力（Stetson Allie）（兩百三十萬美元）、紮卡裡．馮．羅森伯格（Zachary Von Rosenberg）（一百二十萬美元）、克萊．霍姆斯（Clay

Holmes）（一百二十萬美元）。這些人由於開價過高，第一輪未獲球隊選中，被放到後面的輪次——如在第七輪中——一般而言，後面輪次一般只能簽到幾千美元，簽不到幾百萬美元。

海盜隊並非只要是投手就砸錢，他們物色的是一種具體類型的投手：身材瘦長，球速看好，身體還能更加精實、強健。前台部門給隊裡的球探安排了棘手的任務：尋覓下一個賈斯丁・韋蘭德（Justin Verlander）和斯蒂芬・史特拉斯堡。二〇一一年選秀會上，海盜隊選中了一名身材和能力與前兩人相當的人，第一名綜合獲選新秀——格瑞特・科爾。二〇一三年六月，科爾是從亨廷頓的農場梯隊裡成長的，第一位加盟大聯盟、又有潛力左右海盜隊戰局的先發投手。他是棒球員中的奇珍異寶：年輕，訓練較爲有素，處在球隊之下已有六個多賽季。

海盜隊已請丹・福克斯運用其數學才能找出移防和利里安諾、馬丁等自由球員的隱藏價值，然而海盜隊如果要立於不敗之地，每年保持競爭力，就必須有一個出產人才的農場系統。由於二〇一三年海盜隊球員接連受傷，先發投手在下半賽季也力不從心，海盜隊急需選秀會上選拔的某些人才代隊出戰，施以援手。具體一點，海盜隊需要像科爾這樣的球員登上賽場，引人矚目。當然，保護像科爾這樣的投手不受傷病困擾也同樣重要。

科爾向來被保護得非常好。他在加利福尼亞州的聖安娜（Santa Ana）長大。此地在洛杉磯以南，是世界上棒球投手肘部受傷概率最高的地方。喬恩・羅格勒（Jon Roegele）的手肘尺骨側韌帶重建手術資料庫顯示，二〇一四年九月做該手術的投手已知共計八百三十九人，其中，來自洛杉磯城區的大聯盟和小聯盟投手比來自全國其他城區的都多，甚至比來自加拿大、墨西哥、日本三國的總數還多。出現這一情況，當然有不少原因。就先發投手而言，南加州常年氣候溫和，適宜常年投球。此外，該地富裕，男孩子若表現出些許天賦，家長有錢給他請私人教練。再來就是由於招募球員的簽約金和大聯盟球員的薪資上漲，南加州的棒球訓練之風更是日勝一日，當然也使人的肘部磨損厲害。

雖然科爾少時家境富裕，父母給他請了私人教練，但會保證科爾的投球訓練計畫中有幾個月的假期。所以，他每年可以休息兩次，每次兩個月。科爾的父親叫馬克，與大多數兒子棒球水準很高的父親不一樣，他是一名科學家，南加州大學畢業，主修病理生理學，即研究疾病機理的學科。他對利用資料防止受傷很感興趣；《體育畫報》撰稿人湯姆・維都奇（Tom Verducci）曾在二十一世紀初以資料爲依據，寫過一篇探討年度投球局數顯著增加與年輕職業棒球投手受傷之間關係的文章，馬克尤感興趣。科爾尚在少年棒球聯盟（Little League）時，馬克就開始數兒子的投球次數了。

科爾念中學的時候，父親給他制定了一個評估系統，每次登場之後，可用1至10的數字來表示自己的痠痛和僵硬程度。在蘭治路德高中（Orange Lutheran High School）校隊和加州大學洛杉磯分校當投手時，科爾每周只許投一次。所以雖有不少球速飛快的年輕投手投著投著身體便出了問題，科爾成爲職業球員時，胳膊用得還是較少。海盜隊對待科爾也十分小心。他在3A級比賽中，三振數比料想的低，其具有三振出局威力的曲球也故意直到九月才使出來。這也是印第安納波利斯印第安人隊裡的球探們說他們沒怎麼見過科爾投曲球的原因。雖然採用什麼損傷預防策略，海盜隊祕而不言，但有些人認爲海盜隊並未把各種球型同等看待。他們的看法是，海盜隊認爲某些球型給年輕投手造成的壓力要大些。

科爾注意到，邁阿密馬林魚隊（Miami Marlins）的球星何塞・費南德茲（Jose Fernandez）二〇一四年做過手肘尺骨側韌帶重建手術，如果獲海盜隊錄用，海盜隊多半不會准他如此頻繁的投曲球和滑球。「雖然我們隊裡有些人的變化球投得很好，但這並不是重點。」科爾說。

他透露，自己在加州洛杉磯分校時不如史特拉斯堡在聖達戈州立大學時那樣依賴變化球，也許史特拉斯堡在聖達戈州立大學時，手肘就開始受損了。「看看投手和他們的賽場壽命，而且不要光看一個賽季，而要看其整個職業生涯，你就會發現，最後留在賽場的人都是對快速球掌控最好的人。」科爾說，「這個結論也許是利用統計資料得出的，但沒有統計資料我也知道這個很重要。」

就在分析人士和球迷想不通科爾在3A級比賽中爲何三振率不高，也不明白他在大聯盟頭幾個月的優勢在哪裡時，科爾解釋道，三振數並不是他最看重的；他首先想爲掌控快速球打好基礎。

威爾．卡羅爾（Will Carroll）住在印弟安納波里斯，他常去勝利球場（Victory Field）看比賽，觀察海盜隊下屬的3A級球隊裡或其他對手隊中的年輕優秀投手。卡羅爾專事研究運動損傷，著有《拯救投手》（*Saving the Pitcher*）一書，也曾請過丹．福克斯爲BaseballProspectus.com 網站撰寫專欄。見棒球界普遍對利用資料預防球員受傷的做法和科技方案興趣不大，卡羅爾十分失望，但他認爲福克斯正在使用一種「更高明的投球計數法」，應該有益於球員。

卡羅爾發現，他和福克斯共事時，福克斯對於「球型代價」思想尤感興趣。這一思想的大意是，投每一球型，肘部和肩膀所受的力不一樣。更進一步說，球員身處激烈緊張的比賽環境下，肘部和肩膀所承受的緊張和勞累更加嚴重。更高明的投球計數法在計數之時會考慮所投球型，以及投手投球之時球場上局面壓力的大小。關於壓力大小，舉例來講，如果投球時壘上無人，投手所受壓力就比投球時壘上有人要少些。

在印弟安納波里斯觀看科爾比賽，卡羅爾沒見科爾投過幾次曲球，投得多的是快速球和變化球，偶爾也投滑球。卡羅爾認爲福克斯已經發明出一種「更高明的投球計數法」，而且海盜隊使用了精密的數學模型計算自己投手的投擲數量和壓力水準，可以決定何時命投手休息，何時命球員退出賽場。

由此看來，海盜隊更加青睞數學，而非自己的眼睛。

預防球員受傷是大數據最新的幾個前瞻領域之一。如果一支球隊能用更好的傷害預防手段——多爲以資料爲依據的手段，把投手的受傷率降低哪怕十分之一，在比賽中也會備具優勢。

坦帕灣光芒隊被外界視爲最早利用 PITCHf/x 資料監視投手健康狀況，預測、預防投手受傷的球隊之一。PITCHf/x 可以追蹤投手的釋球點，投球偏離正常釋球點往往預示肘部損傷。據約拿·克裡（Jonah Keri）的著作《額外的百分之二》（*The Extra 2%*）所載，二〇〇五年下半年至二〇〇九年年中，坦帕灣光芒隊整個隊裡只有一名投手做過手肘尺骨側韌帶重建手術。

有人認爲，海盜隊二〇一三年夏季也在蒐集科爾的類似資料，監視他所投的球型和投球的數量。二〇一三年在大聯盟比賽中頭十九次上場，科爾只在兩場投球超過一百次，六次上場投球不到九十次。二〇一三年下半賽季，科爾不是先發出場的場次推遲好幾天，就是乾脆不上場，不過海盜隊談及是否對科爾的局數、球型、投球量有具體限定，總是言辭隱晦。

「如何決定投球量，我們確實有些祕密資料。這些資料提供給教練，他們也在不同時間索取資料的許多不同部分。先發投手和救援投手都適用。」福克斯說，「我不知道（針對科爾的情況），資料裡的一些東西是怎麼得出來的，但我知道，我們提供的一些東西在其中起了作用。」

那麼資料涉及哪些東西呢？球型？壓力巨大之下所投的局數？投球總量？

「這三者和其他東西都有涉及，」福克斯說，「預防受傷模型所用的資料愈多愈細，結果愈加精準，所以 PITCHf/x 時代算得上是一個分界線。」

赫德爾安排科爾和其他投手時利用了資料中的部分數據，對待投球量十分謹慎。二〇一三年，在大聯盟各支球隊中，海盜隊投手每次上場投球的量最少，先發投手每次出場平均才投九十個球。赫德爾也追蹤了整個投手群的投球數、連續投球天數，包括救援投手們起身在投手賽前練習區練習的次數。

雖然海盜隊因傷失去了好幾位先發投手，但其整個救援投手群身體狀態基本上很好。海盜隊利用資料的手段並不止於更高明的投球計數法和分析速度趨勢、釋球點等 PITCHf/x 數據。據卡羅爾所言，二〇一三年，海盜隊與其他十一支大聯盟球隊一樣，把自己倚重的多位投手送到了生物力學實驗室，請專業人士爲其評估。球員按要求完成投球動作，肘部和肩膀的受力情況會被記錄下來，然後利用健康投手資料庫和受傷投手資料庫兩相對比。然而，由於身穿緊身服，身上連著幾十個儀器，投手很難跟平常一樣自由投擲，所以生物力學實驗室的測試並不完美。卡羅爾曾做過《看台報告》（*Bleacher Report*）的撰稿人。二〇一四年，卡羅爾撰文報告，海盜隊和巴爾的摩金鶯隊正在測試購自莫圖公司（Motus）的一種緊身袖。這種袖子可以輕易套在投手擲球的手臂和肘部，不影響投手自然投球。袖子內置檢測裝置，據稱可以即時測量肘部的受力情況，也是預防投手受傷的不凡利器。

到二〇一四年時，海盜隊開始要求其小聯盟的投手記錄自己每日的飲食、飲水、休息、例行鍛鍊。春訓時，海盜隊給球員購置了一批輕薄的監測用背心，球員願意穿即可穿。這種背心屬於緊身衣，十分貼身，胸部有一個黑色環形的可拆卸電子裝置，大小爲背心的四分之一，可利用感測器蒐集球員的心跳和能量消耗情況。

科爾雖然一直投球，但進入九月之後，依然沒有任何疲勞跡象，反而愈投愈好。由於速度穩定，他的賽場表現資料沒有下降，守分能力也增強了。他的能力大爆發是在海盜隊對陣遊騎兵隊，贏第八十二場時。那場，他的曲球刁鑽非常，把對方九名打者三振出局。

五天之後對陣小熊隊，科爾威猛再現，七局之中，只丟一分，對方被他三振出局的球員有七位。不過，他最威風的一次或許是在九月十九日對陣教士隊時，短短六局，他把教士隊十二名球員三振出局，爲其入行以來最多，只被安打四次，丟一分。教士隊那場落敗之後，便淪爲落後紅雀隊一場。科爾九月連續四次出場都戰績不凡。他沒有在投滿某個武斷規定的局數之後就歇下來，成了海盜隊九月份的最佳投手，每九局平均把10.97人三振出局，自責分率1.69，勝四場，負零場。成績的突飛猛進，與他所投曲球增多有關。剛進新秀級時，科爾投曲球非常節制，到了九月，其曲球在其球型中所占的比例陡然升至20%，增加了將近三倍。

海盜隊從未透露科爾的「紅線」在哪裡。或許，科爾已經越過紅線，或許沒有。或許是由於人的因素，即赫德爾的觀察，讓科爾越過了那條線。又或許科爾的投球量由於依據資料控制得當，所以手臂狀態依舊很好。不論原因爲何，科爾仍在繼續投球。因爲有他，海盜隊到九月下旬依舊戰績不凡，剛好取得進季後賽的入門券。

九月二十三日晚，芝加哥北部涼爽宜人，溫度已降至華氏五十五度左右。秋天已至，密西根湖（Lake Michigan）上的涼風吹來，令人倍感清爽。不過秋天的匹茲堡極少與重磅棒球賽事有關。這回由於領先小熊隊一場，自一九九二年以來，海盜隊終於首度在季後賽上占據了一席之地。一周之前，赫德爾發出了一封「每日所思」，想藉以幫球員減輕焦慮和與日俱增的壓力：

> 「明日轉瞬即至，所以我從無明日之憂。」——亞伯特·愛因斯坦
>
> 今天就來點改變吧。
>
> 愛你們的赫德爾

截至二〇一三年九月十二日，國家棒球聯盟中區各隊排名如表11-1所示。

**表11-1　截至二〇一三年九月十二日國家棒球聯盟中區各隊排名**

| 球　隊 | 勝－負 | 勝　率 | 落後場次 |
|---|---|---|---|
| 紅雀隊 | 91-65 | 0.583 | — |
| 紅人隊 | 89-67 | 0.571 | 2.0 |
| 海盜隊 | 89-67 | 0.571 | 2.0 |
| 釀酒人隊 | 69-86 | 0.445 | 21.5 |
| 白襪隊 | 65-91 | 0.417 | 26.0 |

海盜隊先發投手查理·莫頓的對手是小熊隊投球威猛的傑夫·山馬茲亞。山馬茲亞該賽季與海盜隊交鋒數次，快速球速度在時速九十五英里左右，加上其曲球變向厲害，海盜隊吃了不少苦頭。兩名投手的較量在賽季之末如期展開。

莫頓出手不凡，對手說打他時速九十至九十五英里的下墜球跟打保齡球一樣沉。打者認爲他的下墜球看上去比多數快速球要「沉」。他的下墜球被擊成一個又一個滾地球，總計十一個，沒有高飛球，七局裡對方未得一分，自己僅被安打三次。

山馬茲亞基本與他旗鼓相當，六局下來，僅丟一分，海盜隊則以一比零的優勢進入第八局。球賽接近尾聲時，有人用小車送來了十二箱香檳，還送來了一些看似浴簾的塑膠布給海盜隊，供海盜隊在瑞格利球場（Wrigley Field）狹小的客隊會所保護儲物櫃免遭濺濕。

莫頓只投八十九個球，赫德爾就命他下場了；他安排了布局投手馬克・麥倫坎投第八局，終結者吉森・葛瑞裡投第九局。麥倫坎賽季頭五個月一直在球場叱吒風雲，但九月份的表現不盡如人意。他所投的卡特快速球占61.4%，爲其入行以來最高比例，不過跟該賽季前些日子一樣，不夠威猛。第八局下半場，布萊恩・伯格塞維奇（Brian Bogusevic）上來就擊出了一支一壘安打，把麥倫坎投來的球擊成了一個跑到中外野的平飛球。麥倫坎之後借內野滾地球把伯格塞維奇殺出了局，不過吃了唐尼・墨菲（Donnie Murphy）一支一壘安打，球被擊至左外野。麥倫坎之後沒再吃虧，不過打完第八局，小熊隊已把比分追平。連續第三場比賽，海盜隊在第七局之後沒保住原先的領先優勢。這三場比賽之前，七十七場比賽，海盜隊獲勝的七十六場都是在第七局結束時領先。

第九局上半，小熊隊凱文・葛列格（Kevin Gregg）上場投球。在海盜隊兩人出局、壘上無人的情況下，瑪律特登上了右打區。雖然他已經歸隊，然而由於八月份手受了傷，狀態依然欠佳。在兩壞球一好球的情況下，葛列格投出了一個滯空滑球，似乎停在了打擊區上方。就在這時，瑪律特突然手好像已經痊癒似的，把球猛擊了出去。他往一壘跑了幾步，意識到球被擊出很遠很遠，不禁雙手上舉擊打空氣。果不其然，球落在了左外野看台的第六排。寒冷黑暗的看台上數千個小黃點發出了歡呼聲。下半賽季，海盜隊打到哪裡，哪裡的球迷就多了起來。海盜隊以二比一的領先優勢進入第九局下半時，其終結者葛瑞裡已經在臨時設在右外野邊線旁，凸向內野中心的投手賽前練習區完成熱身。他有望把海盜隊送進季後賽。

葛瑞裡該局中把兩人殺出了局，但也吃了內特．希爾霍爾茨（Nate Schierholtz）一支一壘安打。賴安．斯威尼（Ryan Sweeney）繼希爾霍爾茨之後登場，將葛瑞裡送出的一枚快速球擊至右中外野空檔區。爲防止再被安打，海盜隊的外野手鎮守在外野深處，右外野手馬龍．柏德（Marlon Byrd）試圖在右中外野深處把球截住，可惜截得並不俐落。球碰到柏德的手套後折向，離他而去，希爾霍爾茨則趁機快速衝向了二壘，此時只見小熊隊三壘教練大衛．貝爾（David Bell）的手臂像螺旋槳一般，奮力向希爾霍爾茨揮動，一個勁兒的示意他快往本壘板跑。

海盜隊一壘手札斯廷．摩爾諾（Justin Morneau）注意到了貝爾揮臂的用意，心裡暗暗料想接下來會發生什麼情況，於是移到了內野中間。摩爾諾是八月底海盜隊從雙城隊手中交換過來的，打擊表現不如海盜隊預期，不過仍然是該隊較爲出色的一壘手。摩爾諾來海盜隊還不足一個月，但卻發現在這場歷史比賽之中，自己成了一個關鍵人物。

「在主場打這種球的機會可能不是很多。」摩爾諾賽後對記者說，「我開始沒動，想讓斯威尼在那裡，當我看見情況有變，又馬上移向中間。之後我看到球跑開了，於是有了頭緒。我恢復了直覺，直覺告訴我，我得轉到內野中央。」

在中外野，麥卡琴移到了一個挺好的後援位置，接住了從柏德手套滑落而折向的球。麥卡琴是一名出色的球員，但缺一樣東西——一隻一流投手應當有的手臂。爲加強手臂力量，非賽季期，麥卡琴請自己的佛羅里達鄰居，前海盜隊球員斯蒂夫·皮爾斯（Steve Pearce）做搭檔，做了數百次遠距離投球練習。麥卡琴把球截住，精準的傳給了投手丘附近的摩爾諾，其間球跳了一下。摩爾諾把球接住，飛快轉身，向守在本壘的海盜隊捕手馬丁傳出了完美的一球。

馬丁是在左膝不好的情況下打下半賽季。他是海盜隊的最後一道防線，關係海盜隊是直接進入季後賽，還是須打延長賽。馬丁接過摩爾諾傳來的球，緊握在手上，希爾霍爾茨和自己撞在了一起。雖被撞得跪倒在地，馬丁卻難掩喜悅，爲看得清楚些，他一手解開護面，扔到一邊，一手勝利的把球舉過了頭頂。本壘裁判邁克·蒂姆若（Mike DiMuro）向空中舉起拳頭，宣布對方最後一名球員出局。這一幕被美聯社的攝影師查理斯·雷克斯·阿波加斯特（Charles Rex Arbogast）拍了下來，成爲該賽季的代表照片。球賽就此結束，海盜隊打進季後賽。

數年前，德州遊騎兵隊拿到參加季後賽的席位之後，正在苦苦戒除酒癮的明星外野手喬希．漢密爾頓（Josh Hamilton）曾問球隊能否用不含酒精的飲料慶祝，因爲他擔心慶祝若用香檳或啤酒會引得自己酒癮復發。眼見海盜隊拿到季後賽資格的把握愈來愈大，數位老球員找到赫德爾，問他是否更希望球隊用不含酒精的飲料慶祝。赫德爾力戒酒癮的事不是什麼祕密，不過早已戒酒成功，十四年來滴酒未沾。瑞格利球場的客隊會所是各大球場最小的，十二箱香檳不僅會把陳舊的地毯浸透，還會把狹小的空間弄得滿是酒味。

「我跟他們說過，開香檳對我沒影響。」赫德爾當天早些時候對《匹茲堡郵政公報》（*Pittsburgh Post-Gazette*）說，「我不會饞得舔嘴。我早就戒酒了。再說，我也是成年人……我知道哪些事不能做。如果我喝了啤酒，明天可能就會成個酒鬼。到時候，我常說的那句話——一杯太多，一百萬杯不夠——就應驗了。但我想擁抱那個時刻。我想成爲那個時刻的一部分。我想用香檳把我弄濕，把我浸透。我想把香檳澆到自己的臉上，令我眼睛刺痛。」

對方最後一名球員出局二十分鐘之後，赫德爾和海盜隊舉行了一場自一九九二年海盜隊奪國家聯盟東區（National League's East Division）比賽勝利之後的首場狂歡慶祝「儀式」。

大家戴著各式各樣的護眼用具，包括滑雪護目鏡、一元店賣的遊泳護目鏡、化學入門課上常用的巨型護目罩等，把自己渾身澆了個透。所有老球員、剛拿津貼的獲選新秀、老派教練與數據大師通力合作，使海盜隊力量倍增。他們曾傾聽新的聲音，接受新的思想，接受相互合作。這就是海盜隊二〇一三年的故事和他們取得的成就。不過截至九月末，他們還未做好衝向最後的準備。

第十二章

# 難以置信

每個系列賽之前幾個小時，精確的資料和大家主觀的觀察與認識會被混合在一起。二〇一三年，每個系列賽首場主場比賽之前，赫德爾在 PNC 球場自己的辦公室裡舉行策略會議，丹・福克斯和邁克・菲茨傑拉德都在座，與會者通常也有助理教練和錄影助理教練。其實，二〇一三年賽季每次舉行這樣的會議，福克斯和菲茨傑拉德無不出席。從二〇一三年開始，除了讓福克斯和菲茨傑拉德在主場比賽之前參加系列賽賽前會議之外，在巡迴比賽的路上，赫德爾還請二人參加過一次系列賽賽前電話會議；菲茨傑拉德甚至還開始隨球隊出戰各地。雖然幾乎每支球隊都請了至少一位「書呆子型」的數學怪才處理資料，但他們這樣的數據分析師基本無緣參加會議，更別提像福克斯和菲茨傑拉德那樣隨隊出征了。

海盜隊不像其他人，把自己的數據分析師安排在放滿電腦伺服器的地下室，而是把他們請到了優越而高等的大聯盟球隊會所工作。最令人驚異的是，會所裡的人竟然接受了福克斯和菲茨傑拉德。二〇一三年，棒球界中的新舊兩派溝通依舊常常遇到障礙，甚至你不尊重我，我不尊重你也是常事。數據分析師與球場上的工作人員以及球員相比，背景、性格甚至思維方式都十分不同，完全是兩類人。分析師普遍抱怨，自己研究出的成果有很多根本沒能用在賽場上，然而在匹茲堡，沒人聽到分析師有這樣的抱怨。

自從二〇一二年賽季季中開始，海盜隊分析師團隊的地位愈來愈重要。福克斯和菲茨傑拉德的職責更廣了，不光負責非賽季期對招募潛力型球員進行評估，還研究移防、投好球的價值，以及球員選拔過程所存缺陷等關係大局的策略，其職責已經超越宏觀分析。二〇一三年，海盜隊在微觀層面，即每日比賽計畫方面，開始倚重自己的分析師。

「赫德爾有天特地找到我們，說：『喂，我希望你們多參加會議，多在裡面發揮作用。』事情就是從這開始的。」福克斯說。

每個系列賽前幾個小時，跟一般大聯盟球隊一樣，赫德爾和助理教練會舉行一次普通大會。普通大會之後會舉行專門會議：打擊教練和打者一起研討情蒐報告和情蒐影片；投球教練和先發投手及中繼投手一起研討情蒐報告和情蒐影片；內外野教練則和所有野手碰面開會。但在舉行此類專門會議之前，赫德爾的辦公室也會召開一場綜合情蒐與戰術背景會議，開始準備如何應付對手，與會者包括全體教練、賽前影像球探懷亞特．托里加斯（Wyatt Toregas），以及負責情蒐下一對手的總經理特別助理吉姆．本尼迪克特（Jim Benedict）。二○一二年，每逢主場系列賽開始，召開對手情蒐會議，福克斯和菲茨傑拉德都會受邀參與。到二○一三年，不論舉行主場系列賽，還是客場系列賽的賽前會議，必有他們兩人的身影。

「二○一二年之前主要靠電子郵件往來。二○一三年主場系列賽期間，我們每三天談一次，而非只談一次。」福克斯說，「因爲談事情，所以經常一起出去，面對面的時間多了起來，不受拘束的談話也多了起來。不論談話如何簡短，我們每次都能學到一點東西，提出一些有用的看法。信任這個東西，我想跟時間和彼此接觸不無關係。」

由於赫德爾十分坦誠，在彼此熟悉的過程之中對福克斯和菲茨傑拉德愈來愈信任，再加上其他原因，所以福克斯和菲茨傑拉德不僅就防守陣型方面爲赫德爾出謀獻策，還就日常的上場陣容和打序、投手群的安排使用向赫德爾提供意見。赫德爾也鼓勵手下教練和球員問二人問題。部分球員，如中繼投手馬克．麥倫坎，甚至經常在球隊會所和菲茨傑拉德交流。

「起初許多人不信，甚至現在也有人不信，」菲茨傑拉德談及球隊會所裡的人對 PITCHf/x 資料的態度時說，「所以在那裡恭候他們，爲他們答疑解惑不失爲一個好辦法。」

菲茨傑拉德沒有擺一副老師派頭，向球員大談棒球資料統計分析學思想，沒有刻意要把不信的人變成信的人，也沒有試圖跟球員講什麼是勝利貢獻值——除非有人問。他做的僅是在那裡恭候他們。時間一天一天過去，在一個警惕外人的球隊會所裡（大聯盟球隊會所大多都很警惕外人），菲茨傑拉德成了一張熟悉的面孔。在會議上，特別是赫德爾召開的系列賽賽前會議上，便是主觀的、靠觀察的球探情蒐之道與科學碰撞交融的時刻。球探情蒐內容是什麼？舉個例子，包括對某位球員近期的運動力學變化或弱點，甚至心理狀態有所感覺，而科學則是海盜隊的專有資料庫源源不斷湧出的資料。

菲茨傑拉德認爲，他最爲重要的工作，甚至不是挖掘出馬丁不爲人知的隱藏價值，得出海盜隊非請馬丁不可的結論，而是蒐集並分析日常資料，寫成報告，供召開對手情蒐會議時大家研討之用。負責賽前影像球探工作的是托里加斯。他曾是海盜隊的後備球員和該隊小聯盟的捕手。截至八月和九月，他已在各場系列賽之前分解每個對手球隊的前四十九場比賽。賽場的即時球探也回饋報告，追蹤海盜隊即將與之交鋒的球隊的一舉一動，負責捕捉球員和球隊的最新細節，而這些東西比賽記錄表中不會記載。從二〇一二年開始發揮作用，到二〇一三年作用愈來愈大的是福克斯和菲茨傑拉德兩人提供的分析數據。菲茨傑拉德說，他們做的大部分工作就是藉由客觀分析，驗證賽前球探的結論或觀察到的東西。他和福克斯認爲，理想的情形是提出來的證據大家均無異議，而且可操作性強。

「這個講數學，但經驗訣竅與數學之爭依舊十分激烈。」談及應用大數據，菲茨傑拉德說，「我得說這個東西確實有經驗訣竅的成分。在我看來，這是最大的問題。」

但主觀的經驗訣竅和客觀的科學在何處相遇呢？菲茨傑拉德舉了個例子。譬如，某打者擅長打左投手投到本壘板外半部分的快速球。那海盜隊投手組中的兩名左投手呢？托尼・沃森（Tony Watson）、札斯廷・威爾遜（Justin Wilson）兩人身爲左投手，快速時速在九十五英里以上，可謂罕見。也許，這名打者擅長打投到本壘板外的四縫線快速球，但他究竟會遇到並擊中多少時速在九十七至九十八英里的快速球呢？這就是菲茨傑拉德和福克斯尋覓更多主觀和客觀資訊，深入研究的地方。

「我們得到的原始資訊未必總能讓我們窺得全貌，所以這個東西還是有經驗訣竅的成分。譬如，配球順序（投不同類型的球次序）如何安排才能令打者防不勝防？得分壘上有跑者時，應該給打者投出什麼球？最終，你可以有理有據的說，經驗訣竅只有優化資料的作用，但存在灰色地帶的情況多少還是會出現。而如果遇到灰色地帶，就只能摸索了，」菲茨傑拉德說，「我傾向於認爲這就是扭轉戰局的玄機所在，價值的所在。」

菲茨傑拉德說，從今天起，五年之後，每支球隊都會把資料運用到日常營運之中，所以問題也就變成了：各支球隊在勝算相等的概率之下表現如何？決策的過程會是怎樣的？教練和球員是否始終遵循賽前會議上所做的決定？這方面的東西在未來關乎勝敗。由於花了一段時間相互熟悉，新舊兩派之間終於形成了相互尊重、相互欣賞對方的良好氛圍，溝通順暢成爲海盜隊巨大的優勢。由於兩派溝通順暢，不僅使資料的研究成果在二〇一三年得以用到了賽場上，而且教練和球員問的一些好問題，即受觀察啓發而產生的疑問，反過來又使資料得到了優化。

向教練和球員傳遞大數據理念，難點之一無疑在於講解環節存有一些缺陷。二〇一二年至二〇一三年非賽季期，福克斯和菲茨傑拉德便專注克服此等缺陷，使講解更有效率，以令研究成果盡量在賽場上得以應用。這不止是向球隊「推銷」移防思想。在賽前會議上，如何使所有研究成果更易爲教練和球員所贊同呢？

「我最大的發現就是教練和球員理解圖像非常快。這一點，我想福克斯和其他同仁也會同意。可如果給教練和球員一堆列在紙上的（統計）資料，那他們就頭疼了。」菲茨傑拉德邊說，邊打響指。

二〇一三年，海盜隊在講解展示方面做了一次革新：從眞媒體買了一款影像和資訊工具，能輕易把連接至影片的統計數據庫中的資料轉化成熱度圖，這在賽前情蒐會議中的作用舉足輕重。

「舉個例子，某人打擊好球帶下方的變化球，失誤率在30%，我們可以把影片畫面定格在他擊球的一刻。」菲茨傑拉德說，「或者，『這是他成功擊打某種球型的各種表現，這是相關影片』。你也可以說，『我發現了一個漏洞，把影片往後播一下，讓我再看看。』我認爲，這樣多少能幫我們快點發現弱點在哪裡。」

西瑞吉每次隨隊出戰都會帶上一個重要的東西——一個大塑膠箱，體積將近九立方英尺。打開塑膠箱，首先映入眼簾的是一些毛巾，令人以爲他不放心酒店提供的洗浴用品。這位投球教練拿走層層毛巾、衣物之後，他制定比賽計畫最得力的助手——一台筆記型電腦——終於呈現眼前。

「已經碰壞過兩台筆記型電腦，」西瑞吉解釋道，「所以這次裝的時候才格外小心。」

每次在各個客隊休息室裡，大家在賽前都經常見到西瑞吉面前開著筆記型電腦，研究對方球隊打者和海盜隊投手的熱度圖。他的四周通常是球員的儲物櫃，一套沙發和幾台電視機擺在靠近休息室正中。西瑞吉會邊看電腦螢幕，邊在紙本上寫下自己的一些想法，制定比賽計畫，推薦給球隊。福克斯和菲茨傑拉德會把賽前報告影片梳理一遍，並找出一些存有疑問的地方，然後把自己的分析結果提供給西瑞吉。舉個例子，一位打者左右手都善於擊球，最近用左手打擊表現不俗，可他的右手此前一直厲害得多。那麼對付這樣的打者，宜採用怎樣的方案呢？這就是經驗訣竅與科學相遇、主觀與客觀相遇的地方。

西瑞吉喜歡在某位具體投手上場前兩三天收到對手的賽前統計和影片報告。收到之後，他便開始認眞研究資料，並與馬丁和各個投手一道討論，敲定方案大綱。在辛辛那提常規賽季的最後一次系列賽中，海盜隊舉行了該隊二十年來最爲重要的一次戰術討論會議。

海盜隊於九月最後一個週末抵達辛辛那提，當時就已知道自己要和紅人隊打一場制的季後賽，決定哪支球隊晉級國家聯盟分區系列賽（National League Division Series）。海盜隊和紅人隊均已拿到國家聯盟外卡晉級賽的參賽資格，紅雀隊則已鎖定分區冠軍，但有樣非常重要的東西仍待爭奪——主場優勢。海盜隊在主場 PNC 球場勝五十場，負三十一場，勝率0.617，相形之下，其在客場比賽中的勝率爲0.525。紅人隊的主場優勢更加明顯。該隊在其主場大美國球場（Great American Ball Park）比賽，勝率爲0.636，而在客場比賽中，勝率只有0.500。這個九月末的週末系列賽，獲勝的球隊將多近百分之十的把握晉級國家聯盟分區系列賽。

影響主場優勢的關鍵因素可能並非如你想像。它不是球場尺寸、旅途勞累，也不是對球場的生疏和熟悉程度，而是裁判的偏見。芝加哥大學行爲經濟學家托拜西・默斯科唯茨

（Tobias Moskowitz）與《體育畫報》撰稿人喬恩・沃特海姆（L. Jon Wertheim）合著《分數預報》（*Scorecasting*）一書。兩人在書中論斷：主場優勢之所以產生，主要是由於裁判受環境影響，有意無意的把主場球隊的許多擦邊球判爲好球。這個論斷，是默斯科唯茨和沃特海姆兩人認眞研究 PITCHf/x 和 QuesTec 電腦化系統追蹤的數百萬個投出之球（QuesTec 可追蹤投球位置）後而做出的。

「在棒球賽場上，主隊與客隊的最大差別就是主隊被三振出局數少，被保送上壘數多——其打者每次登場的被保送上壘數比客隊多很多。」默斯科唯茨寫道。

默斯科唯茨還發現，球場人愈多，愈喧譁，裁判判球帶偏見——不論有意無意——的概率就愈大。一場制的季後賽上，比如外卡晉級賽，球場往往喧鬧無比。

然而，主場優勢之所以重要，還有一個原因，那就是辛辛那提紅人隊主場大美國球場是國家聯盟中十分有利打者的一個球場。紅人隊麾下有喬伊・沃托（Joey Votto）、秋信守（Shin-Soo Choo）、傑伊・布魯斯（Jay Bruce）等強棒，取勝倚靠得分。相形之下，海盜隊取勝是倚靠阻止對方得分，而且其主場 PNC 球場也有利投手。

海盜隊抵達辛辛那提時已經知道外卡賽自己的對手是誰，也已經敲定由誰來任投手——左投手利里安諾。

海盜隊的分析報告、影像球探報告、賽前報告均認爲：紅人隊的三大悍將，即打者沃托、秋信守、布魯斯，都是左撇子，都難敵又低又偏的滑球，而這種球正是利里安諾的拿手球型。對方打者的這些弱點，西瑞吉可以在筆記型電腦上生成的熱度圖上清楚看到。每場系列賽前，每位球員的儲物箱中會收到一套印好的統計報告和熱度圖，球員可從中看到二○一三年左打者對陣利里安諾的上壘加長打率——0.321。

使用 BaseballReference.com 網站的「比賽索引」工具可查得，這是左投手利里安諾自入行以來單個賽季的最好水準，共計與不下一百位左打者交鋒。利里安諾的表現甚至比藍迪·強森（Randy Johnson）還要出色。要知道，強森一九九九年把左打者的上壘加長打率壓在0.331，可能是自棒球運動誕生以來最令左打者畏懼的左投手。身高六英尺十英寸的強森球速在每小時九十五英里左右，投球時手臂與地面平行，其滑球也非常厲害。由於有馬丁偷好球的技術相助，利里安諾時速九十至九十五英里的二縫線快速球更加如虎添翼，也使得其滑球和變化球更具效力。反觀打者，壞球好球報數更加對自己不利，面對利里安諾投來的變化球也更頻頻失利，不是揮棒落空，就是猛的把球打到地上。

季後賽，勝者名利占盡。奪取季後賽主場優勢不僅對於海盜隊至關重要，對利里安諾個人也如此，何以見得？二○一三年，利里安諾在主場 PNC 球場的自責分率爲1.47，在客場比賽中自責分率卻高達4.32。九月二十七日星期五，海盜隊在系列賽開賽日對陣紅人隊首戰告捷，次日星期六又轟出六支全壘打，奪得主場優勢。到星期二時，利里安諾將站在自己主場的投手丘上，匹茲堡也將迎來二十年來的首場季後賽。終於，有分量的棒球賽十月就要在匹茲堡拉開帷幕了。

馬丁的父親對朝九晚五的工作從不感興趣，在生活上特立獨行，深愛爵士樂。他做建築，非常能幹，除建露天平台外，也做其他臨時工。他做這類工作看中的是閒暇多，可經常去蒙特利爾的地鐵站，在上午和下午的人流高峰期表演街頭音樂。每當看到來往的人潮中有人受他音樂吸引，駐足欣賞，他就十分快樂。他爲兒子馬丁起的中間名是科爾特蘭（Coltrane），藉以向偉大的爵士音樂家約翰．科爾特蘭（John Coltrane）致敬。他告訴《紐約時報》，以科爾特蘭作兒子的中間名其實不僅是向約翰．科爾特蘭的音樂致敬，同時也是向這位音樂家的自由與獨立精神致敬，並希望兒子效仿科爾特蘭的這種精神。

效力海盜隊期間，馬丁掌管球隊會所裡的音響。他把自己的手機連上音響，然後在手機上翻閱一個個保存好的播放清單，挑出一首播放。繫在馬丁木紋儲物箱上的是一張一周每日音樂類型表。表上列著某日放說唱音樂和嘻哈音樂，某日放另類搖滾樂，某日放拉丁音樂。周六晚間比賽之後，爲營造一個較爲柔和的氛圍，周日早上會播放雷鬼音樂，而此時也正是球員零星進入球隊會所的時候，他們手中常端著一杯星巴克的外帶咖啡。隊友說，馬丁往往藉播放清單來爲球隊會所定調。他每天來工作都會設立一個標準。他工作努力，不輸海盜隊近年任何一名球員。九月份晚間比賽五個小時前，也就是下午兩點半時，他會在球場跑台階，他稱這個叫賽前「身體啓動運動」。他選播的每首歌曲都有重複的節拍。節拍重複是搖滾的顯著特徵，也是現代流行/搖滾音樂和嘻哈音樂常常具備的特徵。但爵士樂的節拍則無重複。爵士樂——馬丁父親的摯愛，是一種即興音樂。

「爵士樂仍然是他生活的一大部分，但老實說，我並不懂爵士樂。我喜歡有節拍、有定式的音樂。」馬丁說，「演奏爵士樂，就好像一個人沿著某條路走，第二個人則從這條路旁開了條岔路，第三個人又在岔路上開了條岔路。所以雖然大家演奏的都是爵士樂，但沒有固定形式。感覺怪怪的。」

不過，身爲捕手，馬丁還是力圖避免「節拍」重複，不循固定形式。儘管身在球員休息區的教練手上什麼數據都有，但職業棒球捕手在賽場上仍然有一項重要任務——配球。在美國職業美式足球聯盟和美國職業籃球聯賽中，怎麼打都是教練說了算。即使在高校棒球賽上，示意投手投什麼球，捕手也得聽從球員休息區教練的指示。但職業棒球賽不同，捕手負責指示投手投什麼球。

馬丁對這項職責毫不怠慢。他是一位善於思考的球員，在比賽計畫制定方面，由於他能親身考察對方打者和己方投手的厲害之處，發揮的作用不小；分析團隊撰寫的情蒐報告，他也有資格參與評閱。他尤其想研究第一球打擊、打擊率、好球帶外打擊率、兩好球投球手段。他不僅想認清打者的趨向，也想認清打者的心理傾向：這名打者究竟是主動型還是被動型的呢？馬丁研究熱度圖，試圖界定好球帶內打者的有效控制範圍。譬如，海盜隊的電視頻道曾播過一幅熱度區圖和數據圖表，直觀闡釋某次對陣聖地牙哥教士隊，該隊左打者賽斯·史密斯（Seth Smith）應付好球帶某些地方的表現。對於本壘板中間至外側部分的球，史密斯打擊得很好。因此，馬丁要海盜隊的先發投手科爾避開這些區域，以求把史密斯三振出局。

他明白大數據的重要性，知道自己在好球帶邊緣春風得意，大數據功不可沒。然而，對他而言，棒球這門運動仍然主要講直覺，他也大大倚靠觀察，然後依據觀察到的情況進行調整。如果說他的中間名和父親對於爵士樂的熱愛對他有哪方面的影響的話，那就是對他在賽場上的配球次序，馬丁力圖在賽場上避免固定形式。

「我的捕球風格和配球風格有點像爵士樂。」他說，「沒有節拍，沒有特定次序，全憑感覺。我覺得我也只能憑感覺配球。我會一連配八個變化球，或者八個滑球，如果感覺告訴我應該這麼做的話。」

福克斯平日觀察馬丁，看他如何與隊友交流，發現馬丁別有不凡之處。這不凡之處，也就是馬丁身上隱藏的另一個價值。儘管領導才能、性格之類無形東西的價值可能無法估測，但福克斯認爲馬丁在幕後做的事情的確了不起。馬丁爲什麼令福克斯折服呢？原來，馬丁口才好，講他偷好球的方法、確定配球次序的方法、打擊方法，無不講得清晰透徹。馬丁不光偷好球的本領令海盜隊的投手激賞，而且還稱讚他謀略高明。傑夫．洛克更盛讚馬丁的舉動出人意料，往往使對方打者始料不及。雖然當今並沒有人利用數據把這種本領量化，但洛克相信馬丁的這種本領深具價值。舉個例子，二〇一三年賽季對陣國家聯盟中的頂級打者喬伊．沃托，馬丁就施展了自己用得爐火純青的配球心理戰術。

「七月一日首戰與沃托交鋒，我們一連配了幾個快速球。我們贏定他了。投了一兩個球，他都沒有擊中，我敢肯定他當時感到有點奇怪。」馬丁說，「我們要投什麼球，他心裡有數，但是，如果你不按常理出牌，他就會心想，『咦，他怎麼給我投了個變化球？』於是，他不得不在腦海中重新設想一下接下來的配球次序。關鍵的一點是，你要知道對手是誰……如果打者頭一次上場失利，那麼他下次上場，還會認定對方投手會按上次的方式投嗎？沒有任何資料能給你答案。」

對馬丁而言，配球次序怎麼定自有訣竅，做點數據分析對確定配球次序有些好處。不過，雖然馬丁能用手上的資料定一個大致的方案，但是，一旦上場，他不得不觀察打者的一舉一動，隨機應變。有時，他觀察的是打者面對投來的球是否從容自在；打擊時是緊張不安，還是悠然無懼；追蹤球是否得心應手，是否能任球跑出好球帶而不手腳慌亂。雖然從 PITCHf/x 資料來看，滑球可能是某位投手最拿手的球型，可如果馬丁在投手賽前練習區看了投手投滑球而不太喜歡其行進特點，或者馬丁感覺某種球型在賽場難有用武之地的話，馬丁配球就會避開這種球型。

「看看資料總是好的。」馬丁說，「但是你得依從自己的直覺。直覺告訴你怎麼做正確，你就該怎麼做。你有各種資料可作行事的憑據，但到了賽場上，你大概不希望這些資料擾亂自己的判斷。」

最重要的是，馬丁明白，如果投手不信任自己和自己的本事，那配球本領再高也不起作用。他知道叫某種球，不過是給投手的「建議」，最後究竟投什麼球的決定權還是在投手丘上的投手手裡。如果他們不贊同給出的建議，則以搖頭表示不同意。

二〇一三年春訓開始時，馬丁對洛克、利里安諾兩位投手還一無所知。洛克很年輕，在大聯盟中還是個新人。至於利里安諾，馬丁則從來沒有和他在賽場有過交集。春訓開始之前，爲研究他們，馬丁向海盜隊影像助理教練凱文·羅奇（Kevin Roach）索取了這兩位投手的影像。春訓期間，有次療養，馬丁和洛克一同做過冷熱水交替泡浴，因此馬丁認爲和他算是相識了。兩人聊了四十分鐘，但談的全和棒球毫不相干。馬丁想摸清洛克的性格，看他有幾分剽悍。馬丁還以利里安諾等人爲搭檔，練習過製造高飛球，並請他們一道參詳問題，尋覓他們投球理念中的閃光之處。他最希望的是，與自己搭檔的投手在投手丘上充滿自信。他不希望投手有所疑慮，而是希望投手對自己配球的能力毫無懷疑。

「棒球就是這樣，並不完完全全是科學，」馬丁說，「絕對完美的球也絕不會有……一般而言，如果投手信念堅定，那麼投球出去效果定會不錯。」

海盜隊中繼投手傑瑞德·休斯（Jared Hughes）曾給記者說過自己是如何在那年春季開始信任馬丁的。在年初一場表演賽上，馬丁叫了個滑球。休斯是個天生的下墜球投手，由於當時他急需一個滾地球擺脫困境，於是沒有聽從馬丁。馬丁叫了個暫停。他走到麥基奇尼球場（McKechnie Field）內野中央和休斯談了幾句，想弄清休斯爲何沒按自己的指示投球。休斯解釋道，他需要打者擊出滾地球，所以投了個下墜球。馬丁告訴休斯，他認爲休斯的滑球同樣也可被擊成滾地球。休斯想了想，春訓比賽而已，成績統計又不要緊，自己當然還是想做個好搭檔。於是，他同意投滑球，結果滑球果然造成了滾地球出局。就是經由這些小事，馬丁贏得了信任。

馬丁的賽場手段融經驗訣竅與科學於一體，似爵士樂一樣毫無定律，功勞不小，但要說派上用場，恐怕沒有哪次比得上十月一日在 PNC 球場對陣紅人隊的一場外卡賽決戰中，利里安諾當先發投手的那次。利里安諾最有把握的球型是滑球，紅人隊打者的軟肋也是滑球，馬丁知道這點。

那天星期二，球迷早早接連來到阿利根尼河以北，臨近匹茲堡中心商業區的北岸。北岸最爲著名的社區名叫美墨戰爭諸街（Mexican War Streets），一百五十年前由亞歷山大・海斯（Alexander Hays）一手設計，裡面各條街道狹窄，樹木和排屋夾道。社區土地原爲美墨戰爭中久經沙場的威廉姆斯・羅賓遜將軍（General William Robinson）所有，各條街道便是以美墨戰爭中的多位將軍和著名戰場來命名。PNC 球場的主入口位於羅賓遜將軍街（General Robinson Street）和馬澤洛斯基道（Mazeroski Way）交會處。被人忽視多年之後，美墨戰爭諸街終於重獲新生。然而，重獲新生的不只有這個歷史社區，還有這裡的海盜隊。

迪尤肯（Duquesne）和匹茲堡大學的學生爲觀看海盜隊比賽，蹺課坐車從城東來至北岸。連接城中心與北岸的羅伯托．克萊門特大橋（Roberto Clemente Bridge），架有橋塔和鋼索，橫跨波光粼粼的阿利根尼河，橋上交通堵塞的時間也早早過去。賓夕法尼亞州北部成群的少年和上班的人們也不知突然集體患了什麼病，紛紛打電話向學校和公司請假。就在前一晚，海盜隊，特別是該隊後備捕手邁克爾．麥肯瑞（Michael McKenry）在社交媒體上爲球隊搖旗吶喊起來，爭取球迷支持。在推特網站上，麥肯瑞呼籲球迷穿上黑色T恤衫、黑色球服，或者黑色長袖運動衫——只要是黑色就可以，來場「黑衣行動」，一來可以盡量做到服裝統一；二來或許能起點兒威嚇作用。在街上，球票價格炒到比面值還貴幾百美元。單場棒球賽一般而言並不是什麼盛事。這不比美式足球賽，再說，這個長賽季共有一百六十二場比賽，單單一場也沒什麼稀奇。不過這天的球賽的確算樁盛事。

下午兩點左右，與PNC球場東端相接，在左外野護牆外的聯邦街（Federal Street）上人聲鼎沸，亨廷頓走到前台部門辦公室窗前，想看看究竟是怎麼回事。

「我當時在辦公室裡……門是鎖著的，因爲我們當時在籌備二〇一四年的事情。」亨廷頓說，「突然，我聽到窗戶外面有人大喊『加油，海盜隊！』，因爲我的辦公室正好可俯瞰聯邦街。我還記得當時在心裡說：『這也早得太離譜了，看來群情高漲呀。』我探頭看了看窗外，只見下面的人十有八九都身穿黑衣，把聯邦街擠得水泄不通，但並不知道這就是『黑衣行動』。東西看上去模模糊糊的……我意識到那晚必定是個特別之夜。」

開賽前兩個小時，聯邦街上已湧滿球迷，人人興高采烈，音樂響徹上空。開賽前三十分鐘，赫德爾照往常一樣，走進了球員休息區。他喜歡一人獨坐在那裡，任柔和的夕陽照在身上，同時感受人群的激情。雖然做過球員，當過總冠軍賽球隊的教練，但那晚觀眾的賽前熱情之高，他以前還從未見過能與之相比的。

「我沒到球場看過世界盃足球賽，但能想見球迷的熱情之高，大概也不過如此。」赫德爾說，「我們的球員呼籲球迷都穿黑衣，結果球迷就都穿黑衣來了。你說二十年來未見渴望之情、激情……他們就熱情無比的展露出來。」

當晚，PNC 球場人山人海，熱鬧非常，處在這激情澎湃氛圍中心的是利里安諾和紅人隊先發投手約翰尼．庫埃托（Johnny Cueto）。利里安諾神祕莫測，早在十個月前，聯盟中就已沒有幾支球隊再抱希望挫敗他。二〇一三年，他從一名不受青睞的棒球員變成了國家聯盟年度最佳復出球員（National League Comeback Player of the Year）。一九九二年，道格．卓貝克（Doug Drabek）在亞特蘭大福爾頓郡體育場（Atlanta–Fulton County Stadium）參加國家聯盟冠軍系列賽（National League Championship Series）第七場比賽時，擔任海盜隊投手。利里安諾此次為海盜隊出戰二十年來最為重要的一場比賽，肩負的便是繼卓貝克那次以來最為重大的一項任務。說來也巧，如今銀髮蒼蒼的卓貝克將在賽前投出象徵開賽的第一球。

整個賽季，赫德爾不時招致批評，原因是他日常管理中的一些做法，譬如儘管瑪律特保送上壘率低於平均水準，對陣右投手也力不從心，但赫德爾仍讓他做先發打者。但赫德爾和助理教練有先見之明，調整了投手輪換表，於是利里安諾得以在這一場定勝負的決賽中擔任投手。整個賽季，利里安諾只吃左打者兩支安打。沒錯，整個賽季只被安打兩次。

賽前，球迷群情高昂，麥卡琴還登上了三壘球員休息區的最高一層台階，沉浸在這熱烈的氛圍中。麥卡琴的母親則唱起了國歌，令球迷熱情更加高漲。數百名球迷沒買到票，眼巴巴的站在阿利根尼河上的羅伯托·克萊門特大橋上，急切的想從中外野後面一睹球場情形，感受球場氛圍，告訴人們自己也在現場。球迷揮舞著旗子，高聲齊喊：「加油，海盜隊！」

球迷好不厚道，賽前介紹時大向紅人隊喝倒彩。賽前介紹完畢，人們似乎能感到 PNC 球場的「脈搏」在清晰跳動。人人紛紛拭目以待，四萬多觀眾好像身在音樂會現場，正等待一場壓軸表演登場。球場上的人暫時退了下去，觀眾屏息安靜了下來，主隊就要出場了。果然，海盜隊的球員隨即從球員休息區走了出來，個個身著黑色球衣和白色球褲。見此情景，球迷在心中積壓了二十年的心情終於爆發，狂呼起來。要知道，二十年來，他們有過太多失望，受過太多失敗的痛楚，如今季後賽在匹茲堡舉行，總算揚眉吐氣了，可以盡情發洩。利里安諾緩步跑向投手丘，在球迷「加油，海盜隊」的助威聲中，拿起了當晚比賽的第一顆球。

在做熱身投球練習時，他已熟知比賽方案，很簡單：利里安諾將先用快速球，然後改用滑球把紅人隊的強棒一一搞定。當晚，利里安諾投出的頭兩枚球是時速九十三英里的二縫線快速球，一顆爲壞球，一顆爲好球，對手是平常很耐心的紅人隊首棒打者秋信守。隨後，馬丁叫第一個滑球。利里安諾依照指示，投出了一個淩厲的滑球，接近左撇子秋信守時急劇變向。秋信守奮力揮擊，球從棒底鑽過。馬丁身體蹲伏著，抬頭瞟了秋信守一眼，萬沒料到平常精明謹慎的秋信守如此急進，失誤會如此離譜。馬丁又叫一個滑球，利里安諾於是又送出一個俐落的滑球，球投得比好球帶低很多。秋信守握棒揮擊，再次未中。台上成千上萬的「黑衣人」不禁歡呼起來。馬丁接住球，傳給三壘手阿爾瓦雷茲，阿爾瓦雷茲傳給二壘手沃克，沃克傳給游擊手巴默思，最後巴默思把球還給了利里安諾；被三振出局的秋信守回到了球員休息區。

紅人隊第二名打者賴安·路德維克（Ryan Ludwick）上場，馬丁首先給他配了個滑球，結果球飛離好球帶，被判爲壞球。於是，馬丁叫了頭一個變化球，球爲好球，路德維克揮擊未中，球從棒底鑽過。接著，利里安諾投了個滑球，路德維克再度中招，球爲好球。利里安諾接下來仍投了個滑球，路德維克一擊，球落到地上，朝游擊手巴默思跳去，巴默思將球截住，傳向一壘，球穿過內野，路德維克出局。

紅人隊有棒球界最爲耐心、最爲挑剔的兩名打者，一位是秋信守，另一位是該隊的第三棒打者喬伊．沃托。二〇一三年賽季，秋信守每次上場被投的球數是4.23個，位居第八；沃托以4.18個位居第十三。沃托站到左打者區，爲站得更穩，雙腳使勁扭動，把防滑鞋楔進了土裡。然後，他做了一件極少做過的事——揮擊首球。這一揮擊異常生猛，以致身體不聽自己使喚。當他朝海盜隊一壘手札斯廷．摩爾諾（Justin Morneau）方向擦出一支滾地球時，前腳掙脫地面，人差點跌出打擊區。摩爾諾迅速把球截住，傳給補位到一壘的利里安諾，該局紅人隊最後一名打者出局。

兩局之間的休息時間，馬丁走到球員休息區和利里安諾及投手教練西瑞吉商談的時候，留意到紅人隊一反往常，十分躁進。整個球場「殺氣騰騰」，人人都能感到。也不知怎麼回事，平日被人視作面無表情的擊球機器人沃托，在那一刻似乎也受了這股氣氛左右。在馬丁看來，紅人隊平日沉著的一流球員之所以一反常態，一是因爲球場的氣氛，二是因爲勝敗難料，一旦落敗，紅人隊就得回家。他感覺秋信守和沃托過於急進賣力。紅人隊一開始期盼對方投來便於自己拿分的快速球，馬丁清楚，如此一來，紅人隊就容易中慢速球的招。海盜隊的比賽方案是，利里安諾先投快速球，在好壞球數上占據優勢，然後再用滑球收拾紅人隊的左打者。馬丁斷定，由於利里安諾把滑球當作萬能球型，所以不會只在兩好球後投滑球來製造三振用；他會上來就投滑球，而且只要紅人隊不做調整，就不會改用別的球型。

第一局下半局海盜隊未得一分，之後，利里安諾僅用兩顆球，令紅人隊右打者布蘭登・菲力浦斯（Brandon Phillips）打出滾地球被殺出局。隨後，紅人隊最強的力量型打者傑伊・布魯斯登場。布魯斯也是位左撇子，力量極爲強悍，而且跟秋信守一樣，遠比一般打者挑剔。二〇一三年賽季，布魯斯每次出場平均被投3.96個球，排名第四十四。見對手是布魯斯，馬丁一反平常，配球沒按普通次序。他先叫利里安諾投了個滑球，球未進好球帶，布魯斯沒有揮擊。接著馬丁又連叫兩個滑球，布魯斯揮擊未中，球接近球棒時變向朝下，從棒底飛過。連叫三個滑球之後，馬丁抬頭偷瞄了布魯斯一眼，見布魯斯並未在偷看自己，於是以手貼身，以免布魯斯察覺，然後彎曲兩指，示意利里安諾再投一個滑球，利里安諾微微點頭同意，扭轉身子，猛力送出一個淩厲的滑球，布魯斯握棒迎擊，不料球影也沒碰到，被三振出局。接著陶德・弗雷澤（Todd Frazier）上場，將投來的一個變化球擊打在地，出局，該局結束。

「那種比賽，球場『殺氣騰騰』，對方一心想握棒揮擊。你認爲他們只是要打到投過來的球，計好壞球？簡直開玩笑！那可是季後賽。」馬丁說，「人人跟我一樣，都感覺對方簡直發狂了，一心想奮力揮擊。可你知道嗎？等待他們的是一堆滑球，我們想看他們對付滑球有多大能耐。」

雖然馬丁的配球次序和利里安諾的配合至關重要，然而，球場最令人難忘的卻是約翰尼·庫埃托（Johnny Cueto）與馬丁交鋒的一幕。「加油，海盜隊」的助威聲在第一局時已經響起，到第二局變得更大。幾十位球迷手中揮舞著海盜旗，四萬人身著黑衣。震天的吶喊聲，加上清一色的黑衣，不禁令對手膽寒。這種狂歡，當然有銀鈴啤酒（Yuengling）和鐵城啤酒（Iron City）的發酵催化作用，活脫脫就是英格蘭足球超級聯賽（English Premier League）景象的翻版。

第二局下半，庫埃托犯了頭個錯誤。他所投的球飛至本壘板上方，被海盜隊下半賽季招募進來的馬龍·柏德（Marlon Byrd）迎頭痛擊，擊出一支全壘打。眼見球落入看台上的人群之中，柏德沿壘開跑，球迷的歡呼聲高了起來。這時，PNC 球場不知什麼地方傳出了又一個吶喊聲，隨後音量愈來愈大，如潮聲一樣起伏，最後四萬球迷都喊了起來。原來，他們是對著內野中央在喊「庫——埃——托，——庫——埃——托——」，語帶嘲弄意味，庫埃托想必終生難忘。這聲音似排山倒海，更加倒楣的是「庫埃托」三字朗朗上口，極易念誦。就在這種情況下，庫埃托投的一顆球又被主審裁判判爲壞球。準備再投時，庫埃托手中的球竟然掉在地上。球迷見狀，認爲這位紅人隊的先發投手的大腦已被場上的倒彩聲震呆，愈加狂呼激動不已。接下來，庫埃托送出一個快速球，越出本壘板正上空。在那裡等著揮棒的正是馬丁，他一棒子把球擊到左外野的看台，又一支全壘打擊出，全場球迷狂喜不已。二十年所受的屈辱化爲能量，終於在那晚爆發，縱情歡呼，聲音猶如瀑布入潭時的怒吼。

馬丁賽後對記者說：「我覺得這個神奇的力量不斷的膨脹，到最後，就好像是球迷亢奮的聲浪一把將球從庫埃托手中搶了過來，然後扔到地上，亂了他的方寸。」

那晚，兩局之後，海盜隊以二比零領先。第三局，紅人隊棒次表中的打者全被利里安諾搞定。該局中輪到海盜隊攻擊時，麥卡琴先是擊出了一支一壘安打，隨後又借阿爾瓦雷茲的一支犧牲高飛球而得分。

進入第四局上半場，海盜隊以三比零領先，利里安諾第二次迎來紅人隊自稱隊中第三厲害的打者秋信守。馬丁配球更加用心，但開頭效果不怎麼好。新的一局開始，馬丁先給紅人隊第一棒打者秋信守配了個滑球，接著示意利里安諾投快速球，球偏離方向，擊中秋信守，結果使其上了一壘。馬丁又叫了個滑球，這下紅人隊的打者換成了右撇子路德維克。這枚滑球吃進本壘板太多，路德維克猛力一擊，把球打到左外野，擊出了一支一壘安打。

此時紅人隊已有兩人在壘上，無一人出局，球迷心裡一沉，終於頭一回安靜下來。隨即沃托登場。他訓練有素，是棒球界中令投手聞風喪膽的打者，要是利里安諾再有閃失，沃托或許一棒就能把比分扳平。第一個球，馬丁叫了個滑球，被沃托擊出界外。第二個球，利里安諾投出一枚滑球，接近本壘板時觸地，然而沃托揮棒了，球被判爲好球。馬丁跪倒在地，以護胸把球擋住，壘上的跑者沒敢跑壘。令馬丁疑惑不解的是，沃托依舊戰意旺盛，於是馬丁決定一反往常，又叫了個滑球。這次，沃托跟第一局裡面不一樣，他握住球棒中段，揮擊很注意分寸。可惜，這個變化球還是從棒底鑽過，沃托被三振出局。看台上好幾千球迷激動得跳了起來，或握拳搖動，或揮舞毛巾。

紅人隊的打者布蘭登·菲力浦斯（Brandon Phillips）隨後上場。菲力浦斯上來便連吃兩個好球。第三個球，馬丁給他叫了個變化球，球被打成一個小高飛，被沃克接到，菲利普斯出局。繼菲力浦斯之後，左撇子布魯斯上場，當晚他已經面對了五六顆滑球。這次第二個又是滑球，他揮擊未中，壞球好球報數被拉平成一比一。終於，馬丁配了個快速球，布魯斯對接快速球很有心得，把球打成了左外野方向的一支一壘安打，三比一，海盜隊被追回一分。馬丁大驚，沒料到紅人隊居然仍在抓快速球，而且依舊「殺氣騰騰」，要知道，利里安諾開頭四局共向左打者投了十二個滑球，其中八個打者揮擊未中。

此時一壘二壘有人，兩人出局，馬丁給陶德．弗雷澤（Todd Frazier）連配了四枚慢速球，最後一枚時速八十八英里，從他棒底鑽過，弗雷澤被三振出局。在利里安諾手上，紅人隊只得一分。

第四局下半局，瑪律特借助沃克的一支二壘安打跑回本壘得到一分，之後沃克借助一顆滾地球得一分，使得海盜隊又得兩分，以五比一領先。球迷的緊張心緒於是煙消雲散，對海盜隊愈來愈有信心，聲音也激動興奮起來。在場的人說，PNC 球場看台的上層當時震動得厲害，就跟中學體育館搖搖晃晃的鋼架看台一樣。

第六局，紅人隊棒次表中幾名悍將紛紛最後一次在利里安諾手中落敗。秋信守的球沒有力道的滾向一壘，秋信守出局。沃托依舊被三振出局，最後一球從棒底鑽過，垂頭喪氣，慢騰騰走回了客隊球員休息區。紅人隊似乎認識到，面對利里安諾坐鎮，海盜隊又有球迷熱烈助陣的情況下，自己根本就沒有機會。電視攝影機給興高采烈的球迷拍了個特寫，然後把鏡頭移向紅人隊的球員休息區，發現紅人隊總教練達斯迪．貝克（Dusty Baker）正看著球場，面無表情，兩相對比，竟顯天壤之別。第七局，在紅人隊兩名球員出局，一名上壘之後，利里安諾誘使紅人隊捕手賴安．漢尼根（Ryan Hanigan）擊出滾地球，成爲第三個出局。漢尼根是利里安諾當晚交鋒的最後一名紅人隊打者。七局下來，利里安諾只被安打四次，丟一分，保送一人上壘，但被他三振出局的人卻有五個之多。

之前，海盜隊分析部門就發現康復後的利里安諾潛力巨大，然而重塑利里安諾的重任需要兩個人出力——西瑞吉和馬丁。西瑞吉得做投球輔導。西瑞吉沒有要求利里安諾做什麼大調整，只做了幾個重要的微調，令利里安諾擴大臂角，以降低球投到好球帶外東西兩邊的概率。利里安諾受馬丁相助不少。馬丁善於偷好球，使利里安諾的好球率增加，滑球屢挫強敵，而且馬丁比賽方案設計高明，配球次序神祕莫測，更令利里安諾如虎添翼。尤為重要的是馬丁能與投手打成一片，贏得投手信任。當晚，這些全都發揮了作用。利里安諾的滑球與馬丁配球和偷好球的手段，不失為傳統棒球與新時代棒球融合的例證，二〇一三年海盜隊創造了驕人的成績。

第七局下半局，海盜隊獲勝的希望似乎已有八九成，馬丁再次揮擊，把洛根．昂德席克（Logan Ondrusek）時速九十六英里的快速球打得飛過左外野的護牆，使得海盜隊以六比一領先。成千上萬的「黑衣人」一下子都站了起來，有的揮舞黑色毛巾，有的握拳高舉。當然，馬丁觸一壘和跑完其餘壘位的過程中也不忘激動的拍手，並與人擊掌稱賀。到第九局上半，海盜隊似乎勝局已定，傑生．葛瑞裡（Jason Grilli）從左中外野旁的投手練習區一路小跑，登上內野中央的投手丘。四萬球迷再次咆哮起來，但是連續扯著嗓子吶喊了三個多小時，聲音已經有些嘶啞了。他們眼見紅人隊兩人被掃出局，坐耐不住，紛紛站起，期盼一下子把最後一名紅人隊打者搞定。

果然不負球迷厚望，葛瑞裡送出一枚快速球，被紅人隊的紮克．柯薩特（Zack Cozart）猛力一擊，落到內野，葛瑞裡見狀狂喜不禁，心想紅人隊最後一名打者必定出局無疑，在投手丘上跳了起來，兩手高舉。沃克將滾地球拾起，傳給一壘手札斯廷．摩爾諾，比賽結束，海盜隊以六比二奪得勝利。海盜隊球員在球場中央狂舞了起來，看台上的球迷同樣激動不已，雖然互不相識，但不妨礙他們紛紛相互擁抱，擊掌慶賀，原本在聯邦街上各處酒吧觀賽的球迷也湧到了街道上。有位超級球迷甚至從羅伯托．克萊門特大橋跳入阿利根尼河，而且完好的遊上岸跟人分享喜悅。

海盜隊此次獲勝，主要歸功於利里安諾發揮出色。他正處巔峰時期，有時能投出一種特殊滑球，不僅接近左打者時突然減速，變向，陡然向下衝，離打者而去，而且與其快速球表面上難以區分，球探用行話稱之爲「雙剎車加強級滑球」。但馬丁偷好球技術精湛，洞悉紅人隊策略，配球手段高明，同樣功不可沒。對付紅人隊三大左打者秋信守、布魯斯、沃托，利里安諾投出二十七個球，滑球占二十個。面對利里安諾，三人八次擊球，只有一支安打，共被三振出局四次。投完四十四個滑球、二十三個快速球、二十三個變化球，利里安諾的胳膊幾乎快要斷了。四十四個滑球，三十四個被判爲好球，其中又有十三個打者揮擊未中的好球。其三振出局率令人驚歎。其所投快速球和變化球，合計起來，有四次打者揮擊未中。

「直到打者決定出手揮擊時，球仍未變向，而是到距離打者六至八英尺的地方才下沉轉向。」談到自己的滑球，馬丁說，「球脫手時，看起來是個快速球。打者或許意識到朝自己奔來的是個滑球，但打者的大腦卻跟他說這是個快速球。」

海盜隊的球隊會所也開始慶賀此戰告捷。小推車載著香檳、康勝啤酒（Coors）、美樂淡啤酒（Miller Lite）一車車運來。跟上次一樣，塑膠布也把儲物櫃罩了起來。馬丁和柏德進入會所之後，大家圍成一個圈，把赫德爾推到圈子中央，齊開香檳，對準赫德爾噴射。赫德爾兩手握拳，振臂高舉，渾身都被香檳澆了個透。

幾分鐘後，他在喧鬧的球隊會所對記者說：「你在球場感受到那個了嗎？簡直不可思議，太棒了！這場球賽從始至終，球迷的表現跟以前大不一樣。我不知道球迷的聲勢是否嚇到了客隊，但你的的確確能感受到球迷的亢奮。」他雙眼被澆了香檳，感覺刺痛，半張著。

此次海盜隊獲勝，功勞最大的大概是利里安諾，但在喧鬧的球隊會所，卻不見其蹤影。當地記者等了又等，他還是沒有出現，只好一個個放棄希望，轉而去球場的記者席趕忙把海盜隊歡慶勝利的場面寫下來，爭分奪秒發回各自的通訊社。會所室內記者差不多走完之後，利里安諾終於現身。他身穿休閒裝，緩步走向自己的儲物櫃，一邊從櫃中取出一瓶淺橙色的藥水，一邊解釋自己爲何沒在慶祝現場，還有自己爲何不能說話。原來，他投球的時候就犯了鼻竇炎。這與身患流感而力挫猶他爵士隊（Utah Jazz）和波特蘭開拓者隊（Portland Trail Blazers）的邁克爾．喬丹（Michael Jordan）何其相似。

利里安諾簡短解釋了一下自己的賽場表現：「我當時很鎮定，沒有想要做什麼別的，只是想這一年來我是怎麼做的，那就怎麼做。」

要問他這一年是怎麼過來的，那就是信任馬丁和教練。利里安諾的表現遠遠超過合約所料。如果他不是海盜隊在非賽季期自由球員市場上物色到的最划算球員，那麼就是當晚爲他捕球的馬丁。海盜隊得以扭轉乾坤，數學發揮的作用巨大，基於資料的移防和偷好球理念、發掘利里安諾和馬丁的隱藏價值和技能缺了數學都不行。數學知識和大數據一同使得海盜隊二十一年來首次獲得賽季勝利和季後賽勝利。不過海盜隊跨過外卡賽的障礙，進入自一九九二年之後的首個季後系列賽，馬丁的賽場直覺和球迷的浩大聲勢也不可或缺。賽後，紅人隊三壘手陶德．弗雷澤說，海盜隊球迷聲勢浩大，簡直前所未見；參加了季後賽的伯奈特在紐約也說，自己之前從未親歷過那樣熱情亢奮的球迷；不僅如此，從業多年的棒球專題記者和聯盟指定的海盜隊常駐記錄員以前也未見過。棒球之城匹茲堡灰心絕望多年之後，舊情復燃，又瘋狂愛上了海盜隊，這完完全全與大數據和複雜的數學運算方法無關，而只是源自純粹原始的情感。

## 後記

# 循循環環無休止

二〇一四年二月十八日是海盜隊在佛羅里達布雷登頓進行全隊訓練的第一天。赫德爾依照舊例把球員召集到自助餐廳，向他們講話。二〇一三年的會議上，他向福克斯和菲茨傑拉德引薦了海盜隊，並向謹慎而好奇的海盜隊公布了打破傳統的防守方案。

這次的會議不同。它不同於一九九三年以來所有的春訓首日會議，因爲二十年來，海盜隊終於首次打贏上個賽季，並進了季後賽。雖然沒有實現夙願，在總冠軍世界大賽上奪冠，但能和實力強大的聖路易斯紅雀隊在國家聯盟分區系列賽中打到第五場，也就是最後一場，已經非常了不起。赫德爾料想，海盜隊二〇一四年會遇到不少新對手，而且海盜隊沒法再刺探對手的情報，也絲毫不容自鳴得意。

爲辭別上一個賽季，使大家專注新目標、新難關，赫德爾請影像助理教練凱文·羅奇（Kevin

Roach）和當地的有線電視製片人合作，剪輯製成了一段時長六分鐘的二〇一三年賽季影片集錦，取名「追夢繼續」——史密斯飛船樂隊（Aerosmith）的一首歌曲名稱。相關人員擺好數位投影器，開始播放影片。上個賽季一幕幕的畫面重現眼前，不時引得大家齊聲高呼。到影片的高潮部分，螢幕上開始交替出現海盜隊二十年屈辱之始的一幕和二十年屈辱終結的一幕。一幕是一九九二年全國棒球聯盟冠軍賽上，勇士隊打者錫德·布裡姆（Sid Bream）面對巴里·邦茲（Barry Bonds）傳回本壘的球，滑壘得分；另一幕是二〇一三年九月在瑞格利球場，札斯廷·摩爾諾接力傳球給馬丁，馬丁帶球觸殺小熊隊打者內特·希爾霍爾茨（Nate Schierholtz）出局。就是在二〇一三年九月的那場比賽中，海盜隊二十年來首次拿到了季後賽的參賽資格。球賽結束時馬丁在瑞格利球場的本壘板邊雙膝跪地，手持棒球勝利的舉過頭頂的姿勢已成二〇一三年賽季的代表性影像。

「老實說，再次看到這一幕，我脖子後面汗毛都立起來了。」時任《匹茲堡論壇評論報》專欄作者的德揚·科瓦切維奇（Dejan Kovacevic）和馬丁第一次談及這個影片時，馬丁說，「榮譽是大家的，是匹茲堡的。」

影片末尾是一個大寫的英文字「NOW」。意思很明顯：二〇一三年賽季已經過去。上個賽季的傳奇已經結束。現在是譜寫新傳奇，找尋提升實力新方法，發現新玄機的時候，每件事都不容易。

影片重溫的那段傳奇屬於二〇一三年賽季。這段傳奇主要歸功於使用數學知識，利用未加充分利用的技能和策略。但二〇一四年賽季是個新賽季，移防、滾地球、偷好球這三大厲害的防守手段怕是不能給海盜隊帶來二〇一三年那樣的優勢，即使能帶來，也必定不如二〇一三年的優勢大，因爲這些基於資料的理念並不像球員的技能一樣爲海盜隊獨有。這些手段多少有些像可口可樂的配方，雖然成功，但不得不公開。棒球一行跟其他行業沒什麼分別，一支球隊策略奏效，其他球隊就會紛紛仿效。

海盜隊上一賽季大出風頭，其他球隊必定開始多用移防，多誘使對方擊出滾地球，重視捕手偷好球的作用。換句話說，二十多年來，海盜隊終於首次成了別家球隊仿效的目標。

赫德爾跟自己的球隊一樣一心想著眼於當下，不可能沉浸在上一賽季的榮耀之中。十一月份，美國棒球記者協會（Baseball Writers' Association of America）評「國家聯盟年度最佳總教練」（National League Manager of the Year），總票數三十票，他以二十五票獲此殊榮。雖然這個獎項的投票人是偏向傳統的記者，往往以勝負場數來論球隊總教練的價值，但思想新潮、側重資料分析的互聯網棒球獎（Internet Baseball Awards）投票人也把「國家聯盟最佳總教練」的榮譽頒給了赫德爾。赫德爾正是資料統計分析學人士夢寐以求的人：一位樂於運用分析師的研究成果而不拘泥傳統的球隊總教練。

許多人認爲，大聯盟球隊總教練在如今這個年代職權漸小，球員大名單的管理權愈來愈集中在前台部門手中。儘管如此，根據資料研究出的手段可否運用到球場上，仍然多由總教練說了算。棒球永遠是一門講求團隊合作的運動。營造良好的球隊氛圍，影響並帶領球隊走上新路依舊主要是球隊總教練的事。上述這些，赫德爾二〇一三年做得很出色。海盜隊內部形成相互尊重的好風氣，使得資料分析師和球員打成一片，球隊整體實力大增，赫德爾扮演了重要的角色。所謂領導力，就是影響和說服他人的本事。二〇一三年赫德爾做的是什麼呢？其實也就是這兩件事。

海盜隊總經理亨廷頓表現出色，也獲得了讚許，只是得票數屈居第二，美國職業棒球大聯盟年度掌門人獎（Executive of the Year）被波士頓紅襪隊總經理本·薛寧頓（Ben Cherington）奪了去。亨廷頓的特色之舉是以低廉的酬金簽下了馬丁和利里安諾兩位出類拔萃的自由球員。此外，他還換來傑出的布局投手馬克·麥倫坎，並把馬龍·柏德、札斯廷·摩爾諾招致麾下，爲季後賽儲備了力量。他見解一絕，令海盜隊建立自己的專有資料庫，並聘請福克斯，二〇一三年就開始收到效果。

回想二〇一二年秋，不少大眾呼籲海盜隊高層換血，但亨廷頓和赫德爾冒險求勝，終於還是保住了飯碗，在二〇一四年春均得以和海盜隊續約三年。兩人想證明海盜隊之所以奪得賽季勝利並非僥倖，但也知道比起結束二十年的屈辱史，再度取得上個賽季那樣的成績更難。賽季之後亨廷頓說過一句話：「我們第一天就說過，奪得勝利難，保持勝利更難。」

二〇一四年三月下旬，海盜隊沿I-75號公路坐車兩個小時來至紅襪隊設在佛羅里達麥爾茲堡的春訓主場，與紅襪隊進行一場難得的春訓晚間比賽。福克斯站在本壘板後面，觀看球員做賽前打擊練習，腳下踩著警示帶上細碎的紅土。一名記者朝他走來，和他聊起了偷好球，並問海盜隊是如何在上個非賽季期發現馬丁是個「人超所值」的球員的，以及海盜隊是如何率先利用偷好球的。福克斯並未因自己的高明決定而洋洋自得，倒是感歎偷好球方面的優勢已經不復存在。

對於福克斯和菲茨傑拉德來說，現在是重新開工的時候了。現在要簽既會偷好球又善於打擊的捕手，合約裡定的酬勞高得嚇人。舉個例子，布萊恩·麥肯（Brian McCann）就是這樣一名捕手，幾個月前，洋基隊出價八千五百萬美元才簽到他。甚至不善打擊，只會偷好球的捕手也大受青睞。就拿賴安·漢尼根（Ryan Hanigan）來說，他擊球乏力，二〇一三年效力紅人隊，打擊率僅爲0.198，可坦帕灣光芒隊爭著要他，想借非賽季期的球員交換交易把他換過來。此外，光芒隊還簽下了三十八歲的捕手何塞·莫里納（Jose Molina），雖然他年齡偏大，打擊能力也偏低。

偷好球不爲人知的價值不僅在二〇一三年被海盜隊發掘了出來，引得其他球隊在二〇一四年紛紛仿效，海盜隊還料到，移防思想將廣爲其他球隊採納。雖然，海盜隊並非第一支採用移防的球隊，然而上個賽季海盜隊的移防頻率增加了五倍——這在保守而變化緩慢的棒球界前所未聞，又成績驕人，想不引起外界注意也難。根據 BIS 公司的資料，二〇一四年的棒球場上，移防頻率增加了一倍。不僅加大移防頻率的球隊愈來愈多，而且面對移防，打者也開始重用觸擊來予以反擊，其中，部分打者屢屢得手。

海盜隊運用投手的手段也大受仿效。二〇一四年，以二縫線快速球替代四縫線快速球的投手占投手總數的比例依舊在增加，也有愈來愈多的球隊採用與海盜隊相似的投球理念，多多發展滾地球投手。PITCHf/x 的資料顯示，二〇一四年，球場上所投的二縫線快速球占14.6%，比二〇一三年13.6%的比例高，更遠遠高於二〇〇八年3.8%的比例。由於不少球隊的投手開始重用下墜型快速球，奧克蘭運動家隊總經理比利·比恩（Billy Beane）開始儲備高飛球打者，做爲反制措施。二〇一三年，奧克蘭運動家隊打者的整體高飛球率爲60%，其他球隊打者的高飛球率則沒有一支超過39%。安德魯．高（Andrew Koo）在BaseballProspectus.com 上發表過一篇文章，題爲〈更多魔球〉（More Moneyball），論述高飛球打者的重要性。高寫道：「《書：棒球運動中百分率的玄機》（*The Book: Playing the Percentages in Baseball*）一書中，作者坦戈（Tango）、利奇曼（Litchman）、多爾芬（Dolphin）論斷，高飛球打者比起滾地球打者更有優勢，原因很簡單——高飛球打者比滾地球打者更勝一籌，因爲滾地球無法擊出全壘打。三位作者還提出，高飛球打者尤其善於克制滾地球投手，因爲高飛球打者往往從球底下揮擊，而滾地球投手希望的是打者的球棒從球的上方越過。」

二〇一三年和二〇一四年，儘管奧克蘭運動家隊比賽的球場對投手極爲有利，但該隊在進攻方面，表現仍然十分出色。

棒球運動是一種局面時時變化的運動。打者和投手分屬不同球隊的總教練，甚至分屬不同球隊的分析師，時常都在「玩」貓捉老鼠的遊戲。這種出擊與反擊是反復迴圈的，永無休止。福克斯深知，海盜隊必須求變，不能固守前法，不過求變對於福克斯來說，倒是一件樂事。

一年前，海盜隊在瑞格利球場二十年來首次奪得附加賽參加資格的後一天，人稱老柏的海盜隊常任器材經理斯科特．柏涅特（Scott Bonnett）在第七局時回到亞特蘭大透納球場的客隊會所，開始籌備他以前只主持過一次的活動：慶祝海盜隊晉級季後賽。

依照美國職業棒球大聯盟的規定，隨隊外出挑戰別家球隊的人員每人可分兩瓶香檳。海盜隊的隨行人員有球員，有教練，有高層人物，還有球隊老闆，因此柏涅特訂購了二十箱香檳，分放在好幾輛小推車的塑膠籃裡，底下堆著碎冰。避免儲物櫃濺濕，他把櫃子用塑膠布蓋了起來。他還訂購了幾十副護目鏡，並從匹茲堡帶來了幾百件紀念用T恤和運動服。

小熊隊二十年來首次取得季後賽參賽資格剛滿一年，海盜隊就以三比二戰勝勇士隊，也獲得季後賽參賽資格。海盜隊再次得以用香檳把客隊會所裡的地毯澆透，不僅如此，系列賽餘下的時間，儘管有除濕器，對方還有球迷助陣，亞特蘭大勇士隊客隊會所裡的酒精味仍然難以消退。二〇一三年贏九十四場的海盜隊，二〇一四年成績依舊不俗，贏了八十八場，再次獲得國家聯盟中區第二名，並再次名列大聯盟的三分之一強，進入季後賽。海盜隊財力微薄，球員薪資總額只有區區七千八百萬美元，在三十支球隊中排名第二十七，但克服重重困難之後，終於再次成爲一支出類拔萃的棒球隊。

他們二〇一四年的季後賽之路與二〇一三年的季後賽之路有幾分相似。雖然移防的運用在二〇一四年開始普及，但海盜隊仍未忽視移防，不僅增加了移防頻率，而且更加講究起來。具體而言，海盜隊的移防次數從二〇一三年的四百九十四次升到二〇一四年的六百五十九次；安排內野手的位置不光考慮打者以往擊球的總體分布情況，而且考慮不同的壞球好球報數對打者擊球傾向的影響。海盜隊知道打者在壞球好球報數有利自己的情況下往往採用拉打，而在不利的情況下則往往把球打到正對面。此外，海盜隊安排外野手的防守位置偏離傳統起始防守位置之大，也沒有幾支球隊比得上。依據擊出之球的資料安排外野手防守位置，比安排內野手的防守位置更爲複雜、微妙，因爲球被打到外野，軌跡、離棒速度、運行距離差異更大。雖然海盜隊二〇一四年運用移防所取得的效果不如二〇一三年，但仍然位居第六，守住了三十六分。

雖然偷好球在二〇一四年已經不是什麼祕密手段，但海盜隊偷好球的頻率增加了一倍。春訓之前，海盜隊不嫌洋基隊的捕手克裡斯．史都華（Chris Stewart）進攻水準低劣，把他交換了過來做馬丁的後援。二〇一三年，史都華偷好球的表現甚至比馬丁還要好。爲洋基隊出戰一百一十場，他憑藉偷好球的本領幫洋基隊守住了21.7分，在大聯盟中僅次於雅迪爾·莫里納。比起普通捕手，史都華偷好球水準的價值相當於多勝兩場。由於野手之中，捕手調整的時間最長，因此海盜隊有史都華加盟，意義重大。捕手的年平均工作量是參賽一百二十場，有了史都華，海盜隊就可保證一個常規賽季一百六十二場比賽場場都可派出偷好球的好手。

上一賽季表現奇差，但潛力出眾，大有進步餘地的投手依舊是海盜隊物色的對象。招募到之後，便力圖增進其表現。跟換來伯奈特和簽約利里安諾都曾招致批評一樣，海盜隊答應以五百萬美元的價格簽下艾汀森·沃奎茲（Edinson Volquez）也招致了一些冷嘲熱諷。沃奎茲跟利里安諾有很多相似之處，儘管很有潛力——快速球時速在九十五英里左右，變化球力量衰減厲害，像從無形的懸崖邊滑落一般——但沃奎茲難以駕馭自己的手臂。二〇一三年效力教士隊與道奇隊，他的自責分率爲5.71，在大聯盟合格的先發投手之中最差，而且這個成績還是在有利投手的球場上得到的。不過，海盜隊在二〇一四年再創奇蹟，在投球達人瑞吉、本尼迪克特，以及馬丁手套的幫助之下，沃奎茲的好球率增加，也愈來愈信賴自己的防守水準和二縫線快速球。他的自責分率降了將近三分，降至3.04，以勝十三場的成績成爲第四名頭一年加入海盜隊就貢獻勝利場次最多的投手。

海盜隊投資其祕而不宣的預防損傷醫學手段也持續收到良好的效果，根據 Grantland.com 網站的資料，二〇一四年，海盜隊因傷耽誤的天數最少。該隊也開始重用一些醫學科技，不少球員參賽時在球服裡面穿著一件輕薄的緊身衣，緊身衣胸部的正中央有一個形似獎章的電子監測器，可以測量球員的心率、能量消耗量及其他資料。有了這套緊身衣，球員不僅可以時時監測自己的飲食，還可以看到比賽之時自己的表現和腎上腺素有何關係。

海盜隊的分析師團隊也繼續壯大。二〇一四年九月，棒球部落客斯圖爾特・華萊士（Stuart Wallace）受聘爲該隊全職數據分析師。鑑於大聯盟球員和教練等人每日與分析師交流大有好處，海盜隊也想給自己的小聯盟球隊和教練配備一名分析師，於是安排華萊士常駐佛羅里達布雷登頓，直接與其小聯盟球隊和駐當地的球員發展人員共事。

當時，不少球隊，包括海盜隊，已經在各自的小聯盟球場安裝 PITCHf/x 和 TrackMan 系統，爲分析學走進小聯盟奠定了基礎。由於各支球隊的大聯盟球隊見識了追蹤投球的作用，因此都想讓自己的小聯盟球隊去測量各種資料，從曲球的位移到候選球員偷好球的能力，無所不包。此外，到二〇一五年，每個大聯盟球場將配備球員追蹤系統 Statcast，屆時資料迅猛增加，各支球隊所需的分析師只會愈來愈多。

二〇一四年，海盜隊最爲重要的措施或許是繼續注重新舊兩派的融合。起初，二〇一二年，海盜隊只是讓福克斯參加赫德爾主持的計畫會議；後來，二〇一三年，福克斯和菲茨傑拉德都獲邀參與海盜隊的所有主場決策會議和客場比賽期間的電視會議；二〇一四年，海盜隊又往前邁了一步，外出到別的城市比賽一般都會帶上菲茨傑拉德，而二〇一三年，菲茨傑拉德隨隊出征的機會只有二分之一。海盜隊總希望會所裡有一名分析師爲自己出謀獻策，是第一支離家出戰帶分析師的大聯盟球隊。

在亞特蘭大的那個歡慶之夜，大家漸漸平靜下來，香檳也將用完的時候，海盜隊二壘手沃克發現了菲茨傑拉德。他靜靜站在會所一角，離狂歡的球員和教練很遠。沃克從冰桶中拿起一瓶百威啤酒（Budweiser）朝他走去，全淋到了這位分析師身上。兩人一個是從未做過職業棒球員的數學天才，一個是中學生的時候就被海盜隊招募進來，在小聯盟摸爬滾多年才登上大聯盟資深球員，此時一起開懷大笑，慶祝勝利。兩個對立的人居然關係如此融洽要好，足見海盜隊下了多少功夫營造相互尊重的風氣，球員願意接受分析師的研究成果，也就不足爲奇了。

雖然二〇一三年賽季和二〇一四年賽季，海盜隊許多方面都很相似，但在海盜隊試圖鞏固並深化二〇一三年賽季的各個成功策略時，一個新理念對海盜隊再進季後賽發揮了巨大的作用。

回想二〇一三年，海盜隊爲改善每位投手的表現，採用滾地球策略，誘使對方打者擊出滾地球到我方移了位的防守陣型，二〇一四年，打擊教練傑夫·布蘭森（Jeff Branson）則使打者集體接受了一種新的擊球理念。這種理念不強調把快速球打到很遠的觀眾席，而強調打進整個球場；不強調在本壘板外拉打，而強調要把球打到正對面，從而產生更多平飛球，並注重在兩好球的情況下更有攻擊性和更加集中精力觸球。

二〇一三年，海盜隊在直球上被騙得太多，面對慢速球，容易往前伸，揮擊失誤。這就是他們在二〇一三年國家聯盟分區決賽上落敗的原因之一：面對紅雀隊先發投手亞當·溫賴特（Adam Wainwright）、邁克爾·瓦恰（Michael Wacha）的曲球和變化球狂揮不中。但二〇一四年採用新理念之後，海盜隊的上壘率從二〇一三年的第十八名一舉上升到第三名，不含在美國聯盟中的比賽——美國聯盟比賽中由指定打擊代替投手上場擊球。除換來兼職一壘手艾克·大衛斯（Ike Davis）外，海盜隊沒從外面請有分量的球員，但得分還是從二〇一三年的第二十名上升到二〇一四年的第十名。其在國家聯盟中的兩好球且壘上有人情況下的長打率，也從二〇一三年的第十一名上升到二〇一四年的第一名。

就內部溝通而言，海盜隊比其他球隊都好。二〇一三年賽季之後，傑伊·貝爾（Jay Bell）離開海盜隊，轉投辛辛那提紅人隊，爲填補貝爾留下的職缺，赫德爾聘請傑夫·布蘭森（Jeff Branson）爲助理打擊教練，被人批評請了位「便宜貨」。但布蘭森在小聯盟任打擊教練多年，與許多球員在小聯盟共事過，很受球員信任。其兩好球後的進攻理念和全場攻擊的理念並非獨創，令國家聯盟中的其他球隊的球探和高層對他刮目相看的是，一支球隊棒次表中的打者，性格、特長、自我認知、背景各不相同，布蘭森居然有本事使他們接受統一系統的理念！進攻能力的提高彌補了投手群和先發投手表現的退步。

但擊球理念得以施行並非僅因爲布蘭森，隊員無不敬重的馬丁也有功勞。因爲馬丁是隊中的元老人物，年輕的球員見他也同意以觸擊替代強打，於是也紛紛同意。二〇一四年，兩好球後，馬丁更多以觸擊方式快速觸球，盡量避免被三振出局。他不側重擊球力量，而側重擊出內野活球，已經顯示出巨大的價值。

二〇一四年，馬丁在海盜隊中的頂級自由球員地位得到鞏固。不僅憑藉偷好球的本領、強健的手臂，以及異常出色的交際能力繼續爲海盜隊貢獻價值，馬丁在打擊方面的價值也愈來愈大。連海盜隊的分析師都沒料到。二〇一四年賽季，他的上壘率是0.402，如果他以打者身分出場的次數達到標準，則其上壘率可名列第四；勝利貢獻值爲5.3，爲其入行以來最高，排名第二十一。有必要一提的是，勝利貢獻值爲累加數據，排在馬丁前面的二十位球員至少比馬丁多打二十九場比賽。效力海盜隊兩年，馬丁貢獻的勝利貢獻值爲9.4，其價值相當於五千萬美元，然而海盜隊給馬丁開的薪資兩年只有區區一千七百萬美元。馬丁進攻技能的提升使得匹茲堡人愈來愈欣賞他。不僅如此，匹茲堡人還得知，馬丁給海盜隊做的有些事其價值是難以測量的，包括到投手丘指導、確定配球次序、在球隊會所中樹立職業道德等。他對棒球的熱愛以及不服輸的個性也很招匹茲堡人喜歡，他讓比賽更有趣。

球迷有多喜歡他，可從二〇一四年海盜隊與巨人隊外卡晉級賽的第九局看出。雖然PNC球場又有大批「黑衣人」球迷助陣，然而巨人隊的王牌投手麥迪森・邦格納（Madison Bumgarner）出手不凡，海盜隊的打者和球迷當晚都難有眉開眼笑的時候。這場二〇一四年的季後賽，邦格納在匹茲堡戰績驕人。第九局時，巨人隊以八比零領先，邦格納只需再投幾個球，海盜隊就要一分未得而三名打者全部出局。就在這時，廣播員宣布馬丁登場。

球場的氛圍與二〇一三年相比截然不同，但第九局馬丁一朝本壘板走來，球場的寧靜隨即打破。這個賽季之後，他將恢復自由身，由於身價暴漲，這很可能是他最後一次代表海盜隊出戰。球迷也知道，這可能是他們最後一次看到馬丁穿海盜隊球衣。跟一年前球迷以「庫——埃——托」向紅人隊喝倒彩的情景相似，不知從什麼地方冒出一個聲音，大喊：「續簽馬丁——續簽馬丁——」這聲音如風中野火迅速擴延，馬上全場球迷都跟著喊了起來，聲音響徹雲霄。當初認爲海盜隊簽馬丁非明智之舉的球迷現在終於認識到馬丁功勞巨大，沒有馬丁加盟，海盜隊絕難連續兩年出現在季後賽的球場上。

賽後，一群記者圍著他，雙眼無神的馬丁說，這是他職業生涯中最「酷」的時刻之一。馬丁以前從未受過自己在匹茲堡受到的禮遇。在紐約和洛杉磯，重要球星把風頭占盡，因此他顯得再平凡不過，但在匹茲堡，他受人喜愛之深，不亞於二〇一三年國家聯盟最具價值球員安德魯·麥卡琴。球迷此次見到他上場之後的激動表現，或許就是海盜隊走大數據路線沒錯的最佳證明。但是，球迷的情感傾瀉並不足以把馬丁留在匹茲堡。二〇一四年賽季之後，馬丁恢復自由身，以八千兩百萬美元的高價和多倫多藍鳥隊簽下合約。由合約價格可以看出，業內人士看到了馬丁效力海盜隊期間創造的傳奇，再也不敢輕視防守的重要性。

發掘馬丁，菲茨傑拉德功勞巨大。馬丁不為人知的才能就是他透過數學知識發現的。然而，有些東西神奇而難以捉摸，譬如有了馬丁，為何每位投手的表現都有進步；又譬如，為何每到關鍵時刻，他幾乎都能出現。他的熱情、職業道德，甚至他在球隊會所裡安排樂曲播放清單的播放次序，都有其價值。他幫助球隊會所創造了十分良好的風氣，大家各安其職，團結互助。要測量這些無形的東西，目前還沒有辦法，但是有人相信，這些「軟實力」以後將是分析學研究的重點。或許，被呈倍數增長的資料淹沒的軟實力可以憑藉心理學和量化分析加以掌握，但是，無論我們的測量技術如何先進，棒球運動之中始終都會有謎團以及福克斯和菲茨傑拉德這樣的解謎之人。

那場外卡晉級賽海盜隊敗北之後，整個球隊都很消沉。一個長賽季就這樣戛然而止了。大家一邊清空自己的儲物櫃，一邊握手，擁抱，道別，然後啓程回家，各奔東西。海盜隊是二〇一四年賽季球員薪資總額極少而表現卻十分出色的球隊之一，其他球隊也只有贏得聯盟總冠軍世界賽的巨人隊笑到最後。

會所裡的人漸漸走完之後，菲茨傑拉德從錄影室走了出來，開始走得很急，但停下腳步和一名記者談了一會兒二〇一四年賽季。他神情並不沮喪，看上去倒有幾分盼望從頭再來的意思。菲茨傑拉德感到海盜隊更爲輝煌的日子還在後頭。海盜隊有一批年輕出色的球員，二〇一五年、二〇一六年甚至之後的賽季或許能打得更好，當然菲茨傑拉德和福克斯也得繼續發掘懷才不遇的自由球員補充球隊隊伍，並研究出好的策略。和記者簡短談了幾句之後，菲茨傑拉德繼續前行，消失在一個拐角處，去探尋下一個意義不凡的東西，或者說玄機。棒球大數據時代沒有所謂非賽季期，探尋玄機之路沒有終點。

# 致謝辭

二〇一三年，我有幸受《匹茲堡論壇評論報》之托，報導海盜隊，時機剛好。接受任務頭一年，跟匹茲堡許許多多民眾一樣，我實在不明白前半賽季海盜隊何以叱吒球場，表現出眾，因爲該隊並未多請多少重磅自由球員，其農場系統也沒有突然產生許多年輕出眾的球員可以支援其大聯盟球隊。和海盜隊打交道既久，其球隊文化及其樂於採納以資料爲基礎的精神，令我大受震動。我當記者以來，雖然大半時間報導的是大學的體育運動，但一直對棒球資料統計分析學思想心神嚮往。就我所見，與其他舉行棒球比賽的城市相比，匹茲堡的棒球場是以資料爲基礎的棒球思想用得最爲活躍的地方。長久以來，我一直愛寫趨勢和新科技，挑戰傳統思想。二〇一三年在三條河流流經的城市匹茲堡，海盜隊親歷了趨勢、科技、不循傳統三者的合璧。

我懷疑，海盜隊出人意料大獲成功與其移位防守有關。二〇一三年賽季頭幾個月，海盜隊大舉加重移位防守，即使從球場的記者席和電視螢幕上也可輕易看出。我認眞探究了他們的移防，終於弄清其移防和投球計畫是如何相得益彰的，並於二〇一三年九月爲《匹茲堡論壇評論報》寫了一篇題爲〈移防裝備〉（Shifting Gears）的文章。這篇文章發表之後，我收到了大量回饋。我於是想到，海盜隊的故事太重要、太長，報紙上一篇文章甚至多篇文章也未必能容納得下。

在我寫作本書的過程中，許多人都有貢獻，對此，我必須衷心道一聲謝謝。首先，我要感謝的是《匹茲堡論壇評論報》總編杜克．馬斯（Duke Maas）。馬斯不僅是請我報導海盜隊的人，二〇一三年十一月我找到他說明我寫作此書的想法時，還解除了我的顧慮，讓我安心寫書。

我也得感謝海盜隊，若非海盜隊慷慨介紹內情，此書也無法面世。《大數據逆轉力》並非專門寫某一主要人物或某一出類拔萃的人才，寫的是整個海盜隊以及合作的力量。爲了寫作此書，海盜隊前台部門許多高層人員、教練、球員、球探都接受過我的採訪，我不勝感激。我與海盜隊中幾十位人士談過話，雖然有的人本書有所提及，有的沒有，但每位於本書都有貢獻。他們當中，我尤其感謝總經理尼爾．亨廷頓、總教練柯林特．赫德爾，以及量化分析師丹．福克斯、邁克．菲茨傑拉德。他們毫不吝嗇，爲我講述了海盜隊致勝所用的策略和方法。按理，他們本可把我拒諸門外，但他們沒有，於是我才得以寫出這個關於進步與團隊合作的重要故事。

《大數據逆轉力》講的也並非全是海盜隊，還講述了球隊如何渴求像約翰．迪萬這樣數以百計的業餘愛好者所發現的知識。他們對棒球資料分析學的激情，加上技術進步、計算能力的進步，帶領我們進入了棒球的大數據時代。我曾多番打擾棒球資訊解決方案（BIS）公司的迪萬及其總裁本．傑德拉夫科（Ben Jedlovec），索取某年某一具體時期的資料，他們從未拒絕。

隸屬運動大觀公司（即發明首個眞正棒球大數據工具 PITCHf/x 的公司）的賴安．詹德（Ryan Zander）及其同事爲我寫作本書也給予了不小幫助。眾多棒球部落客和業餘棒球愛好者爲我寫作本書提供了豐富的參考資料。我認爲，我們正處在棒球寫作的黃金時代，主要得益於我們掌握了海量數據。在許多網站上都能看見才能與智慧超群的分析師正在進行卓越的研究，本書也經常提及他們。他們曾被拒於棒球隊的大門之外，現在則已成眾多大聯盟球隊前台部門中不可或缺的人員。尤其要提的是，資料庫記者肖恩．雷門（Sean Lahman）不僅幫我解答了一些問題，還主動給予支持。

一本書從寫出寫作提案到成書，光有一個想法遠遠不夠。有想法之後，還必須有得力而適當的人相助。

我永遠欠同行作者約拿．克裡（Jonah Keri）一份情。他身兼格蘭特蘭德（Grantland）網站的撰稿人，把我的寫作提案介紹給了正確的人。對於頭一回寫書的人而言，出書的難關之一就是請出版商過目寫作提案或書稿。承蒙約拿不棄嫌，把我的提案轉交給了他自己的出版商蘇珊．拉比納文學社（Susan Rabiner Literary Agency），最後提案輾轉到了該社埃裡克．尼爾森（Eric Nelson）手中。尼爾森根本不知我是何許人，但認爲我的提案不錯，於是向人推薦。

他把我引薦給了熨斗樓出版社（Flatiron Books）和該社的鮑勃．米勒（Bob Miller）。謝謝米勒對我這樣一位寫書新手和我想法的信任有加，否則本書無緣面世。本書原書名就是米勒所取。熨斗樓出版社編輯茉莉．福斯蒂諾（Jasmine Faustino）密切與我共事，極富耐心，通篇細閱了書稿，沒她幫助，本書難有現在的面貌。

還有許多人我要感謝，可惜無法一一列出姓名，不過我在此必須首先感謝我的父母。父親培養了我對棒球和統計學的熱愛，母親則令我學會了欣賞藝術。本書即是融合了三者於其中。我的父母還是本書初審人，分文未取，始終傾聽我的想法，給予我支持。爲我犧牲最大的是我的好太太瑞貝卡（Rebecca）。決定寫一本書，不免要花大量時間獨處，人時不時還會變得不可理喻。整整一年，除了日常工作之外，我都在報導、寫作此書。我始終對太太給予的所有支援深懷感激之心。她是第一位閱讀本書初稿並提意見的人，隨時充當我的參謀。我深知自己十分幸運，娶到了一位賢妻。

博雅科普 15

# 大數據逆轉力：數據狂人、棒球老教練和他不起眼的球員們

Big Data Baseball: Math, Miracles, and the End of a 20-Year Losing Streak

作　　者　特拉維斯・索奇克（Travis Sawchik）
譯　　者　史丹丹
總 校 閱　陳成業
審　　校　夏　毅
發 行 人　楊榮川
總 經 理　楊士清
副總編輯　張毓芬
責任編輯　紀易慧
封面設計　BERT.DESIGN
文字校對　林芸郁
出 版 者　五南圖書出版股份有限公司
地　　址　106台北市大安區和平東路二段339號4樓
電　　話　(02)2705-5066
傳　　真　(02)2706-6100
劃撥帳號　01068953
戶　　名　五南圖書出版股份有限公司
網　　址　http://www.wunan.com.tw
電子郵件　wunan@wunan.com.tw
法律顧問　林勝安律師事務所 林勝安律師
出版日期　2018年 7 月初版一刷
定　　價　新臺幣450元


**國家圖書館出版品預行編目資料**

大數據逆轉力：數據狂人、棒球老教練和他不起眼的球員們／特拉維斯.索奇克(Travis Sawchik)著；史丹丹譯. -- 初版. -- 臺北市：五南, 2018.07
面；　公分. -- (博雅科普；15)
譯自：Big data baseball: math, miracles, and the end of a 20-year losing streak
ISBN 978-957-11-9763-0 (平裝)
1.棒球　2.美國
528.955　　107008607